■2025年度中学受験用

明星学園中学校

5年間スーパー過去問

●収録内容一覧

入試問題と解説・解答の収録内容

2024年度　Ａ日程	算数・国語（解答のみ）	実物解答用紙DL
2024年度　Ｂ日程	算数・社会・理科・国語	実物解答用紙DL
2023年度　Ａ日程	算数・国語（解答のみ）	実物解答用紙DL
2023年度　Ｂ日程	算数・社会・理科・国語	実物解答用紙DL
2022年度　Ａ日程	算数・国語（解答のみ）	実物解答用紙DL
2022年度　Ｂ日程	算数・社会・理科・国語	実物解答用紙DL
2021年度　Ａ日程	算数・国語（解答のみ）	
2021年度　Ｂ日程	算数・社会・理科・国語	
2020年度　Ａ日程	算数・国語（解答のみ）	
2020年度　Ｂ日程	算数・社会・理科・国語	

～本書ご利用上の注意～　以下の点について，あらかじめご了承ください。

★別冊解答用紙は巻末にございます。実物解答用紙は，弊社サイトの各校商品情報ページより，一部または全部をダウンロードできます。

★編集の都合上，学校実施のすべての試験を掲載していない場合がございます。

★当問題集のバックナンバーは，弊社には在庫がございません（ネット書[illegible]り）。

合格を勝ち取るための
『スーパー過去問』の使い方

本書に掲載されている過去問をご覧になって,「難しそう」と感じたかもしれません。でも,多くの受験生が同じように感じているはずです。なぜなら,中学入試で出題される問題は,小学校で習う内容よりも高度なものが多く,たくさんの知識や解き方のコツを身につけることも必要だからです。ですから,初めて本書に取り組むさいには,点数を気にしすぎないようにしましょう。本番でしっかり点数を取れることが大事なのです。

過去問で重要なのは「まちがえること」です。自分の弱点を知るために,過去問に取り組むのです。当然,まちがえた問題をそのままにしておいては意味がありません。

本書には,長年にわたって中学入試にたずさわっているスタッフによるていねいな解説がついています。まちがえた問題はしっかりと解説を読み,できるようになるまで何度も解き直しをしてください。理解できていないと感じた分野については,参考書や資料集などを活用し,改めて整理しておきましょう。

このページも参考にしてみましょう!

◆どの年度から解こうかな 「入試問題と解説・解答の収録内容一覧」

本書のはじめには収録内容が掲載されていますので,収録年度や収録されている入試回などを確認できます。

※著作権上の都合によって掲載できない問題が収録されている場合は,最新年度の問題の前に,ピンク色の紙を差しこんでご案内しています。

◆学校の情報を知ろう!! 「学校紹介ページ」

このページのあとに,各学校の基本情報などを掲載しています。問題を解くのに疲れたら息ぬきに読んで,志望校合格への気持ちを新たにし,再び過去問に挑戦してみるのもよいでしょう。なお,最新の情報につきましては,学校のホームページなどでご確認ください。

◆入試に向けてどんな対策をしよう? 「出題傾向&対策」

「学校紹介ページ」に続いて,「出題傾向&対策」ページがあります。過去にどのような分野の問題が出題され,どのように対策すればよいかをアドバイスしていますので,参考にしてください。

◇別冊「入試問題解答用紙編」

本書の巻末には,ぬき取って使える別冊の解答用紙が収録してあります。解答用紙が非公表の場合などを除き,(注)が記載されたページの指定倍率にしたがって拡大コピーをとれば,実際の入試問題とほぼ同じ解答欄の大きさで,何度でも過去問に取り組むことができます。このように,入試本番に近い条件で練習できるのも,本書の強みです。また,データが公表されている学校は別冊の１ページ目に過去の「入試結果表」を掲載しています。合格に必要な得点の目安として活用してください。

本書がみなさんの志望校合格の助けとなることを,心より願っています。

株式会社　声の教育社　編集部

明星学園中学校

所在地	〒181-0001 東京都三鷹市井の頭5-7-7
電　話	0422-43-2196
ホームページ	https://www.myojogakuen.ed.jp/
交通案内	JR中央線・京王井の頭線「吉祥寺駅」より徒歩約15分 京王井の頭線「井の頭公園駅」より徒歩約10分

くわしい情報は
ホームページへ

トピックス

★吉祥寺駅や三鷹駅からバス利用時は終点「明星学園前」で下車。
★高校のある牟礼キャンパスは中学のあるキャンパスから徒歩約3～4分。

創立年 昭和3年　｜　男女共学　｜　高校募集あり

応募状況

年度	募集数	応募数	受験数	合格数	倍率
2024	A 約50名	115名	113名	52名	2.2倍
	B 約15名	31名	31名	26名	1.2倍
	C 約15名	122名	70名	19名	3.7倍
	D 約10名	132名	56名	12名	4.7倍
2023	A 約50名	118名	114名	55名	2.1倍
	B 約15名	34名	29名	17名	1.7倍
	C 約15名	135名	66名	17名	3.9倍
	D 約10名	130名	45名	11名	4.1倍
2022	A 約50名	97名	97名	57名	1.7倍
	B 約15名	30名	30名	19名	1.6倍
	C 約15名	115名	56名	13名	4.3倍
	D 約10名	116名	46名	13名	3.5倍

入試情報（参考：昨年度）

・一般入試日程：
　A入試　2024年２月１日午前
　B入試　2024年２月１日午後
　C入試　2024年２月２日午後
　D入試　2024年２月４日午後
　※A入試とB入試の同時出願はできません。
・選抜方法（すべての入試で面接あり）：
　A・C・D入試　国語・算数
　B入試　　　　国語・算数　または
　　　　　　　　国語・算数・理科・社会

学校説明会等日程（※予定）

＜学校説明会・入試対策説明会ほか＞
第１回学校説明会　５月18日
第２回学校説明会　６月８日
第３回学校説明会　９月７日
第４回学校説明会　10月19日
学校見学会　11月９日
第１回入試対策説明会　11月30日
第２回入試対策説明会　12月21日
入試直前相談会　１月11日
＜体験入学＞
第１回体験入学　６月23日
第２回体験入学　８月24日（午前）
第３回体験入学　８月24日（午後）
第４回体験入学　９月22日
＜公開行事＞
明星祭（牟礼キャンパス）　９月14日・15日
運動会（井の頭キャンパス）　10月12日
卒業研究発表会　１月18日
※駐車場はございませんので，お車でのご来校はご遠慮ください。
※詳細は学校ホームページでご確認ください。

2024年春の主な大学合格実績

＜国立大学＞
東京学芸大，信州大
＜私立大学＞
慶應義塾大，早稲田大，上智大，明治大，青山学院大，立教大，中央大，法政大，成蹊大，成城大，明治学院大，津田塾大，日本女子大，國學院大，獨協大，武蔵大，日本大，東洋大，東京都市大，順天堂大

編集部注―本書の内容は2024年4月現在のものであり，変更されている場合があります。正確な情報は，学校のホームページ等で必ずご確認ください。

算数 出題傾向＆対策

◆基本データ（2024年度Ｂ）

試験時間／満点	50分／２科受験者は100点，４科受験者は50点
問題構成	・大問数…５題 計算１題（６問）／応用問題４題 ・小問数…14問
解答形式	問題用紙の中に解答や式を記入する形式になっている。必要な単位などはあらかじめ印刷されている。
実際の問題用紙	Ｂ４サイズ
実際の解答用紙	問題用紙に書き込む形式

◆出題傾向と内容

▶過去３年の出題率トップ３
１位：四則計算・逆算56％　２位：割合と比，角度・面積・長さ11％
▶今年の出題率トップ３
１位：四則計算・逆算75％　２位：角度・面積・長さ11％　３位：整数の性質など５％

計算問題は，整数・小数・分数の四則計算や逆算など，基本的なものが中心です。

応用問題は，割合と比に関するものがよく取り上げられていますが，複雑なものはほとんど出題されません。ただし，どうしてその答えになるのかなど，図や文章で説明させる問題が多いのが特ちょうです。また，図形では作図が出題されることもあります。

本校の最後の問題は，問題文自体はとても長いですが，文章の内容がきちんと理解できれば解けるものになっています。

◆対策～合格点を取るには？～

計算力は算数の基本的な力です。標準的な計算問題集を１冊用意して，毎日５問でも10問でも欠かさずに練習すること。とくに，本校では計算問題のしめる割合が高いので，計算過程もきちんとノートに書くようにしましょう。

図形分野では，コンパスや三角定規を使って，平行四辺形やひし形，三角形などをかく練習をしておきましょう。

最後の問題では読解力が問われるので，問題文をじっくりていねいに読むことが大切です。

全体的に基本的な問題が多いので，特に計算ミスに気をつけてください。

分野 ＼ 年度		2024		2023		2022	
		A	B	A	B	A	B
計算	四則計算・逆算	●	●	●	●	●	●
	計算のくふう						
	単位の計算			○			○
和と差	和差算・分配算						
	消去算						
	つるかめ算						
	平均とのべ						
	過不足算・差集め算						
	集まり						
	年齢算						
割合と比	割合と比			○	○	◎	
	正比例と反比例						
	還元算・相当算						
	比の性質						
	倍数算						
	売買損益				○		
	濃度						
	仕事算						
	ニュートン算						
速さ	速さ						
	旅人算						
	通過算						
	流水算						
	時計算						
	速さと比						
図形	角度・面積・長さ	○	○	○	◎		◎
	辺の比と面積の比・相似		○				
	体積・表面積						
	水の深さと体積						
	展開図						
	構成・分割	○				○	
	図形・点の移動						
表とグラフ							
数の性質	約数と倍数				○		
	Ｎ進数						
	約束記号・文字式						
	整数・小数・分数の性質	○		○	◎	○	○
規則性	植木算						
	周期算						
	数列						
	方陣算						
	図形と規則					○	
場合の数							
調べ・推理・条件の整理							○
その他							

※　○印はその分野の問題が１題，◎印は２題，●印は３題以上出題されたことをしめします。

社会　出題傾向＆対策

◆基本データ（2024年度Ｂ）

試験時間／満点	30分／50点
問題構成	・大問数…２題 ・小問数…11問
解答形式	用語の記入や記号選択のほかに，字数制限のない記述問題も複数出題されている。
実際の問題用紙	Ｂ４サイズ
実際の解答用紙	Ｂ４サイズ

◆出題傾向と内容

●**地理**…「入管法の改正や技能実習制度の見直し」「沖縄本土復帰50周年」「新型コロナウイルス感染症」などの時事問題をもとにした，複数分野の融合問題として出題されることがあります。大陸名や国名，県名，都市名が問われることもありますが，学んだ知識を応用させて自分のことばで説明する設問が目を引きます。

●**歴史**…古代から現代まではば広く出されています。テーマとしては，武士が中心の時代や移動の歴史を題材としたものが出されています。また，絵や地図，写真などを見て気づいた点を記述させたり，理由について自分の考えを述べさせたりする問いも多く見られます。

●**政治**…全体的に見ると，政治分野からの出題はそれほど多くありませんが，中国・韓国・ロシアなど周辺諸国と日本の関係，環境問題とその解決への取り組み，沖縄県が抱える米軍基地をめぐる問題など，時事に関する知識や特定のテーマについて短い文章で考えを説明させるものが出題されています。

分野＼年度			2024	2023	2022	2021	2020
日本の地理		地図の見方					
		国土・自然・気候		○			
		資源					
		農林水産業					
		工業					
		交通・通信・貿易				○	
		人口・生活・文化					
		各地方の特色	○		○		
		地理総合					
世界の地理				○	○		
日本の歴史	時代	原始～古代		○		○	○
		中世～近世	★	○	○	○	○
		近代～現代	○	○	○	○	○
	テーマ	政治・法律史					
		産業・経済史					
		文化・宗教史					
		外交・戦争史					
		歴史総合				★	
世界の歴史							
政治		憲法					
		国会・内閣・裁判所	○		○		
		地方自治					
		経済					
		生活と福祉			○		
		国際関係・国際政治	○	○		○	
		政治総合					
環境問題					○		★
時事問題			○	○	○	○	○
世界遺産							
複数分野総合			★	★	★	★	★

※　原始～古代…平安時代以前，中世～近世…鎌倉時代～江戸時代，近代～現代…明治時代以降

※　★印は大問の中心となる分野をしめします。

◆対策～合格点を取るには？～

まず，基礎を固めることを心がけてください。教科書のほかに，説明がていねいでやさしい参考書を選び，基本事項をしっかりと身につけましょう。資料集などで写真や絵画などの知識を増やすことも実力アップにつながります。

地理分野では，日本地図とグラフを参照し，白地図作業帳を利用して地形と気候などの国土のようすをまとめ，そこから産業へと学習を広げていきましょう。また，地図上で都道府県の位置や産業の特色，地形図の読み取りなどをおさえておくことも大切です。

歴史分野では，自分で年表を作ると学習効果が上がります。本校の歴史の問題はさまざまな年代にわたっていますので，この作業は大いに効果を発揮するはずです。

政治分野では，日本国憲法の基本的な内容や三権分立の役割について必ずおさえておきましょう。本校では時事問題をもとにした地理・歴史・政治分野の融合問題が出されることが多くあります。日ごろから興味をもってニュースなどを見聞きするように心がけ，その内容や流れ，考えたことなどを自分のことばでまとめてみましょう。

理科 出題傾向&対策

◆基本データ(2024年度B)

試験時間／満点	30分／50点
問題構成	・大問数…２題 ・小問数…19問
解答形式	記号選択と用語の記入が多いが，記述の問題も複数出題されている。
実際の問題用紙	Ｂ４サイズ
実際の解答用紙	Ｂ４サイズ

分野	年度	2024	2023	2022	2021	2020
生命	植物			○		
	動物	○				
	人体			○	○	
	生物と環境					
	季節と生物		○			★
	生命総合					
物質	物質のすがた					
	気体の性質	○		○		
	水溶液の性質					○
	ものの溶け方		○			
	金属の性質				○	
	ものの燃え方	★				
	物質総合					
エネルギー	てこ・滑車・輪軸		○			
	ばねののび方					
	ふりこ・物体の運動					
	浮力と密度・圧力					
	光の進み方					
	ものの温まり方				★	
	音の伝わり方			★		○
	電気回路				○	
	磁石・電磁石	○				
	エネルギー総合					
地球	地球・月・太陽系		★		○	
	星と星座					
	風・雲と天候			○		
	気温・地温・湿度					
	流水のはたらき・地層と岩石	○				○
	火山・地震					
	地球総合					
実験器具						
観察						
環境問題						
時事問題						
複数分野総合		★	★	★	★	★

※ ★印は大問の中心となる分野をしめします。

◆出題傾向と内容

各分野から広く出題されており，かたよりのない知識が必要とされます。これまでに出題されていない分野からも出されることが予想されるので，不得意分野をつくらないことが大切です。全体的に，基礎的な知識を問う傾向にあり，実験の結果や理由，または，問題文を読んで考察した内容についての記述問題も見られますので，注意が必要です。試験時間と問題量はバランスがよく，時間内に解き終え，見直すことが可能と思われます。

●**生命**…耳のつくり，発芽の条件，節足動物，食物連鎖などについて出題されています。

●**物質**…ものの溶け方，水溶液の性質や濃度，気体の性質などが取り上げられています。計算問題も出されています。

●**エネルギー**…光の進み方，音の伝わり方，てこのつり合いなどについて出題されています。

●**地球**…日本の天気，流れる水のはたらき，太陽，月，地層や岩石などについて取り上げられています。

◆対策～合格点を取るには？～

本校の理科は，内容は基本的なものがほとんどで，いわゆる難問奇問は見られません。ですから，全範囲の基礎的な知識をはやいうちに身につけ，問題集で演習をくり返しながら実力アップをめざしましょう。

「生命」は，身につけなければならない基礎知識の多い分野です。ヒトのからだ，植物や動物のしくみを中心に，ノートにまとめながら知識を深めましょう。また，ふだんの生活の中でも，植物や動物のつくりなど，興味をもって観察するとよいでしょう。

「物質」は，気体や水溶液，金属の性質，物質の状態に重点をおいて学習するとよいでしょう。また，実験についての出題が見られますので，学校の授業などでは自ら積極的に実験に取り組み，その過程や結果，考察をノートにまとめておくとよいでしょう。

「エネルギー」は，てこ，ばね，電気など，計算問題として出題されることも多い分野ですので，標準的な問題集などで計算問題にも取り組んでおくとよいでしょう。

「地球」では，季節と天気，太陽・月・地球の動き，星と星座などが重要なポイントです。

国語 出題傾向＆対策

◆基本データ（2024年度Ｂ）

試験時間／満点	50分／２科受験者は100点，４科受験者は50点
問題構成	・大問数…４題 文章読解題２題／知識問題２題 ・小問数…29問
解答形式	記号選択と適語の記入，記述問題などバラエティーに富んでいる。記述問題にはすべて字数指定がなく，解答らんの大きさから字数を判断するものとなっている。
実際の問題用紙	Ａ４サイズ，小冊子形式
実際の解答用紙	Ｂ４サイズ

◆出題傾向と内容

▶近年の出典情報（著者名）
説明文：小林快次　川上和人　森　毅
小　説：落合由佳　瀬尾まいこ　工藤純子

●**説明文**…語句の意味，指示語・接続語，理由，文脈に関する空らん補充，文章の構成，筆者の考えや主張を読み取るものなど，典型的な問題構成になっています。

●**文学的文章**…心情，心情や行動の理由，人物像，場面把握，副詞の補充，語句の意味などが出題されています。

●**知識問題**…漢字の書き取り以外に，慣用句，四字熟語の完成と意味，間違った漢字を見つけて正しく書き直すものなどが出題されています。

◆対策～合格点を取るには？～

ふだんは文章をなにげなく読んでいますが，試験では文脈をきちんととらえ，ことばの意味を正確に理解しているかどうかがためされます。したがって，正しい答えを出せるようになるためには，なるべく多くの読解問題にあたり，出題形式に慣れながら，正しく内容を理解する練習が必要です。また，試験本番では制限時間があることも忘れてはいけません。文章を読むスピードはもちろんのことですが，解答にかける時間配分も意識して取り組みましょう。

知識問題については，分野ごとに，短期間に集中して覚えるのが効果的です。漢字については，毎日少しずつ学習するとよいでしょう。

分野 ＼ 年度			2024		2023		2022	
			A	B	A	B	A	B
読解	文章の種類	説明文・論説文	★	★	★	★	★	★
		小説・物語・伝記	★	★	★	★	★	★
		随筆・紀行・日記						
		会話・戯曲						
		詩						
		短歌・俳句						
	内容の分類	主題・要旨	○		○		○	
		内容理解	○	○	○	○	○	○
		文脈・段落構成		○				
		指示語・接続語	○	○	○	○		○
		その他	○	○	○	○	○	○
知識	漢字	漢字の読み	○	○			○	○
		漢字の書き取り	★	★	★	★	★	★
		部首・画数・筆順						
	語句	語句の意味	○	○	○	○		
		かなづかい						
		熟語			★		★	
		慣用句・ことわざ	○	★		★		★
	文法	文の組み立て						
		品詞・用法						
		敬語						
	形式・技法							
	文学作品の知識							
	その他		★					
	知識総合							
表現	作文							
	短文記述							
	その他							
放送問題								

※　★印は大問の中心となる分野をしめします。

カコを追いかけ
ミライをつかめ
「今の説明、もう一回」を何度でも
web過去問
ストリーミング配信による入試問題の解説動画
もっと古いカコモンないの？
カコ過去問
「さらにカコの」過去問をHPに掲載（DL）
声の教育社
詳しくはこちらから

2024年度 明星学園中学校

【算　数】〈Ａ日程試験〉（50分）〈満点：100点〉

（注意）コンパス・三角定規を必ず持参してください。

1　次の計算をしなさい。（答えが約分できるときには必ず約分すること）

(1)　202.4－182.16　　(2)　$\frac{7}{12}-\frac{1}{2}+\frac{3}{4}$　　(3)　0.8×2.53

(4)　2024÷17.6　　(5)　$3.9\div\frac{13}{5}\div4.5$　　(6)　6÷(24.8－3.2×4)

2　2023年４月にアメリカの元プロバスケットボール選手でスーパースターのマイケル・ジョーダンが試合で着用したスニーカーがオークションにかけられ，223万8000ドルで落札されました。これまでのスニーカーの最高落札額は180万ドルでしたが，今回のスニーカーの落札額が史上最高額となりました。さて，このときは１ドルが約133円だったのですが，今回のスニーカーの落札額は日本円で約何億何万円になりますか。小数点以下は切り捨てて答えなさい。

3　昨年の夏，国立科学博物館（東京都台東区）の『クラウドファンディング』が大きな話題となりました。クラウドファンディングとは，インターネット上で多数の人に金銭的な支援《しえん》を呼びかけてその想いに同意した人から資金を集める方法です。この博物館は「地球の宝を守れ　かはく史上最大の挑戦《ちょうせん》」をキャッチフレーズとして，質・量ともに世界にほこれる標本・資料を充実《じゅうじつ》させるために８月７日から11月５日まで実施《じっし》しました。初日に当初の目標額だった１億円を達成した後，約３カ月間で支援者56562人から９億1556万円が集まりました。平均すると支援者一人当たり約何万何千円の資金を提供したことになりますか。小数点以下は切り捨てて答えなさい。

4　右の図のように，3つの頂点が円周上にある三角形を考えます。

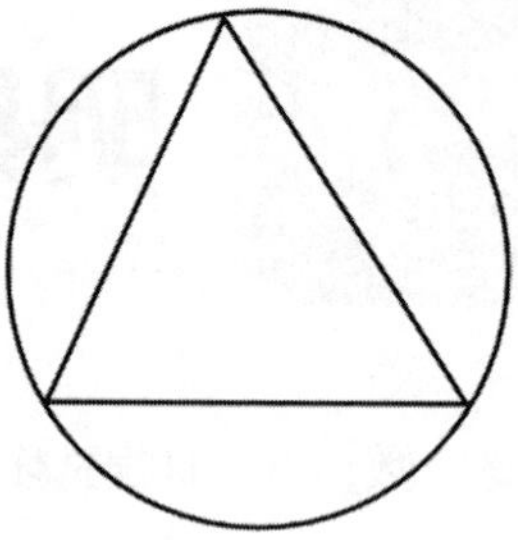

そのような三角形のうち，面積が$15\mathrm{cm}^2$となる三角形を下の円の中に作図しなさい。(作図に使用した線は残しておき，作図に使った長さを作図した図にかきこむこと)

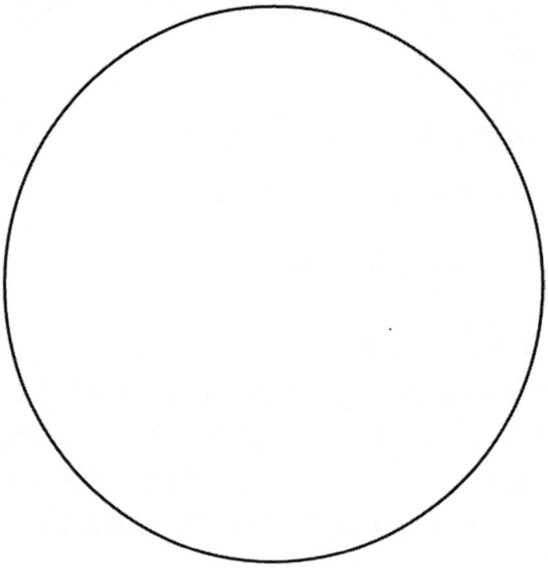

5　縦の長さが$\frac{5}{7}$m，横の長さが$\frac{2}{3}$mの長方形について，以下の問いに答えなさい。

(1)　この長方形の面積を計算によって求めなさい。

(2)　答えが(1)のようになることを下の１辺の長さが１ｍの正方形の図を使って説明しなさい。また，(1)の答えとなる長方形の面積に斜線《しゃせん》をかきこみなさい。(線をかきこむときは定規で測ってなるべく正確に引くこと)

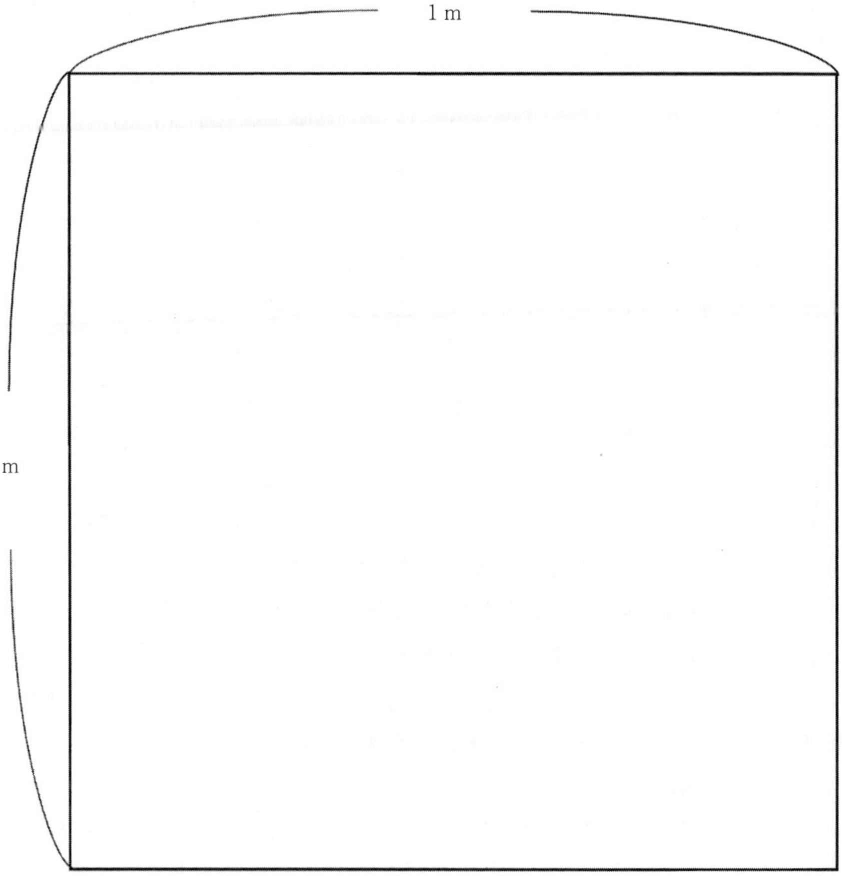

6　数学者フェルマーが発見した「二平方の定理」という法則について解説します。この法則は「５以上の素数を４で割った余りが１であれば，その素数が２つの平方数の和で表すことができる」というものです。

それでは「素数」と「平方数」の２つの用語について解説します。「素数」とは「１以上の整数の中で約数を２つだけ持つ数」のことです。たとえば『２』は１と自分自身の２でしか割り切れませんから，約数は「１と２」の２つです。したがって『２』は素数です。『３』も１と自分自身の３でしか割り切れませんから素数です。しかし，『４』は１と自分自身の４以外に２でも割り切れて，約数は「１と２と４」の３つです。したがって，『４』は素数ではありません。つまり，素数とは「１と自分自身でしか割り切れない数」と言いかえることができます。では『１』はどうでしょう。『１』を割り切ることができる数は１しかありません。したがって，『１』は素数ではありません。また，「平方数」とは「同じ整数を２回かけ合わせた数」のことです。１以上の整数の平方数を小さい順に並べると，$1\times1=1$，$2\times2=4$，$3\times3=9$，…　となります。数学では平方数であることを強調するときに，１を「1^2」，４を「2^2」，９を「3^2」，…　と表すことにしています。

次に，1以上の整数の中から素数を見つけ出す方法を解説します。その方法とは素数を小さい順に見つけていく方法で，古代ギリシャ人のエラトステネスによって発見されました。それでは，次の1から20までの整数を例に解説します。

1，2，3，4，5，6，7，8，9，10，11，12，13，14，15，16，17，18，19，20

① 1は素数ではないので，消します。

~~1~~，2，3，4，5，6，7，8，9，10，11，12，13，14，15，16，17，18，19，20

② 2は素数なので残しておき，2以外の2の倍数をすべて消します。

~~1~~，2，3，~~4~~，5，~~6~~，7，~~8~~，9，~~10~~，11，~~12~~，13，~~14~~，15，~~16~~，17，~~18~~，19，~~20~~

③ 2の次に残っている数の3は素数なので残しておき，3以外の3の倍数をすべて消します。

~~1~~，2，3，~~4~~，5，~~6~~，7，~~8~~，~~9~~，~~10~~，11，~~12~~，13，~~14~~，~~15~~，~~16~~，17，~~18~~，19，~~20~~

④ 3の次に残っている数の5は素数となります。よって5は残しておき，5以外の5の倍数をすべて消します。(といっても，もうすでに消えてしまっている)

~~1~~，2，3，~~4~~，5，~~6~~，7，~~8~~，~~9~~，~~10~~，11，~~12~~，13，~~14~~，~~15~~，~~16~~，17，~~18~~，19，~~20~~

⑤ 5の次に残っている数の7は素数となります。よって7は残しておき，7以外の7の倍数をすべて消します。(といっても，もうすでに消えてしまっている)

~~1~~，2，3，~~4~~，5，~~6~~，7，~~8~~，~~9~~，~~10~~，11，~~12~~，13，~~14~~，~~15~~，~~16~~，17，~~18~~，19，~~20~~

⑥ 7の次に残っている数の11は素数となります。よって11は残しておき，11以外の11の倍数をすべて消すのですが，11以外の11の倍数は22からなので，20を超《こ》えています。このことから，残っている13，17，19もすべて素数となります。

~~1~~，2，3，~~4~~，5，~~6~~，7，~~8~~，~~9~~，~~10~~，11，~~12~~，13，~~14~~，~~15~~，~~16~~，17，~~18~~，19，~~20~~

この方法は整数を小さい順に書き並べておいて，素数でないものをふるい落としていく方法なので，「エラトステネスのふるい」と呼ばれています。

最後に『5』と『13』の2つの素数について，フェルマーが発見した「二平方の定理」が成り立つことを確認します。『5』は4で割った余りが1ですから，4+1としたときに『2^2+1^2』という2つの平方数の和で表すことができました。『13』も4で割った余りが1ですから，9+4としたときに『3^2+2^2』という2つの平方数の和で表すことができました。確かにこの定理が成り立ちました。

さて，以下の問いに答えなさい。

(1) 「エラトステネスのふるい」の方法を使って，表の1から100までの整数の中から素数以外の数すべてに斜線を引いて消しなさい。

1	2	3	4	5	6	7	8	9	10
11	12	13	14	15	16	17	18	19	20
21	22	23	24	25	26	27	28	29	30
31	32	33	34	35	36	37	38	39	40
41	42	43	44	45	46	47	48	49	50
51	52	53	54	55	56	57	58	59	60
61	62	63	64	65	66	67	68	69	70
71	72	73	74	75	76	77	78	79	80
81	82	83	84	85	86	87	88	89	90
91	92	93	94	95	96	97	98	99	100

(2) 先ほど解説したように『17』と『19』は素数です。さて，数学者フェルマーが発見した「二平方の定理」を利用して，これらの素数はそれぞれ2つの平方数の和で表すことができるかどうかを示しなさい。（2つの平方数の和で表すことができる素数については，具体的な2つの平方数の和も答えておくこと）

① 17

② 19

(3) (1)で見つけた素数の中で，100に一番近い素数が2つの平方数の和で表すことができるかどうかを示しなさい。（2つの平方数の和で表すことができる場合については，具体的な2つの平方数の和も答えておくこと）

にも、外に出て新しい一歩を踏《ふ》み出すことで、自ら(注)エクスプローラーとなり、自分なりの大発見をしてほしいと思っている。

　ここで再度自問する。

「恐竜研究は、人のためになっているのか」

　今は、はっきりとした答えは見つけていない。しかし、私が初めてアンモナイトの化石を掘《ほ》りに行ったときに抱《いだ》いた、ちょっとした興味。これが、私の人生を変えたのだ。もしかしたら、恐竜を切り口に新しい道をかたちづくり、子どもたちの夢の選択肢《せんたくし》を増やすことが出来るかもしれない。

　私は、自分がサイエンスの面白さを伝えるという重要な役割を担っていると信じている。恐竜には大きな力があり、その力を多くの人々に伝える大きな使命が自分にあるように感じている。身が引き締《し》まるが、とても素敵な使命だ。

(小林快次『恐竜まみれ―発掘現場は今日も命がけ―』)

(注)・フィールド…野外・現場
・プレスリリース…報道関係者にする発表
・エクスプローラー…探検家・探究者

問一　――①「先生にとって『大発見』とは何ですか」とありますが、その答えを、

大発見とは〔　　　　〕こと。

という形で答えるとき、〔　〕に当てはまる部分を本文中から七十字以内で探し、最初の五字を答えなさい。句読点も字数に数えます。

問二　――②「然り」とは、「そう」という意味ですが、何が「そう」なのですか。

問三　――③「骨格」・⑦「次第」の漢字の読みを答えなさい。

問四　――④「いまいちその意義は伝わっていなかったような気がする」とありますが、筆者はその理由をどう考えていますか。

問五　――⑤「恐竜研究は、本当に人のためになっているのだろうか」という問いへ作者は最終的にどのように答えていますか。

問六　――⑥「主観的」・⑧「醍醐味」の意味をそれぞれ答えなさい。

⑥　主観的

ア　見ればわかる　　イ　自己中心的

ウ　楽観的　　エ　観察が主

⑧　醍醐味

ア　難しさ　　イ　華《はな》やかさ

ウ　相対性　　エ　楽しさ

問七　筆者の考えと合っているものを一つ選び、記号で答えなさい。

ア　デイノケイルスについての発見は、ネイチャーに載《の》ったからすばらしい。

イ　生活を変える発見が、価値ある発見だ。

ウ　専門家が見つけたものは、どんなものでも「大発見」であり、その言うことは絶対的なものである。

エ　興味を持ったり、好きになったりすることで、大発見につながっていく。

これを読んで、皆さんはその重要性が理解できるだろうか。よほどの恐竜好きでなければ、ピンと来ないのではないか。そこで、嚙《か》み砕《くだ》いて説明しようとするのだが、なかなかうまくいかない。

「この恐竜は、どういった点が今世紀最大の謎なのですか？」と記者が問う。

恐竜研究者の間では謎とされてきた恐竜である。実際、アメリカやヨーロッパなどの研究者も血眼になって何十年と探し続けてきた。私たちはそれを発見した。しかも2体もだ。自信はあった。ただ、記者の反応が良くない。

「大きな腕《うで》の何が謎なのですか？」

「腕の長さだけで2.4メートルもあり、獣脚類《じゅうきゃくるい》恐竜のなかでも非常に大きな腕なのです。このような大きな腕を持っている獣脚類恐竜が、どのような姿形をしていたのか、どのような生活をしていたのか、あらゆる研究者が解き明かそうとチャレンジしてきました。しかし、これまで発見されていたのは腕だけで、よくわからなかったのです。そして、私たちがようやく全身骨格を発見し、全貌《ぜんぼう》が明らかになりました。

「……なるほど」

④いまいちその意義は伝わっていなかったような気がする。

優秀《ゆうしゅう》な日本人研究者たちが、世の中を変える様々な大発見をしている。例えば、青色LEDやiPS細胞《さいぼう》。私たちの生活を変える大発見だ。発見の内容はわかりやすく、実生活に目に見える変化が起こるため、その価値を実感しやすい。

しかし恐竜に関する大発見はというと、なかなかわかりづらい。

⑤恐竜研究は、本当に人のためになっているのだろうか。

話を戻《もど》そう。「先生にとって『大発見』とは何ですか」という問いに、私は次のように答えた。

「正直なところ、恐竜研究というのは、非常に⑥主観的なものです。デイノケイルスに謎が多いというのも、私たち恐竜研究者がそう言うから、謎だということになっていました。今回発表した発見についても、権威者《けんいしゃ》がそう言うのだから大発見に違《ちが》いない、世界最高峰《さいこうほう》の科学誌ネイチャーが論文を掲載するのだから大発見に違いないと、専門家でない多くの人々は考えるでしょう。言い方は悪いですが、専門家の言うことを信じるしかない。

そうなると、『大発見』とは、私たち専門家⑦次第ということになってしまいます。専門家が『これは大発見だ』と言えば、大発見になってしまう。言い換《か》えると、私たちが大発見を作り出してしまっていることになる。

しかし、私が考える大発見とは、実は私たちの身の回りに転がっていて、データも現象も見えているのに、それが他とは違う特別なものだと気づいていなかったことに『気づくこと』なのです。大切なのは、大発見を大発見として認識する能力を高め、それを他の人にわかりやすく説明できることです」

つまり、「大発見か否か」の基準は相対的なもので、ノーベル賞を受賞するような発見でなくても、ネイチャーに掲載されるような発見でなくても、研究者が大発見だと感じるものであれば、大発見なのだ。これは私だけではなく、あらゆる研究に言えることだと思うし、サイエンスの⑧醍醐味《だいごみ》につながる話だと思う。興味をもつこと、好きになることが重要であり、その先に、自分なりの大発見が待っているのだ。

私はサイエンス中毒にかかっている。サイエンスの面白さに病み付きなのだ。私は、自分なりの大発見を探しに、これからも世界へ足を運ぼうと思う。そして、恐竜研究の面白さのほんの一部でも、皆さんに届けることができれば、と願う。同時に、これを読んでいる皆さん

「いらないのか。それでも宝は、強くなれるのか？　まっすぐ、元気に、勇敢《ゆうかん》に戦えるようになるか？　ちゃんと成長して、変わっていけるか？」

強い口調で畳《たた》みかけられる。宝は首を振った。

「なりたい自分は、自分で、決める」

示されなくても、ちゃんと知ってる。

沈黙《ちんもく》が落ちる。重くて息苦しい雰囲気《ふんいき》に、④ごめんなさいと言いたくなるのを必死にこらえる。

どれだけ時間がたったのかわからなくなったころ、父親が、「そうか」とうなずいた。机の上に広げていた、他道場の情報がのった紙をすべてまとめ、几帳面《きちょうめん》に角をそろえてから持ち、扉《とびら》に向かう。

ドアノブに手をかけながら、父親は宝を振り返ったけれど、なにも言わずに出て行った。

（落合由佳《ゆか》『流星と稲妻《いなずま》』）

問一　[A]・[B]に当てはまる語を、それぞれ漢字一文字ずつで答えよ。

問二　[C]・[D]に当てはまる語を次の中から選び、記号で答えなさい。

ア　渋々《しぶしぶ》　イ　しずしず　ウ　淡々《たんたん》
エ　もやもや　オ　ぐらぐら　カ　ふわふわ

問三　――①「謝ってほしいんじゃない」とありますが、何について謝ろうとしていたと、父親は考えたのですか。

問四　――②「胸が冷えた」とありますが、それはなぜですか。説明しなさい。

問五　――③「つまんない」とありますが、何が「つまんない」のですか。

問六　――④「ごめんなさいと言いたくなるのを必死にこらえる」とありますが、何について「ごめんなさいと言いたくな」ったのですか。

問七　――④で、なぜ「必死にこらえ」たのですか。簡潔に説明しなさい。

四

次の文章を読み、後の問いに答えなさい。

「①先生にとって『大発見』とは何ですか」

ある取材で、こんな問いをぶつけられたことがある。なかなか良い質問だ。

これまで多くの発見をしてきたつもりだ。（注）フィールドを足が棒になるまで歩きつつ、新しい恐竜《きょうりゅう》を発見したり、新しい知見を考え出したりする。ただ、自分自身が興奮するような発見でも、その価値を伝えるのは難しい。

（注）プレスリリースを出すと、メディアの人たちが取材に来る。私は自信満々にその重要性を語り出すのだが、記者の皆《みな》さんがついてこられていないのが、壇上《だんじょう》から手に取るようにわかる。

「ナショナル　ジオグラフィック」日本版2015年4月号に取り上げられた、デイノケイルスの発見も②然《しか》りである。私たち研究チームは、デイノケイルスの全身③骨格の発見を、科学誌「ネイチャー」に論文として発表した。ネイチャーに掲載《けいさい》されるのだから「大発見」であるはずだし、重要な論文であるはずだ。

私が用意したデイノケイルスの論文の要旨《ようし》をまとめたプレスリリースでは、「研究成果のポイント」として次の2点を挙げた。

1　今世紀最大の謎《なぞ》の恐竜デイノケイルスの全身骨格を2体発見
2　デイノケイルスの分類・系統的位置が判明し、オルニトミモサウルス類であることがわかった大将のプレッシャーもあったろうに、みごとだったな。しかもあの相手は、宝が前に個人戦で二本負けした子だ。宝、見ててショックだったろう。今も、[D]してるだろう。それは嫉妬《しっと》だ。自分のほうが阿久津くんより上だって、負けてないって、宝は心のどこかで思ってたんだよ」

すうっと、②胸が冷えた。

確かにショックだ。

ずっと持て余していた感情に、勝手に、名前をつけられてしまったことが。

「ようやく、くやしいって感じただろう」

そこで父親のスイッチが入った。前傾姿勢《ぜんけい》になり、両腕《りょううで》を横に大きく広げる。

「くやしいよな。だから宝は阿久津くんとけんかして、剣道からも逃《に》げてるんだよな。その気持ちはよくわかるよ。でもそれじゃあだめだ。立ち向かわなきゃ。阿久津くんとはちがう稽古をして、負かしてやろうじゃないか。お父さんも協力する。なっ。だからよその道場で」

「くやしくない」

血を沸騰《ふっとう》させる勢いで語っていた父親が、ぴたりと止まる。

「宝、まだそんなことを」

近寄ろうとした父親から、素早く下がって間合いを取り、両目の横を手で覆《おお》う。

「お父さんが、くやしがるから」

「え？」

「お父さんは、くやしがらないで。怒《おこ》らないで。がっかりもしないで」

遠間に立ったまま、宝は言った。

「ぼくよりも、がんばらないで」

剣道だけではない。宝の交友関係でも、勉強でも、ゲームにおいてさえ、父親は宝以上に一喜一憂《いっきいちゆう》し、あれこれと必死になってしまう。

宝の立つ試合場に、いつもいつもいつも、父親が竹刀を持って入ってきて、ひどいときには相手を背中から斬ってしまうのだ。

そんなのはもう、宝の戦いではない。勝とうが負けようが、心は少しも動かない。

「それは、どういう意味だ？」

問われ、宝は言いよどんだ。舌が勝手に縮こまる。無理やり動かそうとすると、臆病《おくびょう》な自分がささやいた。『いつもみたいに黙っていようよ』『きらわれちゃうよ』『お父さんがかわいそうだよ』と、何度も何度も。

でも、自分から声を出さないと。自分から挑《いど》んでいかないと。

それで流れが変わったのを、一度、経験したのだ。

顔から手を放し、父親を見る。心の中で構えた竹刀を、大きく振《ふ》りかぶった。

「③つまんない、よ」

一刀。

父親はゆっくりと一歩下がり、机に後ろ手をついて寄りかかった。

でも、宝から目はそらさない。

まだ、終わっていない。宝は意識して、肩《かた》ではなくお腹に力をこめる。

「稽古、一生懸命《いっしょうけんめい》、がんばるから」

「それで？」

「次の大会は、阿久津くんより、いい結果出す。負けない、から」

「だから？」

「だから、くすのき、やめない。お父さんの協力も、もう、いらない」

あれは半分、お父さんのせいだ。

「頼《たの》んでないのに。電話してとか、[B]を貸してとか、思ってないのに」

「宝」

父親が困った様子で伸《の》ばした手を、上体をねじってかわす。

「くすのきだって、やめたいなんて思ってない。なのになんでもう、見学とか」

「宝」

「ぼく、なにも言ってないのに、どうして、どうして勝手に」

「言わないからだろう」

数トーン低くなった声に、宝はびくりとした。

「阿久津くんと勝手にプールに入ってふざけてたとか、稽古《けいこ》をいきなり二週間以上休むとか、明らかにおかしいじゃないか。今までの宝を見ていれば、なにかがあったんだってことはわかるんだ。悩《なや》んでるってことは伝わってくるんだ。でも、宝はお父さんにも、お母さんにも、なにも言わないで閉じこもる。だったら、お父さんはお父さんの考えで、動くしかないだろう。待っていても仕方ないし、放っておくわけにもいかないんだから」

放っておいてよ！

宝は、プールでの出来事も、稽古を休む理由も、なにも両親に話さなかった。善太に迷惑《めいわく》がかかるかもしれないのがいやだったからだ。なのに結局、めんどうなことになってしまった。

「今回に限らないぞ。お父さんがなにを言っても、なにを聞いても、宝からはなにも返ってこない。黙《だま》っていれば事が済む、周りがそれなりに動いてくれる、そう思って甘《あま》えているのは、宝じゃないのか？」

「甘えて、なんか」

「どうしたいって意思表示もしないで、察してくれなんていうのは、甘えだ」

父親は表情も変えず、宝の否定をすぱりと斬《き》り落とした。

「宝は、誰《だれ》に対してもそうじゃないか」

父親の様子がいつもとちがう。声が大きくて、全身からむだに熱を放ち、元気だ勇気だ情熱だと宝に引火させようとする、あの芝居《しばい》がかった父親ではない。

[C]と、父親はあとを続ける。

「ただ受け身でいればいいなんて思うな。それでやり過ごせないことも、これからいくらだって出てくる。剣道だってそうじゃないか。守りを固めて待っていたって、試合時間はたった数分だぞ。その間に必ず好機が訪れるとは限らないんだ。動いて攻《せ》めないと。前にも言ったよな、『チャンスは待つな、作れ』って」

「……ごめ」

「①謝ってほしいんじゃない」

父親の視線を、つむじのあたりに感じる。しばらくして、ため息が聞こえた。

「宝、ショックだったんだろう」

おどろいて父親を見上げると、静かなまなざしが返ってくる。

「お母さんが撮《と》ってきてくれた、この前の団体戦のビデオ、お父さん何度も見た。反省会のあとも、ずっと見てる。初戦の宝の相手、中学生みたいに大きい子だったな。よく一本取った。最後のほうの宝の動きは、とってもよかった」

恒例《こうれい》の反省会のときにも、同じようにほめられた。だけど喜べなかった。

「でも、そのあとの阿久津くんは、もっとよかった」

宝は口を引き結んだ。そうだ。それが、わかっていたからだ。

「試合巧者《こうしゃ》な対戦相手に、まっすぐぶつかっていって、力で勝った。

2024年度 明星学園中学校

【国語】〈A日程試験〉（五〇分）〈満点：一〇〇点〉

一 次の――部を漢字に直せ。

(1) 母のこきょうを訪ねる。
(2) ほけつの選手を集める。
(3) ゴミの量をへらす。
(4) クラスの作品をてんじする。
(5) けがをした指に包帯をまく。
(6) ごかいを招く行動をするな。
(7) まだ、きずぐちが痛む。
(8) その店のかんばんを探す。
(9) 彼女《かのじょ》は親こうこうた。
(10) 海をのぞむ学校へ行く。

二 次の各文からは、それぞれ話し手のどのような状態が伝わってくるか。――線部に注意して説明しなさい。

〈例〉私は財布こそ持っていない。
→〈解答例〉私は色々持っていないが、特に財布は持っていない。

(1) 私は財布は持っていない。
(2) 私は財布も持っていない。
(3) 私は財布しか持っていない。
(4) 私は財布なんか持っていない。
(5) 私は財布だけ持っていない。

三 次の文章を読み、後の問いに答えなさい。

転校生の「宝《たから》」は、「くすのき剣道《けんどう》クラブ」に入る。二週間以上クラブに行かないでいたところ、父親に別のクラブに移ることを勧《すす》められる。

「いくつかの道場は見学もさせてもらった」

まずい、もう話が進んでいる。宝は握《にぎ》っていたえんぴつを放し、両手を机の下にかくした。紙に少しでも触《ふ》れたりして興味を示そうものなら、きっとそのまま押《お》し切られる。

緊張《きんちょう》していると、父親がさらりと言った。

「そうそう、阿久津《あくつ》くんの家にも、さっきお父さんが電話してあげたからな」

「……え？」

脳天に大きな星が落っこちてきて、砕《くだ》けた。ぐらりと視界が揺《ゆ》れる。

阿久津くんの家に、電話？　お父さんが？

「なにを言ったの？」

宝はいすから立ち上がった。父親がおどろいたようにあごを引く。

「なにって、それは、宝のことを」

「なんで、そういうことするの？」

きっと、善太を責めたにちがいない。うちの子をいじめないでくれだとかそんなことを言って、宝に事実確認もせず、善太を非難したに決まっている。

前の学校でも、道場でも、同じことがあった。友だちとのトラブルに父親が[A]を突《つ》っこみ、そのせいで宝はウザがられ、ますます孤立《こりつ》したのだ。

壁《かべ》に貼《は》られた、余白ばかりの星形の色紙。

2024年度

明星学園中学校　▶解　答

算　数　＜Ａ日程試験＞（50分）＜満点：100点＞

解　答

1 (1)　20.24　(2)　$\frac{5}{6}$　(3)　2.024　(4)　115　(5)　$\frac{1}{3}$　(6)　$\frac{1}{2}$　**2**　約２億9765万円　**3**　約１万６千円　**4**　(例)　下の図１　**5**　(1)　$\frac{10}{21}$m^2　(2)　(例)　下の図２のように，１辺１mの正方形を，７×３＝21(個)に分けたうちの，５×２＝10(個)分だから，面積は$\frac{10}{21}$m^{2}になる。　**6**　(1)　下の図３　(2)　①　17÷４＝４あまり１だから，17は平方数の和で表すことができる($4^2+1^2=16+1=17$)。　②　17よりも２大きい数だから，19を４で割るとあまりは３になることがわかり，19は２つの平方数の和で表すことができない。
(3)　100に一番近い素数は97であり，97÷４＝24あまり１だから，２つの平方数の和で表すことができる($4^2+9^2=16+81=97$)。

図１

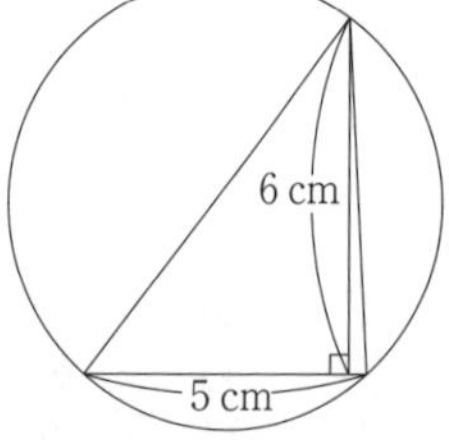

図２

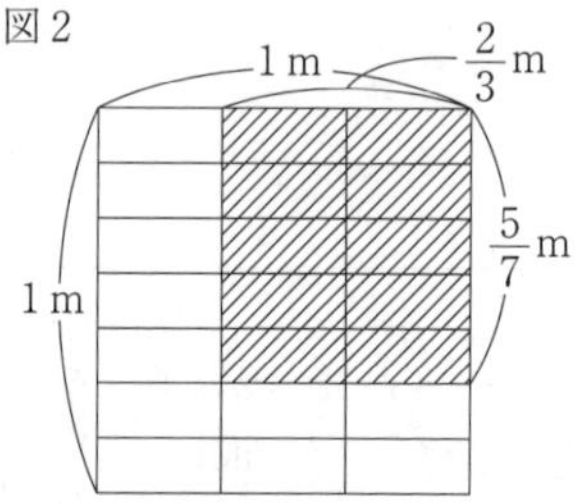

図３

~~1~~	2	3	~~4~~	5	~~6~~	7	~~8~~	~~9~~	~~10~~
11	~~12~~	13	~~14~~	~~15~~	~~16~~	17	~~18~~	19	~~20~~
~~21~~	~~22~~	23	~~24~~	~~25~~	~~26~~	~~27~~	~~28~~	29	~~30~~
31	~~32~~	~~33~~	~~34~~	~~35~~	~~36~~	37	~~38~~	~~39~~	~~40~~
41	~~42~~	43	~~44~~	~~45~~	~~46~~	47	~~48~~	~~49~~	~~50~~
~~51~~	~~52~~	53	~~54~~	~~55~~	~~56~~	~~57~~	~~58~~	59	~~60~~
61	~~62~~	~~63~~	~~64~~	~~65~~	~~66~~	67	~~68~~	~~69~~	~~70~~
71	~~72~~	73	~~74~~	~~75~~	~~76~~	~~77~~	~~78~~	79	~~80~~
~~81~~	~~82~~	83	~~84~~	~~85~~	~~86~~	~~87~~	~~88~~	89	~~90~~
~~91~~	~~92~~	~~93~~	~~94~~	~~95~~	~~96~~	97	~~98~~	~~99~~	~~100~~

国　語　＜Ａ日程試験＞（50分）＜満点：100点＞

解　答

一　下記を参照のこと。　**二**　(1)　(例)　私は財布を持っていない。他のものは持っている可能性がある。　(2)　(例)　私は財布を持っていない。他のものも持っていない。　(3)　(例)　私は財布を持っている。他のものは何も持っていない。　(4)　(例)　私は財布を持っていない。当然，持っている訳がない。　(5)　(例)　私は財布を持っていない。他のものは持っている。　**三**　**問１**　**Ａ**　首　**Ｂ**　手　**問２**　**Ｃ**　ウ　**Ｄ**　エ　**問３**　(例)　意思表示をせず，ただ受け身でいること。　**問４**　(例)　ずっと持て余していた感情に対して，父親が勝手に「嫉妬」という名前をつけてしまったから。　**問５**　(例)　父親が，宝のことなのに，宝以上に一喜一憂し，必死になってしまうと，心が少しも動かなくなってしまうこと。
問６　(例)　父親のやることを否定して，傷つけてしまったこと。　**問７**　(例)　「なりたい自分は，自分で，決める」という覚悟を決め，父の力を借りず，自ら挑むことにしたから。
四　**問１**　実は私たち　**問２**　(例)　発見の重要性を語っても，記者には伝わらないこと。

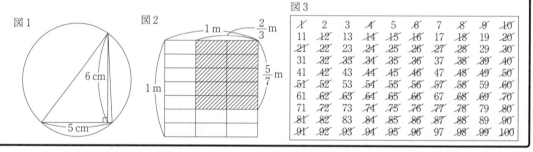

問3　③　こっかく　　⑦　しだい　　**問4**　（例）　実生活に目に見える変化が起こらないから。　　**問5**　（例）　人生に新しい道をかたちづくり，子どもたちの夢の選択肢を増やすことができるかもしれない。　　**問6**　⑥　イ　　⑧　エ　　**問7**　エ

●漢字の書き取り

⊟ (1)　故郷　　(2)　補欠　　(3)　減(らす)　　(4)　展示　　(5)　巻(く)　　(6)　誤解　　(7)　傷口　　(8)　看板　　(9)　孝行　　(10)　臨(む)

Dr.福井の入試に勝つ！脳とからだのウルトラ科学

歩いて勉強した方がいい？

みんなは座って勉強しているよね。だけど，暗記するときには歩きながら覚えるといいんだ。なぜかというと，歩いているときのほうが座っているときに比べて，心臓が速く動いて（脈はくが上がって）脳への血のめぐりがよくなるし，歩いている感覚が背骨の中を通って脳をつつくので，頭が働きやすくなるからだ（ちなみに，運動による記憶力アップについては，京都大学の久保田名誉教授の研究が有名）。

具体的なやり方は，以下のとおり。まず，机の上にテキストを広げ，1ページぐらいをざっと読む。そして，部屋の中をゆっくり歩き回りながら，さっき読んだ内容を思い出す。重要な語句は，声に出して言ってみよう。その後，机にもどってテキストをもう一度読み直し，大切な部分を覚え忘れてないかをチェック。もし忘れている部分があったら，また部屋の中を歩き回りながら覚え直す。こうしてひと通り覚えることができたら，次のページへ進む。あとはそのくり返しだ。

さらに，この“歩き回り勉強法”にひとくふう加えてみよう。それは，なかなか覚えられないことがら（地名・人名・漢字など）をメモ用紙に書いてかべに貼っておくこと。ドンドン貼っていくと，やがて部屋中がメモでいっぱいになるハズ。これらはキミの弱点集というわけだが，これを歩き回りながら覚えていくようにしてみよう！　このくふうは，ふだんのときにも自然と目に入ってくるので，知らず知らずのうちに覚えることができてしまうという利点もある。

歴史の略年表や算数の公式などを大きな紙に書いて貼っておくのも有効だ。

Dr.福井（福《ふく》井《い》一成《かずしげ》）…医学博士。開成中・高から東大・文Ⅱに入学後，再受験して翌年東大・理Ⅲに合格。同大医学部卒。さまざまな勉強法や脳科学に関する著書多数。

2024年度 明星学園中学校

【算　数】 〈Ｂ日程試験〉 (50分) 〈満点：２科受験者は100点，４科受験者は50点〉

(注意) コンパス，三角定規を必ず持参してください。

1 次の計算をしなさい。(答えが約分できるときには必ず約分すること)

(1) $12.4+7.84$　　(2) $\frac{2}{3}-\frac{1}{4}-\frac{1}{6}$　　(3) 12.65×1.6

(4) $20.24\div0.8$　　(5) $\frac{9}{20}\div2.16\times\frac{24}{25}$　　(6) $(2024-1000\div0.5)\times\frac{3}{8}$

2 昨年の12月９日，大谷翔平《しょうへい》はインスタグラムでドジャースへの移籍《いせき》を表明しました。また，大谷の代理人事務所から契約《けいやく》金はプロスポーツ史上最高額の10年総額７億ドルと公表され，その額は日本円の約1015億円であると報道されました。関西大学の宮本勝浩《かつひろ》名誉《めいよ》教授は，ドジャースに移籍したことで大谷の2024年の経済効果がスポンサー契約料や球場などへの広告料，グッズ売上，日本からの応援《おうえん》ツアー収入などが増加して，2023年を29億円程度上回る533億5200万円と予想しています。さて，以下の問いに答えなさい。

(1) 契約したとき，１ドルは何円だったことになるのかを求めなさい。

(2) 大谷の2024年の経済効果は，2023年の約何倍になりそうなのかを求めなさい。小数点第３位以下は切り捨てて答えなさい。

3 1.5リットルのジュースを７人で等しく分けたい。さて，７つのコップに何リットルずつ入れればよいでしょうか。

4 半径２cmの円と半径３cmの円について，以下の問いに答えなさい。

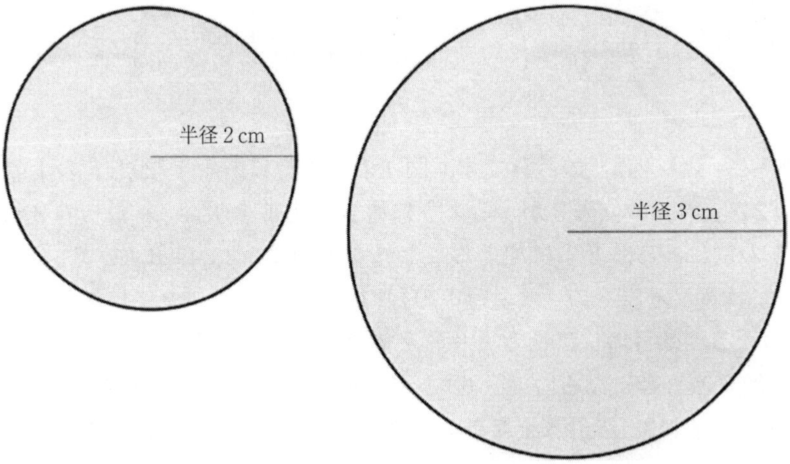

(1) それぞれの円周の長さを求めなさい。(円周率は約3.14で考えること)

(2)　半径3cmの円周の長さは半径2cmの円周の長さの何倍になりますか。(求め方をかいておくこと)

(3)　半径3cmの円の面積は半径2cmの円の面積の何倍になりますか。(求め方をかいておくこと)

5　数学史・科学史には『イスラーム数学史(アラビア数学史)』が必ず出てきます。イスラーム数学史についての算術書で現存するものはほとんどありませんが，カスピ海南部地域で生まれたクーシュヤール・イブン・ラッバーン(9世紀ごろ)の算術論文『インド式計算法の諸原理』が現存します。これは中世イスラーム世界の主要な算術の教科書の一つとなっていました。当時は紙が貴重だったため，クーシュヤールが説明する算術は，ペンと紙ではなく細かい砂でおおわれた浅い器の上に棒や指で書いて計算することが前提となっていました。この器を『書板』と呼ぶことにします。小さな書板は持ち運びに便利で，少ない行数の算術の計算手順を書くのに向いています。この書板上に書いた数は簡単に消せるので，何度も書き直す必要がある計算手順でも問題ありません。

書板のこの特性を念頭において，これからクーシュヤールによる『かけ算の計算手順』について321×243を例に解説します。100かける100が10000になるので5列になることを推測して，「321」の百の位の3の下に「243」の一の位の3がくるように置きます(図1)。この状態から，位の大きい順に計算していきます。なお，図の矢印(➞)は書板上で数を左図から右図のように置きかえることを意味します。

まずは上の行にある321の百の位の「3」と下の行にある「243」の計算からです。このときの部分計算も位の大きい順に計算していきます。最初の3×2=6の「6」は万の位にある2のすぐ上に置きます(図2)。次の3×4=12の「2」は千の位にある4のすぐ上に置きます。そして，12の「1」は万の位にある「6」に加えることになるので，6+1=7の「7」は「6」と置きかえます(図3)。最後の3×3=9の「9」は321の計算を終えた百の位の「3」と置きかえます(図4)。

図1　　図2　　図3　　図4

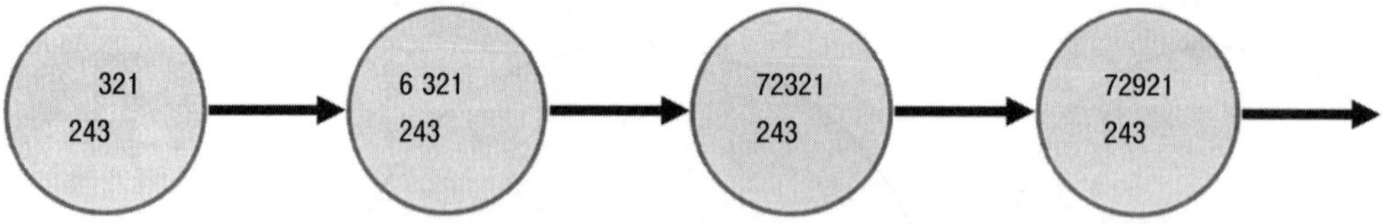

次は321の十の位の「2」と「243」の計算です。図4の上の行にある「72921」の十の位の2の下に，下の行の「243」の一の位の3がくるように置きかえます(図5)。最初の2×2=4の「4」は上の行の千の位にある「2」に加えることになるので，2+4=6の「6」は「2」と置きかえます(図6)。次の2×4=8の「8」は上の行の百の位にある「9」に加えることになるので，9+8=17の「7」は百の位にある「9」と置きかえます。そして，17の「1」は千の位にある「6」に加えることになるので，6+1=7の「7」は「6」と置きかえます(図7)。最後の2×3=6の「6」は321の計算を終えた十の位の「2」と置きかえます(図8)。

図5　図6　図7　図8

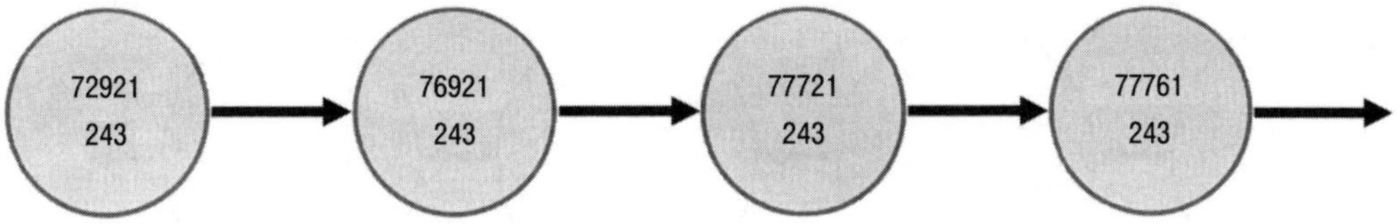

最後は321の一の位の「1」と下の行にある「243」の計算です。図8の上の行にある「77761」の一の位にある1の下に，下の行の「243」の一の位の3がくるように置きかえます(図9)。最初の1×2=2の「2」は上の行の百の位にある「7」に加えることになるので，7+2=9の「9」は「7」と置きかえます(図10)。次の1×4=4の「4」は上の行の十の位にある「6」に加えることになるので，6+4=10の「0」は「6」と置きかえます。そして，10の「1」は百の位にある「9」に加えることになるので，9+1=10の「0」は「9」と置きかえます。さらに，10の「1」は千の位にある「7」に加えることになるので，7+1=8の「8」は「7」と置きかえます(図11)。最後の1×3=3の「3」は321の計算を終えた一の位の「1」と置きかえます(図12)。これで321×243の計算は終了で，答えは図12の上の行にある「78003」と出ました。このように，クーシュヤールの計算手順だともっとケタ数の多いかけ算でもたった二行で計算ができるのです。

図9　図10　図11　図12

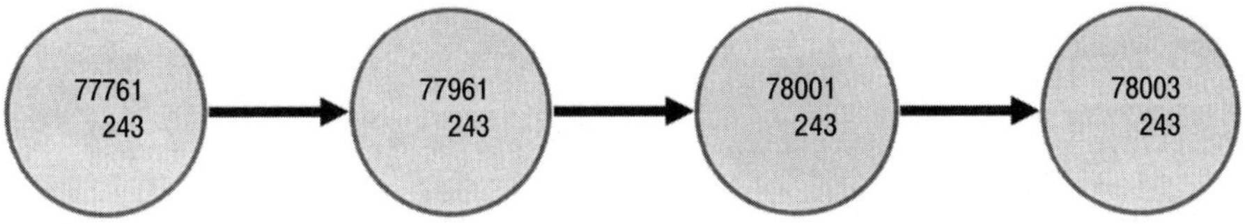

さて，次の①と②のかけ算をクーシュヤールの計算手順を利用して計算しなさい。

①　37×52

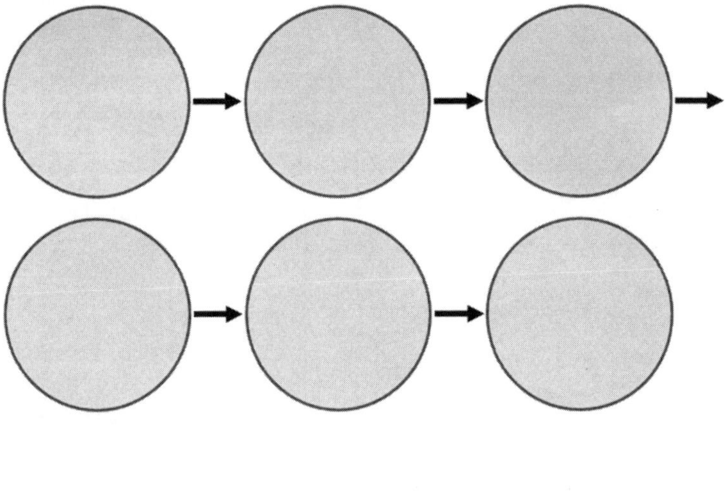

② 276×435

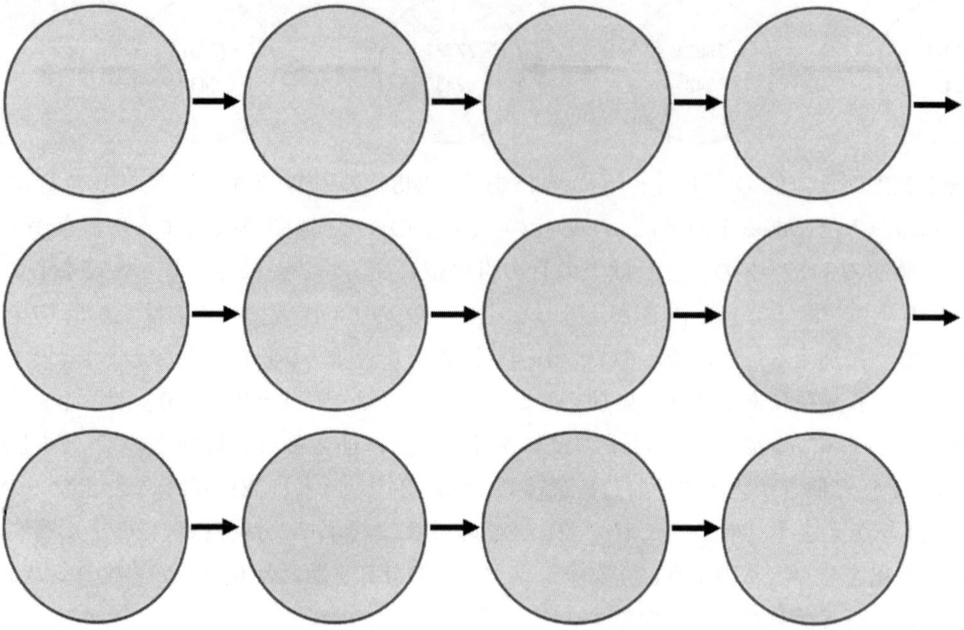

【社　会】〈Ｂ日程試験〉(30分)〈満点：50点〉

1　次の文章を読み，あとの問いに答えなさい。

2023年は，６月に入管法が改正され，また11月には技能実習制度の見直しがされるなど，国内で生活する外国人にとって重要な決定や話しあいが行われた年でした。以下は，NHK 専門解説委員二村伸氏による入管法改正についての記事から引用したものです。

> **改正入管法成立　残された課題　2023年06月09日(金)**
>
> 外国人の収容のあり方を見直す入管法,「出入国管理および難民認定法」の改正案がきょう９日，参議院本会議で可決，成立しました。(中略)
>
> 争点となったのは３回以上難民申請をした人の送還《そうかん》を可能にする措置《そち》です。
>
> 入管庁は難民でない人が送還を免《まぬが》れるために申請《しんせい》をくりかえす，いわゆる「濫用《らんよう》」を防ぐためだとしています。これに対し，支援《しえん》の弁護士や市民団体は，日本では１回や２回の申請で難民と認定されるケースは極めて少なく，３回以上の申請者をふり落とせば本当に保護を求めている難民を見落としかねないと反対してきました。実際に複数回の申請者が難民認定されたケースも少なくありません。
>
> 日本の(1)難民認定率はこのように先進国の中では極端《きょくたん》に低く，他の国で認定されるケースでも日本では認定が難しいのが実情です。それだけに日本で難民申請中の人を送還すれば祖国で迫害《はくがい》を受ける恐れが否定できず(2)難民条約をはじめとする国際法違反だと国連機関や専門家は指摘《してき》しています。(以下略)　NHK 解説委員室ウェブサイトより
>
> (漢字については元記事に，よみがなをつけています。)

問１　下線部(1)について，法務省は2019年に難民認定されたのは，申請者数10,375人中44人と発表しました。難民認定率は約何パーセント(％)になりますか。【　】の中から選び答えなさい。
【40％　　４％　　0.4％】

問２　下線部(2)について，立法府である国会に国民の世論や自分の考えを反映させる手段としてはいくつかの方法が考えられます。次の①～④の中から，あなたが最も効果的だと考える方法を選び，なぜ他の３つよりも優れていると考えるのか説明してください。④を選んだ場合は，その方法についても，具体的に説明してください。

①　選挙で自分の考えに一番近い候補者や政党に投票する。

②　署名活動をして国会議員や政党に働きかける。

③　国際社会にアピールし，政府に外交面から圧力をかける。

④　その他にもっと効果的な方法がある。

問３　日本国内には歴史的に海外との交流があったり，外国人によるコミュニティ(共同体)が形成されているまちや地域がいくつかあります。そうした地域についての以下の説明文[A]・[B]・[C]の都道府県名を，それぞれ答えなさい。

> [A]　かつて「天下の台所」と呼ばれ，食文化が発達した。通天閣から東(奈良方面)へ車で20分くらい。「パスポートのいらない韓国」と表現されることもある生野区。1993年に「コリアタウン」の呼称を使うようになる前は「朝鮮市場」と呼ばれ，在日韓国・朝鮮人にとって食材・日用品などが豊富に揃《そろ》う生活に密着した市場であった。

B　出島は1636年から1639年まではポルトガルとの貿易，1641年から1859年までは東インド会社を通して〔 1 〕との貿易が行われた。明治以降は港湾整備に伴う周辺の埋立《うめたて》等により陸続きとなり，おうぎ形の人工島であったころのおもかげは失われたが，出島全体は，「出島和蘭商館跡」として国の史跡に指定されている。郷土料理として有名なちゃんぽんは明治期に福建料理をベースとして中国人留学生たちをつうじて広まった。

C　横浜市にある東アジア最大の中華街は，前身である1866年の横浜新田居留地時代から数えると150年強の歴史をもつ。1859年，横浜が開港すると外国人居留地が造成され，欧米人とともに多数の中国人商人・取引仲介者が来住した。1923年９月１日に発生した〔 2 〕後，欧米人の多くが帰国してしまったため，やや中国人中心の街へと変わっていった。1930年代には〔 2 〕から完全に復興し，中国人を中心とした街としてにぎわいを見せた。

問４　B の〔1〕にあてはまる国名を答えなさい。

問５　C の〔2〕にあてはまる自然災害の名称を答えなさい。

2　次の２人の会話を読んで，あとの問いに答えなさい。

明 さ ん「ウクライナとロシアの戦争がまだまだ続いているね。」

星子さん「まさか，私たちが生きている時に国同士くり広げられるなんて考えもしなかった。」

明 さ ん「本当だね。しかも，(A)新たにイスラエルがパレスチナ自治区の[あ]に対して，「戦争状態」を宣言して，徹底《てってい》的な報復攻撃《ほうふくこうげき》を続けている。」

星子さん「どうして，人類の歴史から「戦争」はなくならないのかな。社会の授業で歴史を学んできたけど，日本でも戦いがたくさん起きていたものね。」

明 さ ん「日本は，武士が中心の時代が長く続いてきたからね。」

星子さん「たしか鎌倉時代からは，「いざ鎌倉！」が合言葉になって，武士たちは幕府のために戦うことで土地を褒美《ほうび》としてもらう[い]というしくみがあったと習ったよ。」

明 さ ん「そういえば，そんなことを習ったね。でも，江戸時代は「泰平《たいへい》の世」と言われていて，1637年に起きた[う]以降，幕末の混乱期まで，国内外での戦争が約250年ほどなかったと聞いたよ。」

星子さん「それは，すごいことだね。でも，[え]が江戸に幕府を開いた時には，[お]の後を継いだ秀頼が大坂を中心として強い影響力を持っていて苦労したようだよ。だから，(B)江戸幕府は決まりをつくったんだ。たとえばこんなことが決められたんだよ。資料１を見て。」

資料1

・学問と武芸に励《はげ》むこと。

・新しい城づくりは，かたく禁止する。

・大名たちは，幕府の許可なくかってに結婚してはならない。

・500石《こく》積み以上の船をもつことを禁ずる。

明 さ ん「なるほどね。」

星子さん「他にも江戸幕府が決めた決まりの一つがこれ(次の絵画資料のこと)。これは何をしているものかわかる？」

明 さ ん「[か]って言われているものだね。」

星子さん「そう，大名たちは1年おきに，江戸と自分の領地を行き来することが決められたの。」

明 さ ん「それって，すごく大変だよね。」

星子さん「そう，たとえば加《か》賀《が》藩《はん》(現在の石川県)を治めていた前田家の[か]の記録を見ると，毎日，朝早くに出発して1日7～9時間歩き続けて，12泊13日かけて江戸まで来ていたそうだよ。」

明 さ ん「それは大変だ。しかもものすごい人の数だね。どのくらいの人が行列に加わっていたの？」

星子さん「加賀藩の場合，2000～4000人近い人たちが行列を組んで[か]していたという記録があるよ。」

明 さ ん「すごい人数だね。宿泊費代を考えただけでも，ものすごくお金がかかりそう。」

星子さん「記録を見ると，1808年には，今の4～5億円かかっていたらしい。」

明 さ ん「えー!!　それを1年おきにやるなんて，[か]はとてもお金がかかることだったんだね。どうして江戸幕府はこんなことをさせたのかな。」

星子さん「それには，大事な理由があったの。」

明 さ ん「うーん，なんだろう… (C)あ，わかった！ [き] ことが目的だったんじゃない？」

星子さん「そう思うでしょ。でも実は，1635年には，江戸幕府から資料２のようなことが呼びかけられているんだよね。」

資料２

大名たちは，国元《くにもと》と江戸とに交替《こうたい》で住むこと。毎年４月に江戸に来ること。最近，その時のお供《とも》の人数がとても多い。しかしそれは，出費が増え，国元の人々の負担になる。今後は，決められた人数を守り，人数を減らしなさい。

明 さ ん「え～?!　じゃあ [き] ことが目的ではなかったんだね。そう考えると，[か] をさせる目的って何だったのかな。」

星子さん「私も気になって調べてみたんだけど，行列になって歩いている人の担いでいるものを見て。」

①

②

③

明 さ ん「よく見ると変だね。(D)どうして江戸幕府は，①～③のようなものを持たせたのかな。こんなものを持たせたら危険じゃない？」

星子さん「私もびっくりしたのだけど，よく見ると，すべてカバーがされているのよ。」

明 さ ん「本当だ！　これにも理由があるんだろうね。」

星子さん「そのとおり。彼らは武士だよね。鎌倉時代に，頼朝が武士たちと約束したことを思い出してみて。」

明 さ ん「あぁ！　そういうことか。カバーをつけることも大事なメッセージなのだね。理由はわかったけれど，(E)それなのに加賀藩の大名は，わざわざどうして決まり以上の人数を連れてきたのかな。ますますわからないな。」

星子さん「加賀藩の大名に限らず，多くの大名たちがたくさんの人たちを連れてきていて，借金に苦労していたみたい。1862年には，３年に１度というようにゆるめられたそうだよ。」

明 さ ん「その６年後に，江戸幕府がたおれて新しい体制になったということも，何か関係があるのかな。」

星子さん「この制度の目的を考えると，大いに関係がありそうだね。」

問１　空欄 [あ] ～ [か] に入る適切な語を次の【語群】より選びそれぞれ記号で答えなさい。

【語群】

ア．キーウ　　イ．ガザ　　ウ．ヨルダン川西岸　　エ．島原の乱
オ．関ケ原の戦い　　カ．応仁の乱　　キ．武家諸法度　　ク．参勤交代
ケ．ご恩と奉公　　コ．織田信長　　サ．豊臣秀吉　　シ．徳川家康

問2　下線部(A)に関して，［あ］は，「天井のない監獄《かんごく》」と言われているが，それはなぜか，次の資料も参考にして，かんたんに説明しなさい。

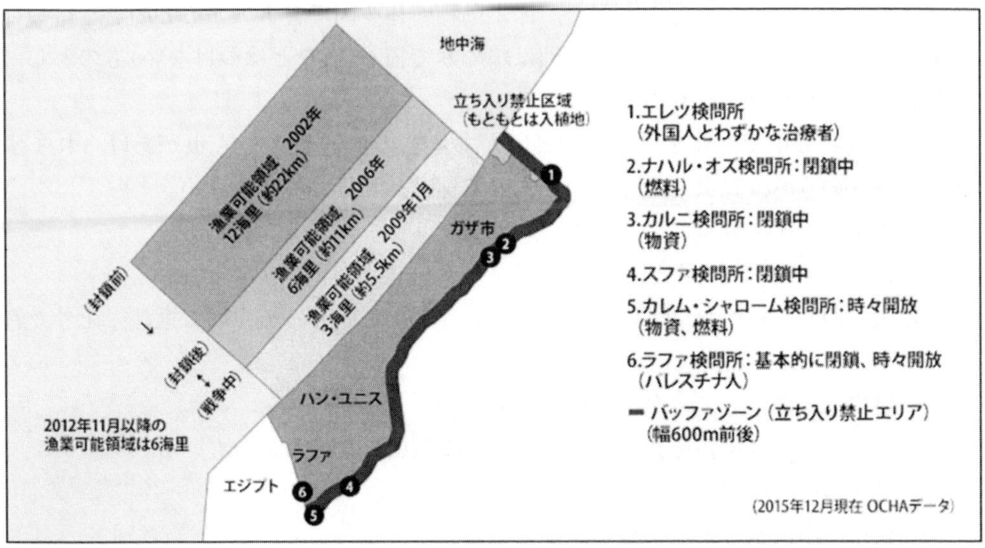

問3　下線部(B)に関して，江戸幕府は，なぜ［資料1］のような決まりを大名たちに出したのか，その目的をかんたんに答えなさい。

問4　下線部(C)に関して，［き］にあてはまるセリフを，20文字以上のセリフを考えて答えなさい。

問5　下線部(D)に関して，

(1)　［か］をする時に持ってくるもの①～③(前のページの絵画資料)の共通点は何か答えなさい。

(2)　またなぜ江戸幕府は，(1)のものをカバーをつけて持ってこさせるのか，考えられる理由を答えなさい。

問6　下線部(E)に関して，大名たちが決まり以上の人数を連れてきたのはなぜか，あなたの考えを述べなさい。そう考える理由も書くこと。

【理　科】〈Ｂ日程試験〉（30分）〈満点：50点〉

1　以下の問いに答えなさい。

問１　自然界には，さまざまな動物がいます。それらの動物たちはさまざまな特徴《とくちょう》にもとづき分類（仲間分け）されています。その中で節足《せっそく》動物とよばれるグループがあります。節足動物の特徴として，体がいくつかの輪のような形の節がつながったような形をしており，それぞれの節から脚《あし》が出ているということがあげられます。

(1)　上の文の下線部の内容から考え，節足動物の体を図で書き表すとどのように描《か》けるか，簡単な図を描きなさい。ただし，図は線のみで描く（影《かげ》などはつけない）ものとし，節の数は適当に決めればよいものとします。

(2)　節足動物の中で，非常に多くの種類があるものの例として昆虫《こんちゅう》があげられます。以下の(ア)〜(ク)のうち，昆虫であるものをすべて選び，記号で答えなさい。

(ア)　クモ　　(イ)　カニ　　(ウ)　ムカデ　　(エ)　ミジンコ
(オ)　ガ　　(カ)　カマキリ　　(キ)　ダンゴムシ　　(ク)　アリ

(3)　昆虫に関して述べた以下の(ア)〜(カ)の文のうち正しいものをすべて選び，記号で答えなさい。

(ア)　昆虫はふつう，メスが水の中に卵を産む。
(イ)　昆虫の中には植物を食べるものも，他の昆虫を食べるものもいる。
(ウ)　昆虫の中には脚が８本（４対）あるものもいる。
(エ)　昆虫の中に水の中にすむものはいない。
(オ)　昆虫はすべて，４枚の羽を一生もち続ける。
(カ)　昆虫は幼虫からさなぎを経て成虫となるが，さなぎを経ずに成虫になるものもいる。

問２　右の 図１ のように鉄心に導線を巻きつけて電流を流すと，鉄製のクリップが引き寄せられます。以下の問いに答えなさい。

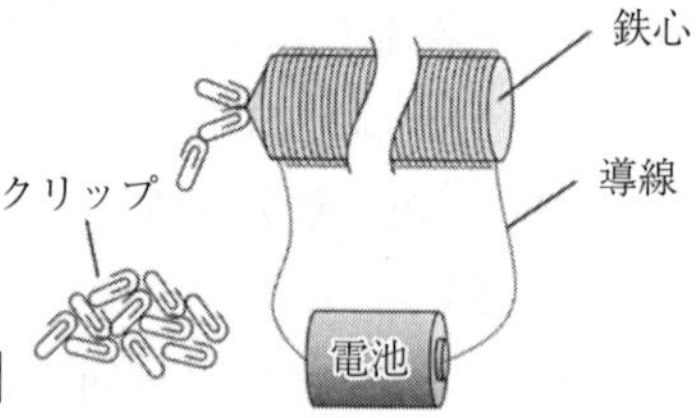

図１

(1)　次の文章が正しくなるように，空欄《くうらん》（Ａ）・（Ｂ）に当てはまる言葉を書きなさい。

導線を同じ向きに何回も巻いたものを（　Ａ　）という。（　Ａ　）の中に鉄心を入れて電流を流すと，鉄心が磁石のようになるものを（　Ｂ　）という。

(2)　電流を流したとき，鉄心にあらわれる極を反対向きにするにはどうしたら良いか，説明しなさい。ただし，導線の巻き方は変えないものとする。

(3)　下の 図２ のように，「電流の大きさ」を大きくすると，引き寄せられるクリップの数はどうなるか，答えなさい。

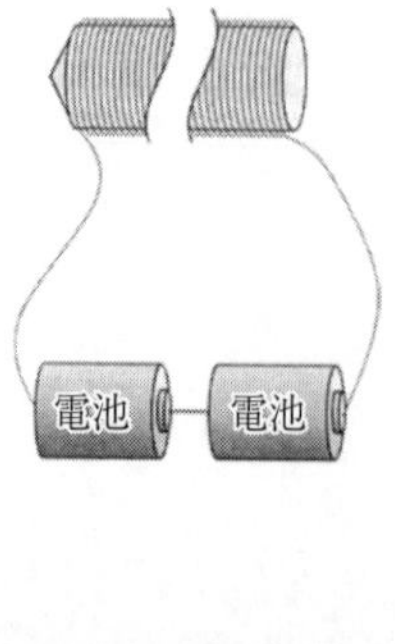

図２

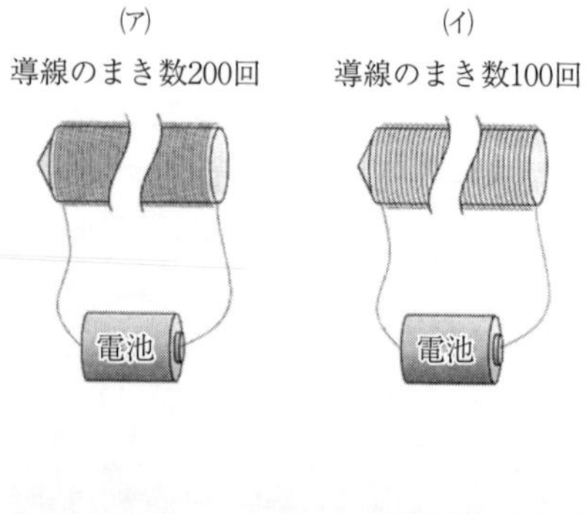

図３

(4) 前のページの 図3 の(ア)と(イ)では，どちらの方が引き寄せられるクリップの数が多いか，記号で答えなさい。

問3 川に行き流れる水の様子と地面の様子を観察しました。以下の問いに答えなさい。

(1) 川を流れる水には，次の(A)～(C)のような流れる水のはたらきがあります。(A)～(C)のような流れる水のはたらきをそれぞれ何というか，答えなさい。

(A) 土や石を積もらせるはたらき

(B) 地面をけずるはたらき

(C) 土や石を運ぶはたらき

(2) 大きな角ばった石は，下流の平地と上流の山の中とではどちらに多く見られるか，答えなさい。

(3) 下流の平地と上流の山の中とで，「土地のかたむき」や「川はば」，「水の流れの速さ」を比較《ひかく》したものが 表1 です。表1 の空欄《くうらん》(A)～(D)に当てはまる適切な言葉を書きなさい。

表1

	土地のかたむき	川はば	水の流れの速さ
上流(山の中)	(A)	(B)	速い
下流(平地)	(C)	(D)	ゆるやか

2 次の文章を読み，文のあとの問いに答えなさい。

数年前から，キャンプ人口が増えてきています。キャンプファイヤーをするとき，まきを燃やす場面があります。まきを燃やし続けるには，まわりにある空気が入れかわるようにする工夫が必要です。(ア)空気は，ちっ素や二酸化炭素，酸素などの気体が混ざったものです。ものを燃やすはたらきがあるのは酸素で，ちっ素と二酸化炭素には，ものを燃やすはたらきはありません。図4 のような，(イ)集気びんに気体と火のついたろうそくを入れて，ろうそくの燃える様子を確かめる実験からも，この性質が分かります。

また 図5 のように，(ウ)炎《ほのお》は大きく3つの部分に分けられます。炎の一番外側は外炎《がいえん》，その内側は内炎《ないえん》と呼ばれます。炎の中心は炎心《えんしん》といいます。そしてまきの組み方にも種類があり，その種類によって，炎の燃え方や燃えつきるまでの時間が変わります。代表的な組み方に，図6 のような「井げた型」があります。まきを井の字に組む方法で，(エ)いきおいのある炎が生まれるため，キャンプファイヤーに向いています。ではまきが燃えつきたあと，まきのまわりにあった空気に何か変化はあるでしょうか。図6 のような集気びんの中で，細かくしたまきを燃やしたあと，透明《とうめい》の石灰水を入れてふりました。すると石灰水は白くにごったので，まきを燃やす前にくらべて，(オ)まきのまわりにある空気の成分に変化が起こったことが分かりました。

図4

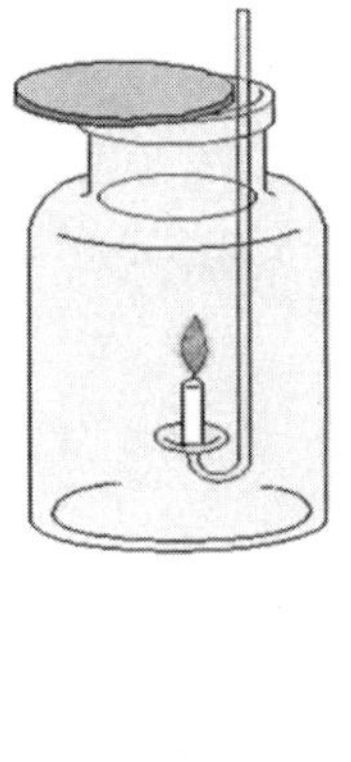

図5

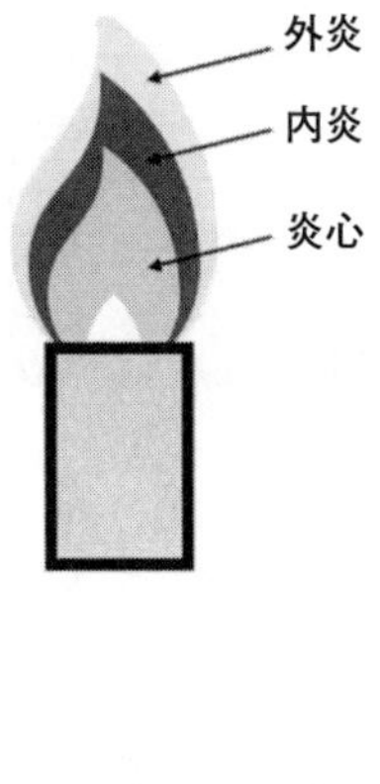

図6

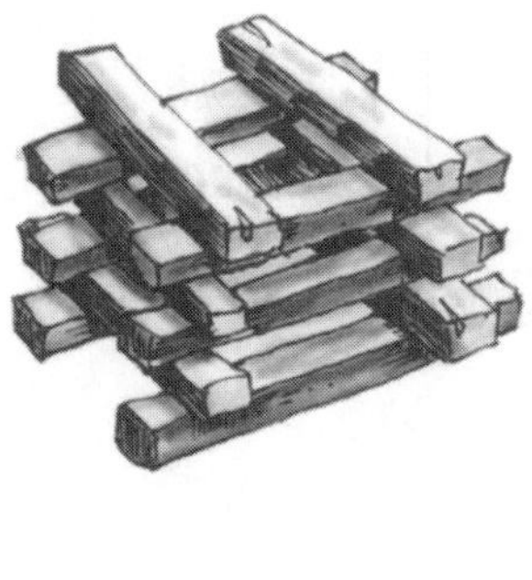

(1)　下線部(ア)について。次の文章が正しくなるように，空欄《くうらん》(Ａ)～(Ｃ)に当てはまる気体を，①～③からそれぞれ選びなさい。

「地球上の空気は，（　Ａ　）が約78％，（　Ｂ　）が約21％，（　Ｃ　）など他の成分が約１％ふくまれています。」

①：ちっ素　　②：二酸化炭素　　③：酸素

(2)　下線部(イ)について。集気びんの中に酸素だけを入れたときに比べて，空気を入れたときは，ろうそくの燃え方に違《ちが》いがありました。空気を入れたときの違いについて，理由とともに，かんたんに説明しなさい。

(3)　下線部(ウ)について。炎の中で，一番温度が高い部分はどれか。問題文にある３つの部分から，１つ選びなさい。

(4)　下線部(エ)について。「井げた型」では，いきおいのある炎が生まれる理由を，かんたんに説明しなさい。

(5)　下線部(オ)について。まきを燃やす前と後で，まきのまわりにある空気の成分に起こった変化について，かんたんに説明しなさい。

さて気体の１つである二酸化炭素ですが，水にとけることができ，(カ)二酸化炭素がとけた水よう液を炭酸水といいます。炭酸水は青色のリトマス紙を赤色に変える水よう液で，酸性の水よう液だと分かります。炭酸水のような弱い酸性の水よう液でも，石灰岩をとかしてしまいます。

右の 図７ のような「しょうにゅうどう」と呼ばれるほら穴は，もとは大きな石灰岩です。この石灰岩に，空気中の二酸化炭素がとけた雨水があたり続けることで，石灰岩がとけてほら穴となるのです。また酸性の水よう液は他にもあり，(キ)塩化水素という気体がとけた水よう液である塩酸もその１つです。

図７

(6)　下線部(カ)について。下の 図８ のように，ペットボトルに水と二酸化炭素を入れてよくふると，ペットボトルには，ある変化が起こりました。どのような変化が起こるのか，理由とともに，かんたんに説明しなさい。

(7)　下線部(キ)について。塩酸は強い酸性の水よう液で，塩酸を保存する容器は，金属製のものを使いません。多くは下の 図９ のように，ガラスで作られた容器を使います。この理由を，かんたんに説明しなさい。

図８

図９

外見は行動の結果ではなく、行動の原因となるものだ。

　鳥とヒトは確かに共通点が多い。[I]、こと外見については意味するところが全く異なる。このため、そのまま人間の参考にするのは難しそうだ。

　外見の違いが遺伝子の存続を、ひいては進化をも左右する。それが野生生物というものなのである。

（川上和人「鳥は見た目で恋をする」）

〈注〉・褐色…主に茶色。黒っぽくみえるような色。紺よりもさらに濃い、黒色に見えるほどの藍色などもある。

・垂涎の…垂涎とはよだれのことである。よだれがでるほどあるものを食べたい。そこから発展して、ある物を手に入れたいと熱望する意味となった。

問一　[A]と[B]にあてはまる言葉は何か考えて答えなさい。

問二　[I]には同じ接続詞が入る。一つ答えなさい。

問三　――①「美しい羽毛をまとうようになった」とありますが、ヒトは何をまとってカラフルになったのでしょうか。二文字漢字で答えなさい。

問四　――②「鳥は色覚重視生物としてヒトの大先輩である」とありますが、どういうことでしょうか。説明しなさい。

問五　――③「如し」とありますが、この言葉を別の言葉でいいかえるとどうなりますか。答えなさい。

問六　――④「メスには外見で相手を選ぶ十分な理由があるのだ」とありますが、どんな理由がありますか。説明しなさい。

問七　――⑤「人間と鳥には大きな違いがある」以降の内容を次のようにまとめた場合、a～dに入る言葉を答えなさい。

　人は（ a ）を見ることによって、外見を（ b ）できる。

　鳥は外見が（ c ）から、狙《ねら》われやすく、（ d ）ように俊敏になったのかもしれない。

チル（注）垂涎《すいぜん》の青い鳥だ。

しかし、そんな美しい姿でのうのうと生きていては、一生を地味に過ごすスズメやツグミに申し訳が立たない。命の危機を埋《う》め合わせて余りある利益があってこそ、美しさが進化するはずだ。その利益とは、生物にとっての最重要事項《じこう》、すなわち恋《こい》である。

一般《いっぱん》に鳥はメスがオスを選んでつがいになるため、オスはメスが好む姿を進化させる。メスが地味でオスが派手な鳥が多いのは、これが理由だ。キジやカモの仲間はその代表であり、青い鳥オオルリのメスは地味な褐色だ。

たとえ捕食者に見つからず長生きできても、子孫を残せなければ未来に遺伝子は残らない。リスクと引き換《か》えにメスにアピールし、恋を成就した個体だけが遺伝子を残す。こうして、命と引き換えの危険な美が進化するのである。

とはいえ、中にはオスメス同色で、しかも保護色になっていない鳥もいる。たとえばセキセイインコは雌雄《しゆう》ともに明るい緑色で、オーストラリアの乾燥《かんそう》地帯に彩《いろど》りを添《そ》えている。メスがオスを選ぶだけなら、メスは着飾《きかざ》る必要はないはずだ。

おそらくこれは互《たが》いを同種と認識するための色彩《しきさい》だろう。近縁種《きんえんしゅ》が同所的に分布しているような場合は、確実に同種とペアになるため互いに見分けやすい色がよい。特にインコのように群れを作る種なら、性別を問わず同種を見つけたい。こうして、種に特有の色彩が進化するのである。

では、なぜメスは美しいオスを選ぶのだろうか。そこにはいくつかの理由がある。

まず、美しくなるためにはそれだけ多くの色素や資源が必要になり、余計なエネルギーがかかる。このため、美しさは健康状態を示す正直な信号になりうる。たとえばニワトリは、寄生虫がいなくて元気なほどトサカが赤くなる。この場合、鮮やかなトサカは体の強さの証拠《しょうこ》になる。

また、目立つ姿で生きのびていることは、捕食者から生き残る能力の証拠にもなるだろう。魅力《みりょく》的なオスとつがいになれば、自分の息子も魅力的になりさらに多くの子孫を残せるかもしれない。

他者の能力や心の中を見ることはできない。目に見えるのは外見だけだ。④メスには外見で相手を選ぶ十分な理由があるのだ。

鳥とヒトは似ている。このため、両者の行動を互いに投影《とうえい》したくなる。確かに、保護色をまとう獲物と捕食者の姿は、変装して雑踏《ざっとう》にまぎれるルパン3世と、密かに尾行《びこう》する銭形警部《ぜにがたけいぶ》の姿を彷彿《ほうふつ》とさせる。

しかし、⑤人間と鳥には大きな違《ちが》いがある。

それは、鳥は自分の姿を知らないということだ。人間には服があり、鏡がある。自身を装飾し、確認できる。その点で人間の外見は自らの行動の結果となりうる。

だが、鳥は鏡を見ないので、自分の姿を知るよしもない。ニワトリが自分のトサカの赤さや大きさを知ることは金輪際《こんりんざい》ないのだ。もちろん、服を着替《きが》えるように外見を変えることもできない。

自然界では一定の確率で遺伝子の突然《とつぜん》変異が生じ、外見に個体差が現れる。時にはその違いが生き残りや子供の数に影響《えいきょう》する。そして、偶然《ぐうぜん》にも他個体より生き残りやすく、多くの子供を残せた個体の情報が、DNAを介《かい》して次世代に受け継《つ》がれる。生まれた子供には自らの装いを選ぶ機会はなく、それを気にする機会もない。

目立つ装飾で捕食者にねらわれやすければ、それでも逃げきれる俊《しゅん》敏《びん》さが必要かもしれない。メスが好むような彩りが不足していれば、より魅力的な歌声の習得が必要かもしれない。これらの点では、鳥の

問四　――②「がっかりしながらも」とありますが、なぜがっかりしたのでしょうか。説明しなさい。

問五　――③「ぼくの中身が崩れてしまいそうだった」とありますが、瑛介の病院生活のなかで、何がこうさせたのでしょうか。答えなさい。

問六　――④「赤青黄緑銀金、いろんな色の折り紙で作った紙飛行機は、三十個以上はある」とありますが、壮太は瑛介になぜ紙飛行機を作ったと考えられますか。説明しなさい。

問七　～～線㋐と㋑の読みを答えなさい。

四

次の文章を読み、あとの問いに答えなさい。

エジプトで散歩していると、スフィンクスがなぞなぞを出してくる。答えられないと、食べられてしまう。

「二足歩行で、おもに一夫一妻かつ昼行性で、音声でコミュニケーションをとるもの、なーんだ?」

答えは［ A ］と［ B ］だ。そう、両者には共通点が多いのである。

そしてもう一つ、外見を気にするところも共通している。時にはシックに、時にはカラフルに、鳥の装いは人間から見ても美しい。おそらく両者は似た感覚を持ち、似たものを美しいと感じるのだろう。

ヒトは赤、緑、青の三色を見分ける三色型色覚を持つ。だが実は、多くの哺乳類《ほにゅうるい》は赤と緑が見分けられない二色型色覚だ。哺乳類は夜行性から進化してきたため、色を見分ける必要性が低く、視覚より嗅《きゅう》覚《かく》を発達させてきた。［ I ］、ヒトを含《ふく》む霊長類《れいちょうるい》は昼行性に進化して、色鮮《あざ》やかな世界で生活するようになり、より高度な色覚を獲得《かくとく》したのだ。

一方で、鳥は遠い祖先から昼行性を貫《つらぬ》いてきた。明るい世界に適応している彼《かれ》らは紫外線《しがいせん》まで見える四色型色覚を持ち、その視覚にふさわしい①美しい羽毛をまとうようになったのだ。ヒトは昼の世界の新《しん》参者《ざんもの》であり、自らの好みに合わせて体表面を色とりどりに進化させるだけの時間を経ていない。そこで衣服という装備を開発し、極めて短い時間スケールでカラフルな外見を手に入れた。なにしろ、②鳥は色覚重視生物としてヒトの大先輩《だいせんぱい》である。そこから学ぶことはさぞや多かろう。ここでは、鳥の外見の意味について見ていこう。

「鳥」と「イラスト」でグーグルの画像検索《けんさく》をすると、画面が青い鳥でうめつくされる。どうやら世の中で鳥と言えば青い鳥のようだ。これではメーテルリンクの思うつぼである。

しかし、身近にいるスズメやムクドリ、カルガモなどはみな(注)褐《かっ》色《しょく》である。これは自然界に褐色が多いからだ。大地、木の枝、つもった枯《か》れ葉、鳥のいそうなところはおおむね褐色なので、褐色にしておけば保護色になる。バナナの中のミニオンの③如《ごと》しだ。

保護色は捕食《ほしょく》者におびえる弱者の色だ。タカやキツネにおそわれないよう、目立たない色が進化する。同時にこれは捕食者の色でもある。実は褐色はタカの仲間にも多いのだ。ねらわれる鳥たちは警戒《けいかい》をおこたらず、捕食者を見つければ逃《に》げ出してしまう。目の良い獲物《えもの》を狩《か》るためには、捕食者にもカムフラージュが必要だ。

野生の世界は厳しい。弱者が目立てば命を失う。捕食者が目立てば飢《う》えに苦しむ。その身をかくすカムフラージュこそ、鳥の外見の基本形なのである。

一方で、確かにカラフルな鳥もいる。コンゴウインコはディズニー映画から出てきたかのような原色をまとい、オオルリはチルチル・ミ就寝《しゅうしん》時間が近づいてくると、やっぱり気持ちが抑《おさ》えきれなくなってプレイルームに向かった。真っ暗な中、音が出ないようマットに向かっておもちゃ箱をひっくり返す。三つの大きな箱の中身をぶちまけるのだ。ただそれだけの行為《こうい》が、ぼくの気持ちを保ってくれた。悪いことだとはわかっている。でも、こうでもしないと、③ぼくの中身が崩《くず》れてしまいそうだった。いつも、翌朝にはおもちゃは片付けられ、きれいにプレイルームは整えられている。きっと、お母さんか三園《みその》さんが直してくれているのだろう。それを思うと、ひどいことをしてるよなと申し訳ない。だけど、何かしないと、おかしくなりそうで止められなかった。

三つ目のおもちゃ箱をひっくり返し、あれ、と思った。

布の箱から、がさっと何かが落ちた。硬《かた》いプラスチックのおもちゃの音とはちがう。暗い中、目をⓑ凝《こ》らしてみると、紙飛行機だ。

ぼくは慌《あわ》てて電気をつけた。

壮太だ……。④赤青黄緑銀金、いろんな色の折り紙で作った紙飛行機は、三十個以上はある。片手に㋐管を刺《さ》して固定していたから、使いにくい手で折ったんだろう。形は㋑不格好だ。それでも、紙飛行機には顔まで描《えが》かれていて、「おみそれ号」「チビチビ号」「瑛ちゃん号」「またね号」と名前まで付いている。

壮太は、知っていたんだ。ぼくが夜にプレイルームでおもちゃ箱をひっくり返していたことを。そして、壮太がいなくなった後、ぼくがどう過ごせばいいかわからなくなることも。

明日から、一つ一つ飛ばそう。三十個の紙飛行機。これを飛ばしている間、少しは時間を忘れることができそうだ。

土日の病院はしんとしていた。週末は低身長の検査の子もいないし、三園さんも休みだし、看護師さんの数も少ない。

静まり返ってこういうことだよな。ぼくは誰《だれ》もいないプレイルームで紙飛行機を飛ばしたり、漫画を読んだりして過ごした。紙飛行機は似顔絵が書かれた「三園さん号」が一番よく飛んだ。

「なんだよ、壮太。瑛ちゃん号がよく飛ぶように作ってくれたらいいのにさ」

ぼくは一人でそう笑った。

（瀬尾《せお》まいこ「夏の体温」）

問一　――①「そう言ってくるりと背を向けると、そのまま部屋から出て行った」とありますが、このときの壮太の気持ちはどんなものだと考えられますか。答えなさい。

問二　[A]から[C]には次の一文が入る。どこに入れるのが適切ですか。記号で答えなさい。

「ぼくら子どもにとっての一日を、大人の感覚で計算するのはやめてほしい。」

問三　══線ⓐとⓑの意味をあとのア～エから記号で一つ選びなさい。

ⓐ　手放しで

ア　物を売ったり、あげたりして
イ　手を放して
ウ　遠慮《えんりょ》して
エ　気持ちを隠《かく》さないで

ⓑ　凝らして

ア　こらしめて
イ　じっとがまんして
ウ　一つのものに集中して
エ　ばつをあたえて

ぼくは手を振《ふ》った。

壮太は、

「瑛ちゃんこそ元気で」

①そう言ってくるりと背を向けると、そのまま部屋から出て行った。

壮太たちがいなくなると、

「フロアの入り口まで見送ればよかったのに。案外二人ともお別れはあっさりしているんだね。ま、男の子ってそんなもんか」

とお母さんは言った。

お母さんはわかっていない。あれ以上言葉を発したら、泣きそうだったからだ。きっと壮太も同じなのだと思う。もう一言、言葉を口にしたら、あと少しでも一緒《いっしょ》にいたら、さよならができなくなりそうだった。口や目や鼻。いろんなところがじんと熱くなるのをこらえながら、ぼくは「まあね」と答えた。

壮太がいなくなったプレイルームには行く気がせずに、午後は部屋で漫画《まんが》を読んだ。時々、壮太は本当に帰ったんだな、もう遊ぶことはないんだなと気づいて、ぽっかり心に穴が空いていくようだった。これ以上穴が広がったらやばい。そう思って、必死で漫画に入り込《こ》もうとした。

A

二時過ぎからは診察《しんさつ》があった。この前の採血の結果が知らされる。

「だいぶ血小板が増えてきたね」

先生は優しい笑顔をぼくに向けると、さもビッグニュースのように、

「あと一週間か二週間で退院できそうかな」

と言った。

「よかったです、ありがとうございます」

お母さんは頭を下げた。声が震《ふる》えているのは本当に喜んでいるからだろう。

やっとゴールが見えてきた。ようやく外に出られる。それはうれしくてたまらない。だけど、どうしても確認したくて、

「一週間ですか？　二週間ですか？」

とぼくは聞いた。

「そこは次回の検査結果を見てからかな」

先生はそう答えた。

「はあ」

「どっちにしても一、二週間で帰れると思うよ」

先生は、「よくがんばったからね」と褒《ほ》めてくれた。

一、二週間。ひとくくりにしてもらっては困る。一週間と二週間では、七日間も違《ちが》うのだ。七日後にここを出られるのか、十四日間ここで過ごすのかは、まるで違う。ここでの一日がどれほど長いのかを、壮太のいない時間の退屈《たいくつ》さを、先生は知っているのだろうか。

B

お母さんは診察室を出た後も、何度も「よかったね」と言った。ぼくは間近に退院が迫《せま》っているのに、時期があやふやなせいか、気分は晴れなかった。明日退院できる。それならⓐ手放しで喜べる。だけど、一週間か二週間、まだここでの日々は続くのだ。

②がっかりしながらも、病室に戻《もど》る途中《とちゅう》に西棟《にしとう》の入り口が見えて、ぼくは自分が嫌《いや》になった。何をぜいたく言っているのだ。遅《おそ》くとも二週間後にはここから出られるし、ここでだって苦しい治療《ちりょう》を受けているわけじゃない。西棟には、何ヶ月も入院している子だっているのだ。それを思うと、胸がめちゃくちゃになる。病院の中では、自分の気持ちをどう動かすのが正解なのか、どんな感情を持つことが正しいのか、よくわからなくなってしまう。

C

2024年度

明星学園中学校

【国語】〈B日程試験〉（五〇分）〈満点：二科受験者は一〇〇点、四科受験者は五〇点〉

一

次の——部を漢字に直しなさい。

(1) 試験のたいさくを練ることは重要だ。

(2) 彼女はしゃそうから景色を見つめた。

(3) 祖父はじんぎを重んじる人だ。

(4) 母はよきん通帳を見て驚《おどろ》いた。

(5) 部屋をせいけつにすると気持ちも晴れる。

(6) ガラパゴスしょとうにはイグアナがいる。

(7) 「ミッションコンプリート！」これでにんむは完了した。

(8) くまモンの出身地はくまもと県だ。

(9) 今年は野菜がれいがいを受ける。

(10) 万年ひつは味わいのある文字が書ける。

二

漢字を一字入れて慣用句を完成させなさい。

(1) （　）に着せる　意味…物事を相手のためにわざわざ行ったかのようにあつかって、ありがたがらせようとするさま。

(2) （　）を広げる　意味…仕事やすることなどの範囲《はんい》を広くし、規模を大きくする。

(3) （　）上にもおけない　意味…性質や行動が卑劣《ひれつ》で仲間として認められない。

(4) （　）を酸っぱくする　意味…何度も繰り返し忠告する。

(5) （　）の持ち腐《ぐさ》れ　意味…役に立つ能力や物を持っていながら使わずにいる。

三

次の文章を読み、後の問いに答えなさい。

（一か月以上入院している瑛介《えいすけ》。二泊《はく》三日で、同学年の壮太《そうた》が入院してくる）

昼ごはんを食べ終えて歯を磨《みが》いた後、壮太が母親と一緒《いっしょ》にぼくの病室にやってきた。壮太の母親は大きなバッグを持ち、壮太もリュックを背負っている。

「いろいろお世話になりました」

壮太の母親は、ぼくとぼくのお母さんに頭を下げた。

「ああ、退院ですね。お疲《つか》れさまでした」

ぼくのお母さんが言った。

「瑛介君に仲良く遊んでもらって、入院中、本当に楽しかったみたいで」

「うちもです。壮太君が来てくれてよかったです」

お母さんたちがそんな話をしている横で、ぼくたちはお互《たが》い顔を見合わせて、かといって今この短い時間で話す言葉も見当たらず、ただなんとなく笑った。

「行こうか。壮太」

母親に肩《かた》に手を置かれ、

「瑛ちゃん、じゃあな」

と壮太は言った。

「ああ、元気でな」

2024年度

明星学園中学校

▶解説と解答

算　数　＜Ｂ日程試験＞（50分）＜満点：２科受験者は100点，４科受験者は50点＞

解　答

1 (1)　20.24　(2)　$\frac{1}{4}$　(3)　20.24　(4)　25.3　(5)　$\frac{1}{5}$　(6)　9　2 (1)　145円　(2)　約1.05倍　3 $\frac{3}{14}$リットル　4 (1)　半径２cmの円周の長さは約12.56cm，半径３cmの円周の長さは約18.84cm　(2)　1.5倍　(3)　2.25倍　5 ①　解説の図１を参照のこと。　②　解説の図２を参照のこと。

解　説

1　四則計算

(1)　12.4＋7.84＝20.24

(2)　$\frac{2}{3}-\frac{1}{4}-\frac{1}{6}=\frac{8}{12}-\frac{3}{12}-\frac{2}{12}=\frac{3}{12}=\frac{1}{4}$

(3)　12.65×1.6＝20.24

(4)　20.24÷0.8＝25.3

(5)　$\frac{9}{20}\div 2.16\times\frac{24}{25}=\frac{9}{20}\div 2\frac{4}{25}\times\frac{24}{25}=\frac{9}{20}\div\frac{54}{25}\times\frac{24}{25}=\frac{9}{20}\times\frac{25}{54}\times\frac{24}{25}=\frac{1}{5}$

(6)　$(2024-1000\div 0.5)\times\frac{3}{8}=(2024-2000)\times\frac{3}{8}=24\times\frac{3}{8}=9$

2　四則計算

(1)　７億ドルが日本円で1015億円であることから，１ドルは，1015億÷７億＝145より，145円になる。

(2)　2023年の経済効果は，533億5200万－29億＝504億5200万(円)だったとわかる。したがって，2024年の経済効果は2023年の，533億5200万÷504億5200万＝53352000000÷50452000000＝53352÷50452＝1.057…(倍)となる。ここで，小数第３位以下を切り捨てるので，約1.05倍となる。

3　四則計算

1.5リットルのジュースを７人で等しく分けるので，$1.5\div 7=1\frac{1}{2}\div 7=\frac{3}{2}\times\frac{1}{7}=\frac{3}{14}$(リットル)と求められる。

4　平面図形ー長さ，面積，辺の比と面積の比

(1)　円周の長さは，(直径)×(円周率)で求めることができるので，半径２cmの円周は，２×２×3.14＝12.56(cm)で，半径３cmの円周は，３×２×3.14＝18.84(cm)になる。

(2)　(1)の計算結果より，半径３cmの円周の長さは半径２cmの円周の長さの，18.84÷12.56＝1.5(倍)となる。なお，(３×２×3.14)÷(２×２×3.14)＝３÷２＝1.5(倍)と求めることもできる。

(3)　半径３cmの円の面積は，３×３×3.14＝28.26(cm^2)で，半径２cmの円の面積は，２×２×3.14＝12.56(cm^2)になる。よって，半径３cmの円の面積は半径２cmの円の面積の，28.26÷12.56＝2.25(倍)と求められる。なお，(３×３×3.14)÷(２×２×3.14)＝(３×３)÷(２×２)＝９÷４＝2.25(倍)と求めることもできる。

5 四則計算

① クーシュヤールの計算手順によると，37×52は右の図1のようになる。1番目から2番目では，37の「3」と52の「5」をかけて，3×5＝15をし，それを37の前につける。次に，37の「3」と52の「2」をかけて，3×2＝6とし，もとの37の「3」と置きかえる(図1の3番目の状態)。次に，37の「7」の計算を行う。37の「7」と52の「5」をかけて，7×5＝35とし，1567の「56」の部分に加えると，56＋35＝91となり，5番目の状態になる。最後に，37の「7」と52の「2」をかけて，7×2＝14とし，一の位の4は1917の「7」と置きかえ，十の位の1は1917の十の位の「1」にたすと，1924が求められる。

図1

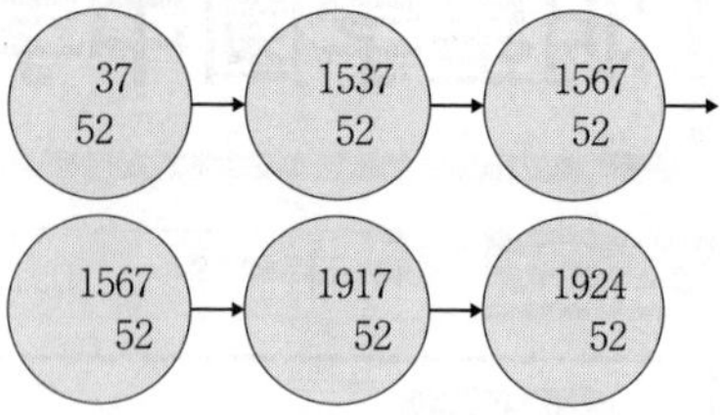

② クーシュヤールの計算手順によると，276×435は右の図2のようになる。276の「2」と，435のそれぞれの数を「4」，「3」，「5」の順にかける。まず，2×4＝8の計算結果を左上に書き，2×3＝6の結果を8の右どなりに書く。次の，2×5＝10の結果は，十の位の「1」を86276の千の位の「6」にたし，一の位の「0」は86276の「2」と置きかえると，276の「2」の計算が終わった状態は図2の4番目になる。続いて，276の「7」と，435のそれぞれの数を「4」，「3」，「5」の順にかける。7×4＝28は，87076の「87」にたす。7×3＝21は，115076の「50」にたす。また，7×5＝35のうち十の位の「3」は117176の百の位の「1」にたすと，3＋1＝4となり，一の位の「5」は，117176の十の位の7と置きかえると，図2の8番目の状態になる。同様に，276の「6」と435のそれぞれの数を「4」，「3」，「5」の順にかける作業をすると，図2の9～12番目の状態になり，276×435の計算結果は，120060と求められる。

図2

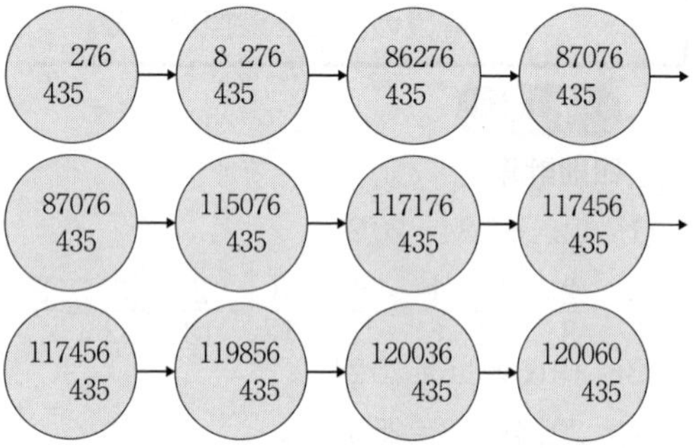

社 会 ＜Ｂ日程試験＞（30分）＜満点：50点＞

解 答

1 **問1** 0.4%　**問2** （例） ①／選挙で選ばれた国会議員や政党は，有権者の意見を反映させた結果であるという点で，他の方法よりも優れていると考えられる。署名活動は効果や影響力に疑問があり，国際世論を味方につけて外圧にたよるというのは簡単なことではない。 **問3** A 大阪府　B 長崎県　C 神奈川県　**問4** オランダ　**問5** 関東大震災

2 **問1** **あ** イ　**い** ケ　**う** エ　**え** シ　**お** サ　**か** ク　**問2** （例） イスラエルにより海や陸地が封鎖されており，人や物資の移動が自由にできないため，貧困率や失業率が高くなってしまっているから。　**問3** （例） 大名の行動を取りしまり，反乱を起こさないようにするため。　**問4** （例） 1年おきに多額のお金を使わせることで，江戸幕府に抵抗する力をつけさせない　**問5** (1) 戦で使う武器　(2) （例） 江戸幕府に対して反乱を起こ

す意図がないことを示すため。　**問６**　(例)　江戸にはたくさんの大名が全国から集まってくるので，他の大名や江戸の人々に，自分たちの財力や力を見せつけるため。またそうすることが，幕府へ忠誠心を見せることになると考えられるから。

解　説

1　難民認定や請願《せいがん》権，都道府県についての問題

問１　2019年に難民認定されたのは，10375人中44人である。よって難民認定率は，44÷10375×100＝0.42…となり，約0.4％が正しい。

問２　どの選択肢を選んでも，それが他の選択肢よりも優れている理由を論理的に説明できればよい。別解として，②を選択した場合は「署名活動は大変だが，国民の意見を直《じか》に届けるという点で，選挙や外圧《がいあつ》よりも効果的だと思うから。」，③を選択した場合は「選挙では自分の意見に近い人が必ず当選するとは限らず，署名活動もアピールにとどまり政治を変えるほどの拘束《こうそく》力はないが，日本政府は国際社会で問題にされると行動に移すケースが多いから。」などが考えられる。また，④を選択した場合は「SNS等のインターネットで意見を表明し，賛同者を増やして拡散《かくさん》する。話題になればマスコミにも取り上げられ，世論の形成につなげられる。SNSは伝わるスピードが他の方法よりも速く，影響《えいきょう》力も大きいから。」など具体的に説明する必要がある。

問３　A　江戸時代に「天下の台所」と呼ばれたのは大阪府である。江戸時代の物流は船での輸送が一般的であり，大阪には東北地方からの西廻《まわ》り航路や，江戸との間を結ぶ樽廻船《たるかいせん》や菱垣《ひがき》廻船によりさまざまな産物が集まった。　B　出島があり，ポルトガルなどとの貿易が行われたのは長崎県である。ちゃんぽんとは，肉や野菜を炒《いた》め，めんをスープで煮込《にこ》んだ長崎県の郷土《きょうど》料理である。　C　横浜市は神奈川県の県庁所在地である。また，横浜市は政令指定都市でもあり，全国の市町村で人口が最も多い市(約370万人，2020年)である。

問４　1641年，江戸幕府はそれまで平戸にあったオランダ商館を出島に移し，貿易を継続《けいぞく》した。

問５　1923年９月１日，相模湾を震源《しんげん》とする大地震によって関東大震災が発生した。この震災による死者・行方不明者は，東京や神奈川を中心に10万人をこえ，火災による被害も大きかった。

2　パレスチナ紛争《ふんそう》や参勤交代についての国際・歴史の問題

問１　**あ**　2023年10月，パレスチナ自治区のイスラム武装組織であるハマスがイスラエル領土内に侵入し，民間人を襲《おそ》うなどの攻撃を開始した。これを受けて，イスラエルはパレスチナ自治区のガザ地区へ「戦争状態」を宣言し，2024年現在も紛争は続いている。　**い**　鎌倉時代，将軍は御家人に対して領地を与えたり保護したりした。それに対して御家人は，将軍のために命をかけて戦った。この主従《しゅじゅう》関係をご恩と奉公という。　**う**　1637年，長崎県の島原半島と熊本県の天草地方で，キリスト教徒を中心とした反乱がおこった。これを島原の乱といい，キリスト教の強い影響力を恐れた江戸幕府は，禁教の徹底《てってい》と鎖国の完成を急いだ。　**え**　1600年の関ヶ原の戦いで石田三成に勝利した徳川家康は，1603年に征夷大将軍に任命されて江戸に幕府を開いた。　**お**　「秀頼」とは，豊臣秀吉の子の豊臣秀頼のことである。江戸幕府が開かれた後も豊臣氏は大坂を中心に強い影響力を持っていたが，1614年(大坂冬の陣)と翌15年(大坂夏の陣)の２度の戦いで滅亡《めつぼう》した。

か　大名たちは１年おきに江戸と自分の領地を行き来することが決められた。これを参勤交代といい，1635年の第３代将軍家光のときに武家諸法度に追加され，制度化された。

問２　資料を見ると，パレスチナ自治区は陸地側も海側も封鎖《ふうさ》されており，数少ない検問所も閉鎖されているところが多いことがわかる。このことから，自治区の人々は移動や経済活動を自由に行うことができないという内容などを書くとよい。

問３　資料１は，1615年に初めて出された武家諸法度の一部である。この中で，城づくりや大名同士の結婚，大きな船の所有を禁止していることから，大名の行動を取りしまり，幕府に対して反乱を起こさないようにするためだとわかる。

問４　「ことが目的」に続くような文にすることに注意する。資料２で，お供《とも》の人数が多いことが負担になるので，決められた人数を守るよう指示していることから，参勤交代制度は今まで考えられてきたような，大名に多額のお金を使わせることで，江戸幕府に抵抗する力をつけさせないことが目的ではなかったとわかる。近年では，大名が将軍に直接対面して，幕府に忠誠《ちゅうせい》を誓わせるための制度だったと考えられている。

問５　(1)　下線部Ｄでは「こんなものを持たせたら危険」とあり，絵画資料を見ると①は鉄砲，②は弓，③は槍《やり》だと推測できる。このことから，共通点は戦《いくさ》で使う武器であることがわかる。

(2)　幕府が武器にカバーをつけさせ，大名がその通りにしたのは，大名が幕府に反抗する気持ちがないことを表すためである。

問６　大名たちが借金に苦労しながらも，参勤交代に決まり以上の人数を連れてきたのは，自分たちの経済力や武力の豊かさを周囲にアピールするためであると考えられる。将軍の住む江戸には全国から大名が集まってくるため，参勤交代は自分の豊かさを誇示する絶好の機会だったのである。また，決められた以上の人数を連れてくるということは，それだけ費用のかかることであるが，苦しい中でもあえてそうすることで，反抗の意思がないことや忠誠心を示せると考えたと推測できる。

理　科　＜Ｂ日程試験＞（30分）＜満点：50点＞

解　答

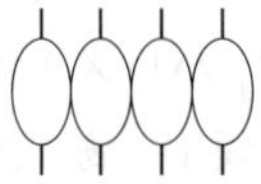

[1]　**問１**　(1)　(例)　右の図　　(2)　(オ)，(カ)，(ク)　　(3)　(イ)，(カ)　　**問２**　(1)　Ａ　コイル　　Ｂ　電磁石　　(2)　(例)　電池を反対向きにつなぐ。　　(3)　(例)　クリップの数は増える。　　(4)　(ア)　　**問３**　(1)　(Ａ)　たい積　　(Ｂ)　しん食　　(Ｃ)　運ぱん　　(2)　上流の山の中　　(3)　(例)　Ａ　大きい　　Ｂ　せまい　　Ｃ　小さい　　Ｄ　広い　　[2]　(1)　Ａ　①　　Ｂ　③　　Ｃ　②　　(2)　(例)　空気には酸素のほかにちっ素や二酸化炭素がふくまれているため，ろうそくの燃え方が弱くなる。　　(3)　外炎　　(4)　(例)　まきのあいだにすきまがあり，まわりにある空気が入ってくるから。　　(5)　(例)　酸素が減って，二酸化炭素が増える。　　(6)　(例)　二酸化炭素は水にとけるので，その分だけペットボトル内の気体の体積が減って，ペットボトルがへこむ。　　(7)　(例)　強い酸性である塩酸が，金属の容器をとかしてしまう可能性があるから。

解　説

[1]　小問集合

問１　(1)　節足動物は体の外側がかたい皮ふ(外骨格)におおわれていて，いくつかの節にわかれており，節ごとに脚《あし》が０～数本，対になって出ている。　(2)　昆《こん》虫類には，ガ，カマキリ，アリがあてはまる。なお，クモはクモ類，カニ，ミジンコ，ダンゴムシは甲《こう》かく類，ムカデは多足類に分類される。　(3)　昆虫には植物を食べるものも，ほかの昆虫や微《び》生物などを食べるものもいるので，(イ)は正しい。さらに，さなぎの時期を経て成虫になる完全変態をするものや，さなぎの時期のない不完全変態をするものもいるので，(カ)も正しい。なお，節足動物のうち昆虫のなかまは，体が頭部，胸部，腹部の３つの部分に分かれていて，ふつう胸部に３対（６本）の脚と，２対（４枚）の羽をもつが，羽は１対（２枚）やないものもいるので，(ウ)，(オ)はまちがい。また，陸上にすむものも，水の中にすむものもいて，水中に卵を産まないものもいるので，(ア)，(エ)は正しくない。

問２　(1)　導線を同じ向きに何回か巻いたものをコイルという。コイルに電流を流すと磁石のはたらきをもち，鉄心を入れることで磁石の力を大きくすることができる。　(2)　電磁石の極を反対向きにするには，コイルの巻き方を反対にする，コイルに流れる電流の向きを反対にする，といった方法がある。そのため，電池をつなぐ向きを反対にすればよい。　(3)　コイルに流れる電流の大きさを大きくすると，電磁石の磁石の力も大きくなり，より多くのクリップを引き寄せることができる。　(4)　コイルの巻き数が多い(ア)の電磁石の方が，(イ)の電磁石よりも磁石の力が大きくなるので，引き寄せられるクリップが多くなる。

問３　(1)　流れる水のはたらきのうち，土や石を積もらせるはたらきをたい積（作用），地面をけずるはたらきをしん食（作用），土や石を運ぶはたらきを運ぱん（作用）という。　(2)　川の上流にある岩石は，大きく角ばっているが，流れる水に運ばれるあいだに，ほかの石や川底などにぶつかって，割れたり角がけずられたりするので，下流にある石ほど小さく丸みをおびている。このため，大きく角ばった石が多いのは，川の上流の方である。　(3)　川の上流は山の中であるため土地のかたむきが大きく（急で），川はばがせまく，流れが急に（速く）なっている。いっぽう，下流は平地を流れているので，土地のかたむきが小さく，川はばが広く流れがゆるやかである。

2　ものの燃え方についての問題

(1)　地球上の空気には，ちっ素が約78％，酸素が約21％，二酸化炭素が約0.04％ふくまれている。

(2)　酸素には，ものが燃えるのを助けるはたらき（助燃性）がある。ろうそくは，酸素だけが入った集気びんの中ではげしく燃えるが，空気中では酸素が約21％しかないため，燃焼に使われる酸素が少なくなり，燃え方が弱くなる。

(3)　ろうそくの炎《えん》心には気体のろうがあり，内炎でこれが不完全燃焼をしている。炎《ほのお》の一番外側の外炎ではろうが空気とじゅうぶんふれるので完全燃焼し，最も高温となる。

(4)　キャンプファイヤーの炎がいきおいよく燃え上がるには，炎に酸素が十分に供給される必要がある。そこで，まきを井げた型に組むと，空気が入るすきまができる。キャンプファイヤーの炎によってあたためられた空気は，軽くなって上にあがるので，そこにまわりの空気が流れこみ，いきおいのある炎が生まれる。

(5)　ろうそくを集気びんの中で燃やすと，ものを燃やすはたらきがある酸素が減り，石灰水を白くにごらせる性質のある二酸化炭素が増えるため，しばらくすると火が消えてしまう現象が見られる。同じように，集気びんの中でまきを燃やすと，集気びんの中の酸素が減り，二酸化炭素が増える。

(6)　二酸化炭素は水にとける性質があるため，水を入れたペットボトルに二酸化炭素を入れてよくふると，二酸化炭素が水にとけこんで，ペットボトル内の気体の体積が減るため，まわりの空気に比べてペットボトルの中の気圧が下がりへこんでしまう。

(7)　鉄やアルミニウムなどの金属は，強い酸性の塩酸にふれると反応し，とけて気体が発生する。塩酸を保存する容器に金属製のものを使うと，とけて穴があいたり，発生した気体の圧力で破れつしたりすることがある。そのため，塩酸の保管にはガラス製の容器が用いられる。

国語　＜Ｂ日程試験＞（50分）＜満点：２科受験者は100点，４科受験者は50点＞

解答

一　下記を参照のこと。　　二　(1)　恩　(2)　手　(3)　風　(4)　口　(5)　宝

三　**問１**　（例）　あれ以上言葉を発したら，泣きそうだった。あと少しでも一緒にいたら，さよならができなくなりそうだという気持ち。　**問２**　Ｂ　**問３**　ⓐ　エ　ⓑ　ウ　**問４**　（例）　一，二週間で帰れると言われたけれど，七日と十四日ではまるで違う。時期があやふやなため気分が晴れなかったから。　**問５**　（例）　苦しい治療を受けたり，何ヶ月も入院したりするわけではないので，ぜいたくは言えない。けれど，入院のつらさもあるわけで，自分の気持ちをどうすればいいかわからなくなっていること。　**問６**　（例）　瑛介が，夜にプレイルームでおもちゃ箱をひっくり返していたことや，自分がいなくなったらどう過ごせばいいかわからなくなることを知っていて，時間を忘れられそうな紙飛行機を作ったと考えられる。　**問７**　㋐　くだ　㋑　ぶかっこう　四　**問１**　Ａ，Ｂ　人（人間，ヒト）／鳥　**問２**　（例）　しかし　**問３**　衣服　**問４**　（例）　鳥は昔から昼行性で色覚重視の明るい世界で生活してきたが，ヒトは鳥よりあとに進化の過程でその世界に仲間入りしてきたということ。　**問５**　よう（ようだ）　**問６**　（例）　美しさは，健康状態を示す正直な信号になりうるし，目立つ姿で生きのびていることは，捕食者から生き残る能力の証拠になり，多くの子孫を残せるかもしれないから。　**問７**　ａ　鏡　ｂ　（例）　確認　ｃ　（例）　目立つ　ｄ　（例）　逃げきれる

●漢字の書き取り

一　(1)　対策　(2)　車窓　(3)　仁義　(4)　預金　(5)　清潔　(6)　諸島　(7)　任務　(8)　熊本　(9)　冷害　(10)　筆

解説

一　漢字の書き取り

(1)　何らかの事件や状況《じょうきょう》に対応するための方法。　(2)　列車や自動車の窓。　(3)　道徳において守るべき筋道。　(4)　銀行などの金融《きんゆう》機関にお金を預けること。また，そのお金。　(5)　汚れがなく，衛生的であること。　(6)　多くの島。一定の区域内にまとまって存在している島。　(7)　責任をもって果たさなければならない務め。　(8)　九州中西部の県。　(9)　夏の低温や日照不足などのために，農作物が受ける被害《ひがい》。　(10)　「万年筆」は，インクをペンの先に送るしくみの筆記具。

二　慣用句の完成

(1)　「恩に着せる」は，“恩を与えたことを，ことさら相手にありがたがらせようとする”という意味。　(2)　「手を広げる」は，“活動の分野を広くして，仕事や商売の規模を大きくする”という

意味。　(3)「風上にもおけない」は，“仲間としてはとうていあつかえないほど卑劣《ひれつ》だ”という意味。風上に悪臭を放つものを置くと，くさいことから。　(4)「口を酸《す》っぱくする」は，“同じことを何度もくり返して言う”という意味。　(5)「宝の持ち腐《ぐさ》れ」は，役に立つ物や才能を持っているのに，それを生かそうとしないこと。

三　出典：瀬尾《せお》まいこ「夏の体温」。壮太《そうた》が退院した日，プレイルームでおもちゃ箱をひっくり返した瑛介《えいすけ》は，壮太が残していった紙飛行機を見つける。

問１　「ぼく」は，「あれ以上言葉を発したら，泣きそうだった」し，壮太も同じだったと考えている。「もう一言，言葉を口にしたら，あと少しでも一緒《いっしょ》にいたら，さよならができなくなりそう」な気持ちだったので，壮太は，すぐに背を向けて「部屋から出て行った」のである。

問２　「一，二週間で帰れると思うよ」という先生の言葉に対して，「ぼく」は「七日後にここを出られるのか，十四日間ここで過ごすのかは，まるで違《ちが》う」と感じている。「ここでの一日がどれほど長いのかを，壮太のいない時間の退屈《たいくつ》さを」，大人である先生はわからないと「ぼく」は考え，もどす文のように「子どもにとっての一日を，大人の感覚で計算するのはやめてほしい」と思ったのである。

問３　ⓐ「手放しで」は，“無条件で”という意味。　ⓑ「凝《こ》らす」は，“一つのものに集中させる”という意味。「目を凝らす」は，“じっと見つめる”という意味。

問４　先生には，あと「一，二週間で帰れる」と言われたが，「一週間と二週間では，七日間も違う」のである。「間近に退院が迫《せま》っているのに，時期があやふやなせいか，気分は晴れ」ず，「ぼく」は，「がっかり」したのである。

問５　「ぼく」は，先生の言葉にがっかりしたが，この病院には，「何ヶ月も入院している子だっているのだ」ということに思いいたり，「遅くとも二週間後」には退院できるのに「ぜいたくを言っている」自分が嫌《いや》になっている。そうはいっても病院で長く退屈な時間を過ごすのはやはりつらいことであり，「ぼく」は，「自分の気持ちをどう動かすのが正解なのか，どんな感情を持つことが正しいのか，よくわからなくなって」しまった。その結果，「ぼく」の「中身が崩《くず》れてしまいそう」になっていったのである。

問６　続く段落で，「ぼく」が「夜にプレイルームでおもちゃ箱をひっくり返していたこと」や壮太が退院した後，「ぼく」が「どう過ごせばいいかわからなくなること」を，壮太は知っていたのだと「ぼく」は考えている。そんな「ぼく」のことを思って，壮太は「飛ばしている間，少しは時間を忘れることができそう」な紙飛行機をたくさん作って，おもちゃ箱に入れておいたのだと想像できる。

問７　㋐　音読みは「カン」で，「血管」などの熟語がある。　㋑　見かけが悪いこと。みっともないこと。

四　出典：川上和人《かわかみかずと》「鳥は見た目で恋《こい》をする」（河出書房《しょぼう》新社編『見た目が気になる―「からだ」の悩《なや》みを解きほぐす26のヒント（14歳《さい》の世渡《よわた》り術）』所収）。鳥の外見の持つ意味を説明し，鳥と人は共通点が多いが，外見については，鳥と人とでは意味するところが全く異なるということが述べられている。

問１　続く本文で話題の中心となっている生物は何か，また「二足歩行で，おもに一夫一妻かつ昼行性で，音声でコミュニケーションをとる」生物は何かを考えると，空らんには「人」「ヒト」「人間」などと，「鳥」があてはまる。

問２　一つめの空らんの前には，哺乳《ほにゅう》類について「色を見分ける必要性が低く，視覚より嗅覚《きゅうかく》を発達させてきた」とあるが，後には哺乳類である霊長《れいちょう》類について「昼行性に進化して～より高度な色覚を獲得《かくとく》した」とある。また，二つめの空らんの前には，「鳥とヒトは確かに共通点が多い」とあるが，後には「こと外見については意味するところが全く異なる」とある。よって，前のことがらを受けて，それに反する内容を述べるときに用いる「しかし」などの逆接を表す言葉がよい。

問３　続く部分にあるように，鳥と違ってヒトには，「体表面を色とりどりに進化させるだけの時間」がなかったのである。そこでヒトは，「衣服という装備を開発」し，「カラフルな外見を手に入れた」とあるので，「衣服」がふさわしい。

問４　直前の段落で，「鳥は遠い祖先から昼行性を貫《つらぬ》いてきた」ので，高度な色覚を獲得し，「明るい世界に適応している」と述べられている。一方，ヒトは，進化の過程で「昼行性に進化して，色鮮《あざ》やかな世界で生活するように」なったが，鳥に比べると「昼の世界の新参者《しんざんもの》」なので，鳥はヒトの「大先輩《せんぱい》」といえる。

問５　「如《ごと》し」は，似ているものを比べて，たとえるときに用いる語。“～のよう”，“～のようだ”，“～みたいだ”という意味。

問６　「なぜメスは美しいオスを選ぶのだろうか」に続けて，メスが「外見で相手を選ぶ」理由が述べられている。オスが美しくなるためには「多くの色素や資源が必要になり余計なエネルギーがかかる」ので，「美しさは健康状態を示す正直な信号になりうる」のである。また，「目立つ姿で生きのびていることは，捕食者から生き残る能力の証拠《しょうこ》」にもなるので，そのようなオスと「自分の息子《むすこ》も魅力《みりょく》的になりさらに多くの子孫を残せるかもしれない」のである。以上の内容を「～から」などに続くようにまとめる。

問７　人間と鳥の「大きな違い」とは，「鳥は自分の姿を知らないということだ」と述べられている。「人間には服があり，鏡《かがみ》がある」ことで，「自身を装飾《そうしょく》し，確認できる」とあるので，ａには人間が見る「鏡」が入り，ｂには「装飾」や「確認」があてはまる。一方，鳥の外見は行動の結果ではなく，鏡を見ないので「目立つ装飾」でも「外見を変えることもできない」ので，ねらわれやすければ「逃げきれる俊敏《しゅんびん》さが必要かもしれない」と述べられている。よって，ｃには鳥の外見についての「目立つ」「派手《はで》だ」などが，ｄには俊敏になった理由の「逃げきれる」「逃げられる」などが合う。

2023年度 明星学園中学校

【算　数】〈A日程試験〉(50分)〈満点:100点〉

(注意) コンパス・三角定規を必ず持参してください。

1 次の計算をしなさい。(答えが約分できるときには必ず約分すること)

(1) $23.13-2.9$

(2) $\frac{1}{3}+\frac{3}{5}-\frac{5}{6}$

(3) $14.07\div6.7$

(4) 5.25×48

(5) $\frac{25}{46}\times1.5\div\frac{15}{16}$

(6) $(13.7+6\times1.6)\div5-0.1$

2 2022年にカタールで行われたFIFAワールドカップでは総入場者数がおよそ340万4000人となりました。これは2018年にロシアで行われたFIFAワールドカップ前大会の総入場者数のおよそ303万2000人を上回る結果となったことが報道されていました。さて,2022年にカタールで行われたFIFAワールドカップでの総入場者数は,2018年にロシアで行われたFIFAワールドカップの総入場者数の約何倍になりますか。小数点第3位以下は切り捨てて答えなさい。

3 2022年11月8日の夜，月全体が徐々《じょじょ》に地球の影《かげ》におおわれる「皆既《かいき》月食」が起こり，全国で赤みをおびた月が観察できました。また，東京近辺から西にかけては，この月食の過程で月が天王星をかくす「天王星食」も見られました。皆既食と惑《わく》星食が同時に見られるのは日本では442年ぶりで，きわめてめずらしい天体ショーとなりました。月は18時9分から欠け始め，19時16分に皆既食となって20時42分に終わり，その後は徐々に月は地球の影から抜けて，21時49分に部分食も終わりました。さて，皆既食は何分間続いたでしょうか。

4 「長さ4mのロープから$\frac{2}{3}$mのロープを切り分けると，何本分取れますか」という問題について，以下の問いに答えなさい。

(1) 答えを求めるための式を立てて計算し，答えを求めなさい。

(2) あなたの(1)の答えが正しいことを，下の図を使って説明しなさい。

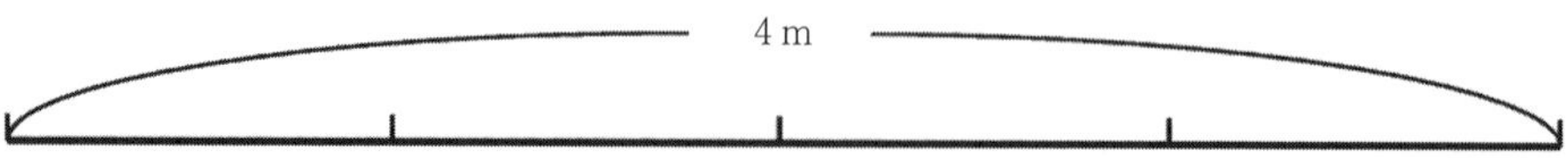

5 下図は正方形のすべての辺にぴったりと接する円を描いたものです。さて，以下の問いに答えなさい。

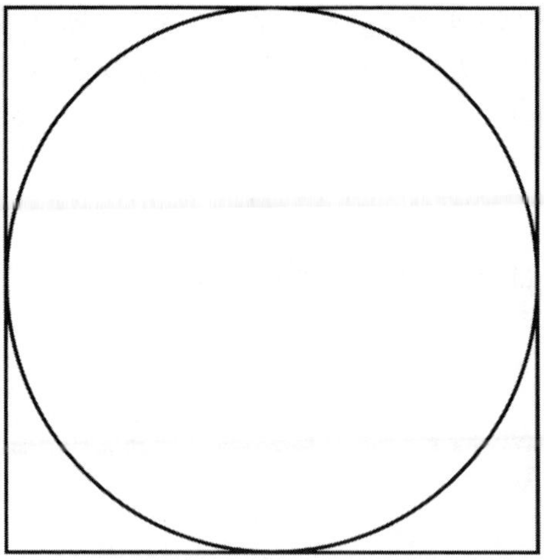

(1) この図の正方形に「すべての頂点に接する円」を作図しなさい。

(2) あなたが(1)で作図した円の面積は，正方形のすべての辺にぴったりと接する円の面積の約何倍になっていますか。小数点第2位以下は切り捨てて答えなさい。また，面積を求めるために必要な線や定規で測った長さは，すべて上の図にかきこみなさい。長さを測るときに定規のmm の目盛りにぴったり合わないときには，近いと思った方の目盛りの値《あたい》を使ってください。例えば，2.2cm と2.3cm のほぼ真ん中に思えたときは，どちらの値を使ってもかまいません。

6 数学の世界には，一般《ぱん》の人々には理解できない難問が存在しています。その1つが，今回話題にする『1から100までの整数を3つの立方数の和または差で表現する』という問題です。それでは，この問題について説明しましょう。

まずは用語の説明です。「立方数」とは「同一の数を3回かけ合わせた数」のことで，0以上の整数の立方数を小さい順に並べると，0×0×0 の「0」，1×1×1 の「1」，2×2×2 の「8」，…となります。数学では立方数であることを強調するときに，0×0×0 を「0^3」，1×1×1 を「1^3」，2×2×2 を「2^3」，…と表すことにならって，以降の立方数を0なら「0^3」，1なら「1^3」，8なら「2^3」，…と表すことにします。

次にこの問題の説明です。1を3つの立方数の和または差で表現してみましょう。『1』は1+0+0 なので『$1^3+0^3+0^3$』となり，3つの立方数の和で表現できます。同様に『2』は1+1+0 なので『$1^3+1^3+0^3$』，『3』は1+1+1 なので『$1^3+1^3+1^3$』と表現できます。しかし，『4』や『5』は3つの立方数の和または差で表現できません。なぜなら，この問題は「9で割ったときあまりが4または5になる数には解が存在しない」からです。同様に『13』は13÷9=1 あまり4，『14』は14÷9=1 あまり5なので『13』と『14』も3つの立方数の和または差で表現できないということになります。『15』は15÷9=1 あまり6なので3つの立方数の和と差8+8−1，すなわち『$2^3+2^3-1^3$』と必ず表現できるということなのです。

実は，この問題には64年間も未解決となっていた整数がありました。その整数は『33』と『42』でしたが，英国ブリストル大学のアンドリュー・リチャード・ブッカー氏によって，2019年3月に『33』を，それから半年後に『42』も発見されたという報告がありました。ちな

みに『33』は３つの立方数の差で

『8866兆1289億7528万7528^3－8778兆4054億4286万2239^3－2736兆1114億6880万7040^3』

と表現できます。スーパーコンピューターで３週間近く計算し続けてやっと答えを見つけ出せたそうです。『42』の場合はさらにとんでもない数の立方数の和または差になるので，紹介《しょうかい》はやめておきます。その一方で『45』の答えは『$4^3+2^3-3^3$』と表現でき，手で計算しても答えは出せそうです。

さて，以下の問いに答えなさい。

(1)　次の21から100のなかで『３つの立方数の和または差で表現できない整数』をすべて○で囲みなさい。

21	22	23	24	25	26	27	28	29	30
31	32	33	34	35	36	37	38	39	40
41	42	43	44	45	46	47	48	49	50
51	52	53	54	55	56	57	58	59	60
61	62	63	64	65	66	67	68	69	70
71	72	73	74	75	76	77	78	79	80
81	82	83	84	85	86	87	88	89	90
91	92	93	94	95	96	97	98	99	100

(2)　次の①，②，③の整数を0^3，1^3，2^3，3^3，4^3，5^3の立方数のうち，３つを使った和または差で表現しなさい。

①　20　　②　36　　③　69

楽しくないから嫌《きら》いになり、嫌いになるからできなくなり、できないからなお嫌いになる、なんてこともあるような気がする。

それでぼくは、目的に向かって一直線というよりは、多少は目的に達するのがおくれても、適当にわき道に入り、その道草を楽しんでいて、結果的には目的に達してしまうほうが、結局は楽しくて得ではないかと考えている。目的に達するコースが短いより、途中《とちゅう》にいろいろとややこしい挿話《そうわ》をはさんだほうが、楽しい道行《みちゆ》きになりそうに思うのである。

それは、あまりきっぱりしてはいない。いろいろと、面倒《めんどう》な気をつかうこともある。道に迷わないようにせねばならない。しかし、それ自体が楽しみになりうる。目的をとげた楽しみより、むしろ⑥深みのある楽しみになる。

目的への道で、ややこしいことを排除《はいじょ》していくと、こうした楽しみがへって、その行程が楽しくなくなるので、結局は損になるように思う。

（森　毅「やさしさの時代に」）

（注）この文章の前に、戦争体験を元に、作者は「りりしさ」を求める声への不安を述べている。

問一　――①「本当に自分のことを考え、本当に大事にする」そういう人は、何をすると言っているか。二つ挙げなさい。

問二　――②「しなやかさ」・③「ともすれば」の意味として、最も適当なものを後の中から選び、記号で答えなさい。

②「しなやかさ」
ア　いさぎよさ　イ　やわらかさ
ウ　こまやかさ　エ　しずかさ

③「ともすれば」
ア　おどろくことに　イ　なぜだろうか
ウ　いっしょに　エ　うっかりすると

問三　――④「目標に向かって単純に直結する」のは、例えば、どのような買い物の仕方か。この後を読んで、答えなさい。

問四　［Ｉ］に入るものとして、適当なものを後から選び、記号で答えなさい。
ア　スリルがある　イ　楽しくはない
ウ　納得がいかない　エ　気をゆるせない

問五　――⑤「道草」は、本文中の表現でいうと、どれに当てはまりますか。適切なものを全て選び、記号で答えなさい。
ア　ややこしい　イ　単純　ウ　からまりあう
エ　いさぎよい　オ　きっぱり

問六　――⑥「深みのある楽しみ」のためには、どうすればいいか。作者の考えを四〇字以上五〇字以内でまとめなさい。

いま、(注)りりしさを求めてとびたってはいけない。そうした時代なのだ。

　それでも、ぼくにだって覚えがあるが、いろいろとややこしく、からまりあっているよりは、一つの方向にむかってぴしっと、きまりがついたほうが、いさぎよいという思いがある。とくに、少年期を終わろうとする不安定な時期には、そうした気持ちのあるものだ。

　しかし、人間が生きていくというのは、本来がややこしいものだ。これはべつに、世なれたおとなの言葉として、言っているわけではない。「世なれたおとな」なんてものは、人間のややこしさをやりすごす術《すべ》を身につけているだけのことであって、それはそれで単純ともいえる。

　ややこしい状態に身を処すためには、なにより精神の②しなやかさがいる。そして、精神がもっともしなやかになれる可能性は、これも若さのものだ。その若さが、③ともすれば、ややこしさを切りすてる方向に向かうのは、悲しいことだと思う。

　それに、このごろの世の中がギスギスしたせいか、④目標に向かって単純に直結するほうが、好まれる風潮《ふうちょう》がました。いや、そうした風潮が世の中をギスギスさせている、とも思える。

　たとえば、お金を払《はら》って品物を手に入れる場合を考える。昔だと、値段もはっきりしていなかったりして、店の人といろいろと世間話をしたりしながら、さりげなく値段の交渉《こうしょう》に入ったりする。これは考えようによっては、ひどく能率が悪い。それに、うまくすれば安く買えるかわりに、うっかりすると高く買わされるかもしれない。売り手と買い手のゲームのようなところがあって、あまり［　Ⅰ　］。

　いまでは、定価がついていて、店の人がいるのはスーパーのレジだけぐらいになり、ときには無人の自動販売機《はんばいき》になる。ボタンを押《お》しながら世間話をするわけにもいかないし、お金を出して品物を手に入れることだけは、確実にできる。しかし、なにかむなしい。

　このごろの遠足では、目的地へ向かって、ひたすら急ぐ、という話を聞く。蝶《ちょう》や花を追ったり、景色を眺《なが》めたり、ときにはわき道へ入ったりすることをせず、もっぱら目的地へ向かう。コースはきまっていて、迷う楽しみは奪《うば》われている。

　そして、大急ぎで目的地についてしまえば、目的を達したという満足感はあっても、それもむなしく、ああ疲《つか》れたなと時間をもてあましたりする。

　その昔、おとなに叱《しか》られながらも、子どもは⑤道草をするものだった。交通事故の危険などもあって、道草がなくなることによって、学校への往復という目的だけが、確実に行われるようになった。

　いまさら時代ばなれしたのを覚悟して言えば、道草を楽しんでいるうちに、目的地についてしまうようなのが、ぼくは好きだ。市場へおしゃべりに行って、ついでに買い物をしてしまうようなのが好きだ。目的以外のややこしいことを楽しんでいて、目的はその結果のようなのが好きだ。

　学校へ行くのは、勉強のためであって、友人関係を学ぶためではない。しかし、その目的とちがって、友人とおしゃべりを楽しむために学校へ行って、ついでに勉強もしてしまう、そんなほうが、勉強だって、楽しくできるように思う。

　勉強のきらいな人間も多いだろうが、勉強そのものを目的と考えれば、それはかえって、友人関係なんかより単純といえる。相手の気持ちを考えたり、感情を含《ふく》めてのやりとりに気をつかうなんて、とてもややこしいことだ。それよりは、勉強のほうがずっと単純である。

　それでも、その単純な勉強はきらいでも、ややこしい友人関係を、めんどくさがりながらも、けっこう楽しんだりする。どうもぼくには、勉強のほうは目的が単純になりすぎて、それで楽しんでいる暇《ひま》がなく、れたように心が荒《あ》れる。③オレは乱暴ものかもしれない……乱暴ものなのだと、打ちのめされる。いじけて、やけになって。

(工藤純子「となりの火星人」)

問一　――①「かなりわかってきた」とありますが、何をわかったと言ったのでしょうか。具体的に書きなさい。

問二　「Ⅰ」の中にはどんな言葉がはいるでしょうか。文章に合うように自分の言葉で考えなさい。

問三　A～C の中にあてはまる言葉を次のア～ウからひとつずつ選びなさい。同じ記号は一度しか使えません。

ア　でも　　イ　ときどき　　ウ　すると

問四　――②「一見マイナスに思えることも、見方を変えれば、まったく違うように考えることもできる」とありますが、「先生」の

(a)「マイナスと思えるところ」

(b)「それをまったく違うように考えた結果」

を、それぞれ説明しなさい。

問五　――③「オレは乱暴ものかもしれない……乱暴ものなのだと、打ちのめされる。いじけて、やけになって。」とあります。そんな時、具体的にはどのような気持ちになると言っていますか。

問六　この文章の内容にあてはまらないものをひとつ選びなさい。

ア　真鍋先生は、言うこともやることも、まるで先生っぽくないが、子どもの気持ちがわかる先生だと和樹は思っている。

イ　「見た目と中身って、案外違うものなんだよ。人から見たら、乱暴だったりいい加減だったりに見えても、本人はそんなつもりはないかもしれない。原因をつきとめなくちゃ」と、真鍋先生は思っている。

ウ　真鍋先生は子どものころ、忘れものも多く、自分ではちゃんとしたいと思うのにできなくて、だらしないって言われるのが、つらかったけれど、自分で自分をダメな人間だと追い込んで頑張った。

エ　悪いところばかりに注目してたら、本当にそんな人間になってしまうと真鍋先生にいわれて、和樹はみんなから乱暴ものだと言われるたびに心が荒れたことを思い出した。

オ　同じ行為《こうい》が、「だらしない」とも、「おおらか」ともとれる。そのことが魔法《まほう》のようにわたしを救ってくれて、自分はダメな人間なんかじゃないと思えたと真鍋先生は言っている。

四

次の文章を読み、後の問いに答えなさい。

このごろの子どもは自分のことしか考えない、などと言う人がいるが、自分のことを考えるというのは、本当はくたびれるものだ。自分について考える機会を、いまの社会はうばっているというのが、むしろ本当だろう。だからぼくは、きみたちにはまず、自分のことを本当に考えてほしい。

自分のことを考え、自分を大事にすることを、悪いことのように言う人がある。①本当に自分のことを考え、本当に大事にすることは、人間にとっては、なににもまして大事なことだ。

本当に自分を大事にする人間は、他人を粗末《そまつ》にしたりはしない。なぜなら、他人は自分のためにあって、その他人を粗末にすると、自分にとって損《そん》になるからだ。

本当に自分を大事にする人間は、社会を無視することはない。なぜなら、自分は社会の中にあって、その社会を無視しては生きていけないからだ。

そうして、人間たちがそれぞれ、自分をなにより大事にしながら暮らしていく世界、それがやさしさの世界であるとすれば、やさしさの時代とは、とてもよいことと思う。

「オレの場合は、ぜんぜん違う」

洗えばとれる、洋服のしみと同じにされちゃたまらない。

教卓のこと……母ちゃんに、なんていわれるだろう。

今度こそあきれて、見捨てられるかもしれない。

そんな思いが頭の中をぐるぐると駆《か》けめぐり、今までに起こしたほかの事件まで思い出した。

ふざけてかけられたプロレス技に、マジ切れしてつかみかかったことがある。

書道で墨汁《ぼくじゅう》が跳《は》ねたときは、謝ろうとしたのに相手が怒り出したから、ついカッとなってあたりが墨汁まみれになった。

蹴飛ばした椅子《いす》が女子にぶつかって、泣かれたこともある。

そのたびに、授業は中断するし、「またかよ」っていう視線にさらされた。

オレは、ダメな人間だ……。

C、自分が嫌《いや》になり、自暴自棄《じぼうじき》になる。

そんなとき、オレの中にいる化けものが喜んで、大暴れしはじめる。

それはとてつもなく凶暴《きょうぼう》で、部屋の壁《かべ》に穴をあけたこともあった。

そのうち、とりかえしのつかないことをしてしまうんじゃないかという恐怖《きょうふ》に襲《おそ》われる。

今も、そいつは成長し続けて、いつかオレの体をのっとり、支配しようとたくらんでいるにちがいない。そう思うと、自分が自分でなくなるような、不安でたまらない気持ちになった。

「そうだね。あなたの場合とわたしの場合は違う。みんな、それぞれ違うんだよねぇ。あ、ちょっと待ってて」

先生は、ノートと鉛筆《えんぴつ》を持ってきて、給食のトレーを脇《わき》に押《お》しやった。牛乳瓶《びん》がぐらっと揺《ゆ》れて、ひやりとするけれど、先生はまったく気にしない。

広げたノートには、汚い字で意味不明な文字や記号が、あちこちに書かれている。たぶん、それを見ても先生にしか理解できないだろう。

そんな雑然としたノートに、真鍋先生は鉛筆を走らせた。

「②一見マイナスに思えることも、見方を変えれば、まったく違うように考えることもできるんだよ。例えば……」

先生が、「だらしない」「おおらか」という文字を書く。

「わたしは子どものころ、しかられてばかりいたの。片づけられないし、忘れものも多くて、ノートも汚くてね……。自分ではちゃんとしたいと思うのにできなくて、だらしないっていわれるのが、つらかったなぁ」

「だらしない」という文字を、鉛筆でぐるぐると囲む。

「でも、そんなとき、一人の先生がいってくれたの。きっちりしている人は、他人に緊張《きんちょう》を与《あた》えてしまうけれど、あなたはおおらかで、人を安心させられる人よって」

そして、「おおらか」という文字に矢印を書き、トンッと鉛筆でさす。

同じ行為《こうい》が、「だらしない」とも、「おおらか」ともとれるなんて……。

「そのひと言が、魔法《まほう》のようにわたしを救ってくれた。自分はダメな人間なんかじゃないんだって思えたの。あなたもそうじゃない？　そんなことで悩《なや》んでない？」

じっと見つめられて、ドキッとする。

「悪いところばかりに注目してたら、本当にそんな人間になってしまう。それって、すごく怖《こわ》いことだよ」

理屈《りくつ》は、わかる。

言葉は魔法だ。

オレも……みんなから乱暴ものだといわれるたびに、暗示にかけら

「なるほど。①かなりわかってきた」
「そんなのがわかったって、なんの意味もないじゃないか！」
吐き捨てる和樹に、真鍋先生は首をふった。
「とんでもない。見た目と中身って、案外違《ちが》うものなんだよ。人から見たら、乱暴だったりいい加減だったりに見えても、本人はそんなつもりはないかもしれない。原因をつきとめなくちゃ、いつまでもよくならないもの」
見た目と中身が違うって……火星のように？
和樹は、ぼんやりと考えた。
「誰《だれ》でも、困っていることってあるのよ。わたしはね、片づけるのが苦手で、小さいころからずっと困ってる。整理ができないから、いつも机はあんな感じ」
なんだ、わかってるのかよ。和樹は、汚《きたな》い机をちらっと見た。だったら、片づければいいじゃないかと思うけど……。
「片づけたいと思うんだけど、どこから手をつけていいのか、わからないんだ」
真鍋先生は、和樹の思いを見透《みす》かしたようにいう。
「ほかの人にはできることができないって、つらいよね」
先生は、はぁっとため息をついた。
ほかの人にできることが、できない。……先生なのに？
真鍋先生は、いうこともやることも、まるで先生っぽくない。だいたい、去年までスクールカウンセラーのいる日は水曜日だけと決まっていた。それなのに、真鍋先生になってから、相談室が開いている日が多くなった。
「　Ⅰ　」
「いちゃ悪い？」
「そういうわけじゃ……ないけど」
和樹は、目をうろうろさせた。　A　、真鍋先生は口を突《つ》き出して反論しはじめた。
「週に一日しか相談室が開いてないなんて、意味ある？　相談したい子は、すぐにでも話を聞いてほしいはず。それなのに、週に一日しか開いてなかったら、その子は何日も地獄《じごく》を見なくちゃいけないかもしれないじゃない」
何日も、地獄……？　ぞくりとした。
「相談は予約制なんていう決まりも、わたしがやめたの。できるだけ早く話を聞いてあげたいもん」
感情的になって、興奮している。
「先生って……子どもみたいだな」
いや、本当は、子どもの気持ちがわかるんだなといいたかった。ふつうの大人だったら、そんなことはいわないと思う。
真鍋先生にまっすぐ見つめられると、すべてを吐き出してしまいそうで怖《こわ》かった。
「ちなみに先生、ソースが垂れてるよ」
情けないけど、話をそらしてごまかすしかなかった。
和樹の視線を追って、先生が自分の洋服を見下ろす。
「うわ！　今日初めて着たブラウスなのにぃ！」
先生は、あわててティッシュでそこをふいたけれど、白い生地に茶色い跡《あと》が残った。深いため息をつく。
「こんな、おっちょこちょいな性格も、年をとったってそう変わるものじゃない。　B　、自覚があれば、ある程度防ぐこともできるんだから」
そういいながら、カバンの中からしみ取り用のウエットティッシュを取り出して、しみの部分をたたいた。まだうっすらと茶色いけれど、さっきよりもずいぶんマシだ。

2023年度

明星学園中学校

【国　語】〈A日程試験〉（五〇分）〈満点：一〇〇点〉

一　次の――線部を漢字に直しなさい。

(1) すいり小説を読む
(2) 水をきょうきゅうする
(3) 磁石でさてつを集める
(4) みっせつにかかわる
(5) 親こうこうをする
(6) しょうらいの夢を語る
(7) じこ中心的な人
(8) そのコンサートはかんしゅうを喜ばせた
(9) こくもつ酢には小麦が入っている
(10) 林間学校のはんちょうを決める

二　次の四字熟語の読みをひらがなで答え、ア～オから意味を選びなさい。

(1) 我田引水
(2) 門外不出
(3) 青天白日
(4) 付和雷同
(5) 文武両道

ア　持ち出しや貸し出しを許さないような、とても貴重な品もの。
イ　学問と武道の両方に優れていること。
ウ　自分の主義主張を持たず、人の言動につられて行動すること。
エ　心中に後ろめたいことがないこと。
オ　ものごとを自分の都合のいいようにとりはからうこと。

三　次の文章を読み、問題を解きなさい。

いつだってオレは問題児で、困ったやつで、みんなから疎《うと》んじられてきた。

でも、本当は……。

「……困ってる」

和樹は、ぼそっといった。

「ズボンがやぶれてることをからかわれて、顔が熱くなって、そしたら頭の中が真っ白になって……。気がついたら、教卓《きょうたく》を蹴《け》っていた。やったのはオレだけど、やりたくてやったわけじゃない」

いっても無駄《むだ》だろうと思いながら、必死で思いつくことを吐《は》き出した。

あのときの気持ちを、どう表現すればいいだろう。瞬間《しゅんかん》的に、怒《いか》りがパンッと破裂《はれつ》する感じ。頭で考えるより早く、体が勝手に動いていた。

「それから？」

真鍋《まなべ》先生が、和樹の目をのぞきこむ。

先生は三十代だと聞いたことがあるけれど、自分の年を絶対に明かさない。結婚《けっこん》しているかどうかも不明だ。

つるんとした黒目は、何もかもお見通しって感じで、つい目をふせたくなる。

「みんなが、オレから離《はな》れていって……。なんか、見捨てられたような気がして……。そしたら、もっと頭にきて……」

「それで、また教卓を蹴っちゃったってわけ？」

和樹はうなずいた。

2023年度

明星学園中学校

▶解　答

※　編集上の都合により，Ａ日程試験の解説は省略させていただきました。

算　数　＜Ａ日程試験＞（50分）＜満点：100点＞

解　答

1 (1)　20.23　(2)　$\frac{1}{10}$　(3)　2.1　(4)　252　(5)　$\frac{20}{23}$　(6)　4.56　2 約1.12倍　3 86分間　4 (1)　６本分　(2)（例）　４ｍを$\frac{1}{3}$ｍずつ分けると，下の図１のように12等分になる。$\frac{2}{3}$ｍは$\frac{1}{3}$ｍが２つ分なので，４ｍから$\frac{2}{3}$ｍが６本分取れる。　5 (1)　下の図２　(2)　約２倍　6 (1)　22，23，31，32，40，41，49，50，58，59，67，68，76，77，85，86，94，95　(2)　①　$3^3-2^3+1^3$　②　$3^3+2^3+1^3$　③　$5^3-4^3+2^3$

図１

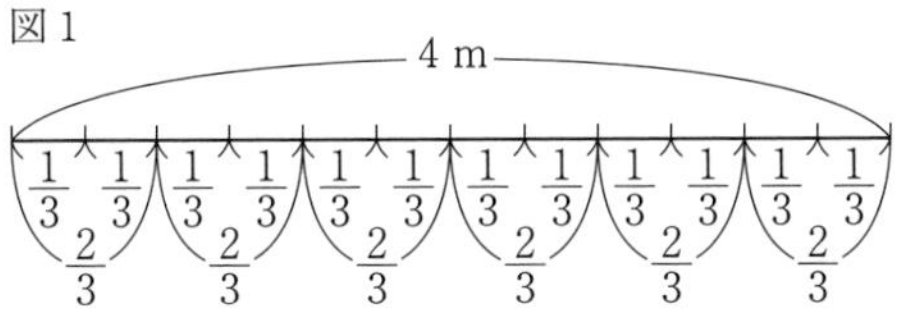

図２

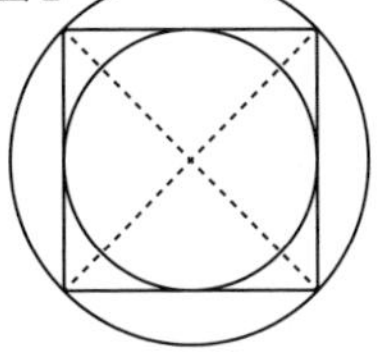

国　語　＜Ａ日程試験＞（50分）＜満点：100点＞

解　答

一 下記を参照のこと。　二（読み，記号の順で）(1)　がでんいんすい，オ　(2)　もんがいふしゅつ，ア　(3)　せいてんはくじつ，エ　(4)　ふわらいどう，ウ　(5)　ぶんぶりょうどう，イ　三 **問１**（例）　和樹が机を蹴ったのは，ズボンがやぶれているのをからかわれたことにくわえ，みんなから見捨てられているような気がして頭にきたからだということ。　**問２**（例）　なんで毎日いるの？　**問３**　**Ａ**　ウ　**Ｂ**　ア　**Ｃ**　イ　**問４** (a)（例）　だらしないところ。　(b)（例）　人を安心させられるおおらかな性格。　**問５**（例）　オレはダメな人間だ，と自分が嫌になり，自暴自棄になったり，自分の中にいる化けものが大暴れし，自分の体をのっとり，自分が自分でなくなるような不安になったりする気持ち。　**問６**　ウ

四 **問１**（例）　他人を大切にする。／社会をしっかり見つめる。　**問２**　②　イ　③　エ　**問３**（例）　定価があり，店の人がいるのはスーパーのレジだけで，無人の自動販売機で買うこともあるという，人との交流の少ない買い物の仕方。　**問４**　エ　**問５**　ア，ウ　**問６**（例）　目的に向かって一直線というよりは，多少は目的に達するのが遅れても，わき道に入り，道草をしながら進む。

●漢字の書き取り

一 ⑴ 推理　⑵ 供給　⑶ 砂鉄　⑷ 密接　⑸ 孝行　⑹ 将来
⑺ 自己　⑻ 観衆　⑼ 穀物　⑽ 班長

2023年度 明星学園中学校

【算　数】〈Ｂ日程試験〉（50分）〈満点：２科受験者は100点，４科受験者は50点〉

（注意）コンパス・三角定規を必ず持参してください。

1　次の計算をしなさい。（答えが約分できるときには必ず約分すること）

(1)　$39.93-19.7$　　(2)　$\frac{17}{20}-\frac{1}{2}+\frac{2}{3}$　　(3)　2.38×8.5

(4)　$2023\div11.9$　　(5)　$\frac{9}{11}\div6.9\times\frac{22}{3}$　　(6)　$(20-2.3\times4)\div\frac{6}{5}$

2　2023年１月５日に豊洲《とよす》市場で「初競《せ》り」が開かれ，212kg の青森県大間産クロマグロがこの日の最高値3604万円で競り落とされました。このマグロは解体されたのちに，にぎりずし約8000貫《かん》分になり，トロと赤身１貫ずつのセットが１皿1040円で提供されました。さて，１皿1040円のトロと赤身１貫ずつのセットを4000皿提供できたとするとき，このセットが完売したときの総売上額を答えなさい。

3　2022年は，過去30年間で記録的な「値上げラッシュ」となりました。主な飲食料品メーカー105社における2022年の値上げ品目数は，最終的に２万822品目という結果でした。2023年は2022年以上の「値上げラッシュ」が見込《こ》まれており，すでに2023年１月から４月まで7152品目の値上げが決定しています。2022年の１月から４月までが4672品目の値上げだったのに比べても多いです。さて，2023年１月から４月までの値上げ品目数は，2022年の同じ時期の約何倍になりますか。小数点第３位以下は切り捨てて答えなさい。

4　長さが1mのリボンがあります。そこから，Aさんは$\frac{1}{3}$mの長さを切り取り，Bさんは$\frac{1}{2}$mの長さを切り取りました。ふたりが切り取った後の残りのリボンの長さを調べたい。さて，以下の問いに答えなさい。

(1)　下の1mのリボンの図に，Aさんが切り取った$\frac{1}{3}$mと，Bさんが切り取った$\frac{1}{2}$mをかきこみなさい。また，切り取った部分が一目でわかるように斜線《しゃせん》をかきこみなさい。(線をかきこむときは定規で測ってなるべく正確に引くこと)

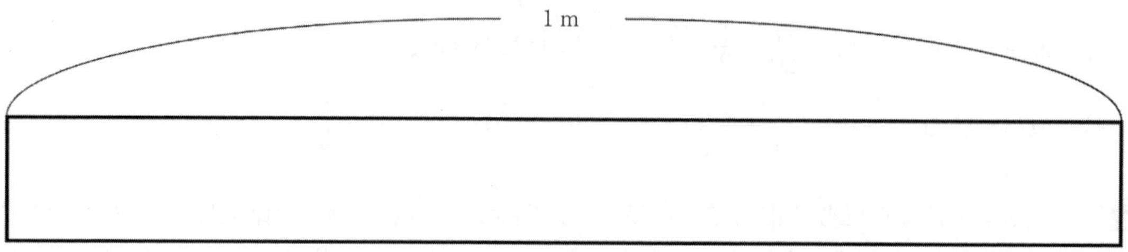

〈編集部注：編集上の都合により原図の80%に縮小しています。〉

(2)　あなたが(1)で答えたものが正しければ，1mのリボンの図に斜線をかきこんでいない部分があるはずです。斜線を引いていない部分の長さが何mなのかをかきこみなさい。また，そうなる理由をリボンの図にさらに線をかき足すなどして説明しなさい。(線をかきこむときは定規で測ってなるべく正確に引くこと)

5　下の図1の三角形ABCと三角形DBEは形も大きさも全く同じで，点Aと点Bと点Eの3つの点は一直線に並んでいます。三角形ABCを点Bを中心にして，三角形DBEにぴったり重なるまで回転させることを考えます。このとき，三角形ABCの点Aが通った跡《あと》は，図2にあるような太めの線で，辺ABを半径とする円の一部を描《えが》きます。また，図2の塗《ぬ》りつぶしている部分は，辺BCを半径とするおうぎ形になります。さて，以下の問いに答えなさい。

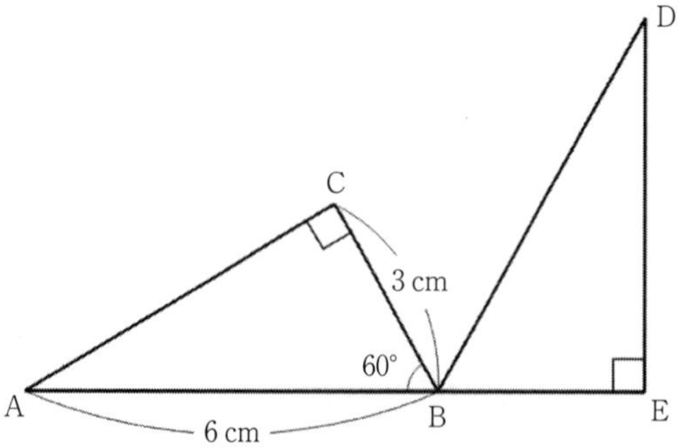

図1

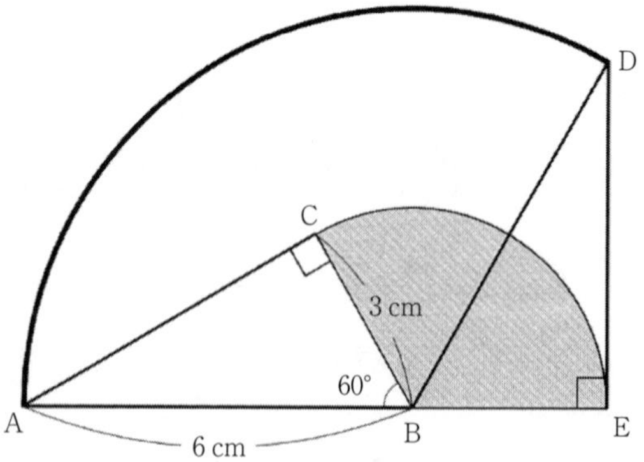

図2

(1)　点Aが点Dとぴったり重なるまでに通った跡(図2の太めの線の部分)は，何cmになりますか。円周率は3.14として計算しなさい。

(2)　図2の塗りつぶしているおうぎ形の面積は何cm^{2}になりますか。円周率は3.14として計算しなさい。

6　整数の中には『過剰数(かじょうすう)』と呼ばれる数があります。過剰数とは「その数の約数から，その数自身を除いたすべての約数を足し算したときの答えが，その数よりも大きくなる数」のことです。例えば『12』は1，2，3，4，6，12で割り切れますから，12の約数は「1と2と3と4と6と12」の6個です。12の6個の約数から12を除いた5個の約数を足し算すると1+2+3+4+6=16で『12』よりも大きい数になりました。よって，『12』は過剰数です。また，『21』の約数は「1と3と7と21」の4個で，この4個の約数から21を除いた3個の約数を足し算すると1+3+7=11で『21』よりも小さい数になりました。よって，『21』は過剰数ではありません。過剰数を小さい順に並べると，12，18，20，24，30，36，40，…と無数に存在します。ちなみに，ここに挙げた過剰数の中には奇数《きすう》は出てきていませんが，奇数の過剰数もちゃんと存在しているので一つだけ紹介《しょうかい》しておきます。『945』の約数は「1と3と5と7と9と15と21と27と35と45と63と105と135と189と315と945」の16個で，この16個の約数から945を除いた15個の約数を足し算すると1+3+5+7+9+15+21+27+35+45+63+105+135+189+315=975で『945』よりも大きい数になったので，『945』は過剰数です。ちなみに奇数の過剰数で最も小さい数が今紹介した『945』です。

ところで，ほとんどの過剰数は「その数自身を除いた約数からいくつかを選んで足し算するとその数に等しい数になる」という性質があります。例えば『20』の約数は「1と2と4と5と10と20」の6個で，ここから20を除いた5個の約数から「1と4と5と10」の4個を選んで足し算すると1+4+5+10=20となり，元の数の『20』に等しくすることができました。もう一つ『24』を例に説明すると，約数は「1と2と3と4と6と8と12と24」の8個で，そこから24を除いた7個の約数から，「4と8と12」の3個を選んで足し算すると4+8+12=24で，元の数の『24』に等しくすることができました。

しかし，このような性質を持たない過剰数もあります。その過剰数はたまにしか存在しないので『不思議数(ふしぎすう)』と呼ばれています。例えば，『836』の約数は「1と2と4と11と19と22と38と44と76と209と418と836」の12個で，ここから836を除いた11個の約数を全部足し算すると，1+2+4+11+19+22+38+44+76+209+418=844となり，836よりも8大きいことがわかります。約数の中に8はなく，8以下の3個の約数「1と2と4」を足し算しても1+2+4=7にしかなりません。よって，『836』はその数自身を除いた約数からいくつかを選んで足し算しても『836』に等しくならないので，『836』は不思議数ということになります。

さて，次の①，②，③の整数は過剰数かどうかを答えなさい。また，過剰数であるなら，不思議数かどうかも答えなさい。(そのように判断したことのわかる計算などを書いておくこと)

①　64　　②　70　　③　96

【社　会】〈Ｂ日程試験〉(30分)〈満点：50点〉

1　次の文章を読み，あとの問いに答えなさい。

第二次世界大戦後，敗戦国である日本はその後７年間にわたり(A)連合国軍の占領下におかれた。1951年のサンフランシスコ講和会議で連合国48か国との間に平和条約が結ばれ，日本はこの条約で，朝鮮半島や台湾などの領有を放棄《ほうき》した。現在の(B)日本の国境についても，この条約がもととなっている。

一方で，1972年に返還された沖縄のように，戦後もしばらくは(C)他国軍の実効支配が続いていた地域もあった。以下は，本土復帰50周年をむかえた沖縄についての朝日新聞の記事である。

> **(復帰50年)50年，「平和の島」達成されず　続く過重な基地負担　沖縄知事，式典で訴え**
>
> 沖縄の日本復帰から50年となった15日，「沖縄復帰50周年記念式典」が沖縄県宜野湾《ぎのわん》市と東京都の２会場をつないで開かれた。岸田文雄首相は，沖縄の基地負担軽減のために全力で取り組んでいくことを強調。玉城デニー知事は，(D)過重な基地負担が50年経っても続く現状と経済的な課題を訴え，復帰の意義について国民全体での認識の共有を求めた。
>
> 2022年５月16日朝刊より　下線，ふりがなは出題者によるもの

問１　下線部(A)について，連合国軍最高司令官として日本に進駐した人物は誰か答えなさい。

問２　下線部(B)について，

(1)　あとの地図中にある 3 の島は日本最南端の島である。この島の名前を答えなさい。

(2)　この島は東小島と北小島の２つの島の面積を合わせても，畳８畳分ぐらいしかないが，日本はこの島の護岸《ごがん》工事のため，2011年以降これまでに750億円もの費用をかけている。その理由について，説明しなさい。

＊護岸工事…まわりを消波ブロックやコンクリートで保護し，上部をチタン製の網でおおったりすることで島が波に削られないようにする工事。

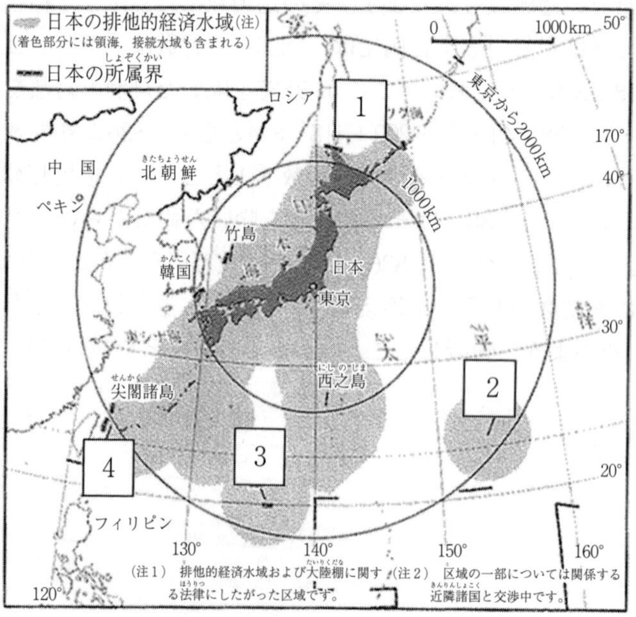

問３　下線部(C)について，＜ア＞・＜イ＞の文は連合国軍による占領を受けたのちに，日本に返

還された地域(島々)である。以下の文を読んで，これらの島々が属する都道府県名をそれぞれ答えなさい。

＜ア＞　トカラ列島が返還されたのは1952年２月10日のことである。また1953年12月25日には，奄美《あまみ》列島が返還され，国内世論も「連合国軍からのクリスマスプレゼント」と，わき立った。

＜イ＞　1968年６月26日，小笠原諸島が返還された。一部亜熱帯気候に属し，「東洋のガラパゴス」とも呼ばれるほど貴重な動植物が多い。

問４　下線部(D)について，

(1)　日本と同盟関係にあり，これらの軍事基地を置いている国はどこか，答えなさい。

(2)　「過重な基地負担」とはどのようなことが考えられるか，説明しなさい。

2　次の２人の会話を読んで，あとの問いに答えなさい。

明 さ ん「2022年は新型コロナ感染症や(A)ロシアとウクライナの戦争など，暗い話題も多かったけれど，2022年10月14日は鉄道開業150周年だったんだよ。」

星子さん「たしか新橋と［　あ　］との間で最初に鉄道が正式に開業したのよね。今日も私は学校に電車で来たけれど，電車や自動車がない時代，人はどうやって移動したのかしら？」

明 さ ん「基本的に歩いて移動しただろうね。(B)でも旧石器時代の石器の分布から，人々の移動についてもいろいろなことが分かっているよ。」

星子さん「そういえば，古代の大和朝廷も道を整備したという話を聞いたことがあるわ。」

明 さ ん「各地方に，(C)当時の朝廷は『駅路《えきろ》』などの道をつくったんだ。駅路には16キロごとに『駅』が置かれていて馬が用意されていた。役人たちは駅の馬を使うことができたんだ。」

※図：近江俊秀『道が語る日本古代史』

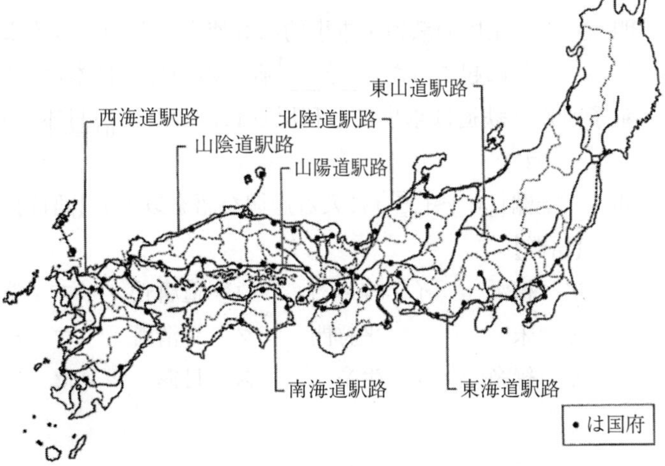

星子さん「古代の『駅』はそういうものだったのね。ふつうの人は歩いて行き来したのかな。荷物があったら大変ね。」

明 さ ん「まあ，大きなものや重いものは長い間船で輸送されただろうし，遠くに行ける乗り物として便利だったろうね。７世紀から９世紀にかけて日本から中国に派遣《はけん》された［　い　］も四つの船で渡航したことから『よつのふね』と呼ばれたそうだよ。」

星子さん「武士としてはじめて太政大臣になった［　う　］も瀬戸内海の海運や，中国の

[　え　] との貿易で財産をたくわえたと聞いたわ。広島県の宮島にある厳島《いつくしま》神社は瀬戸内海の海の安全を祈り，平家の繁栄《はんえい》のシンボルだったのね。」

明 さ ん「[　あ　] は1858年の日米修好通商条約の締結《ていけつ》によって開かれた港だったね。」

星子さん「つまり海外の窓口になる [　あ　] と東京の新橋を鉄道で結んだのね。」

明 さ ん「鉄道で運ばれたものは人だけではないよ。1883年には上野と熊谷の間で日本初の私鉄が開業し，その後路線が延《の》ばされ現在の JR 高崎線になっている。初期の鉄道は群馬県や栃木県，長野県などの方面に延ばされていったんだ。この絵を見て。」

星子さん「群馬県につくられた官営 [　お　] ね。世界遺産にも登録されているのよね。こういう工場で働く人を運ぶために鉄道路線がつくられたのかな？」

明 さ ん「いやいや，ものを運ぶために鉄道が必要だったんだ。[　お　] で生産される製品の [　か　] は北関東などの山間の村で育てられたカイコのまゆから作られた糸だからね。」

星子さん「鉄道は他にどんなものを運んだの？」

明 さ ん「全国の鉄道を軍事的にも使うことができるように，朝鮮や満州の権益《けんえき》をめぐって1904年に起こった [　き　] 戦争ののち，日本は鉄道を国有化する法律を出したんだ。」

星子さん「鉄道は軍事にも利用されたのね。(D)<u>日本の近代化と鉄道</u>は密接に関わってきたんだね。」

問１　空欄 [あ] ～ [き] に入る適切な語を以下の【語群】より選びそれぞれ記号で答えなさい。

【語群】

ア	横浜	イ	神戸	ウ	遣唐使	エ	遣新羅使	オ	清
カ	宋	キ	平将門	ク	平清盛	ケ	富岡製糸場	コ	八幡製鉄所
サ	綿糸	シ	生糸	ス	日露	セ	アジア・太平洋		

問2　下線部(A)について，

(1)　ウクライナの首都は何という都市か，答えなさい。

(2)　現在のロシアの大統領の名前を答えなさい。

問3　下線部(B)について，石器を使って人々が生活していた時代，「黒曜石《こくようせき》」という石を使って人々は狩りをしたりしていました。右の地図で，数字が示している点は神津島《こうづしま》産の黒曜石が出土した旧石器時代後期の遺跡を示している。この地図からどのようなことがわかるか答えなさい。

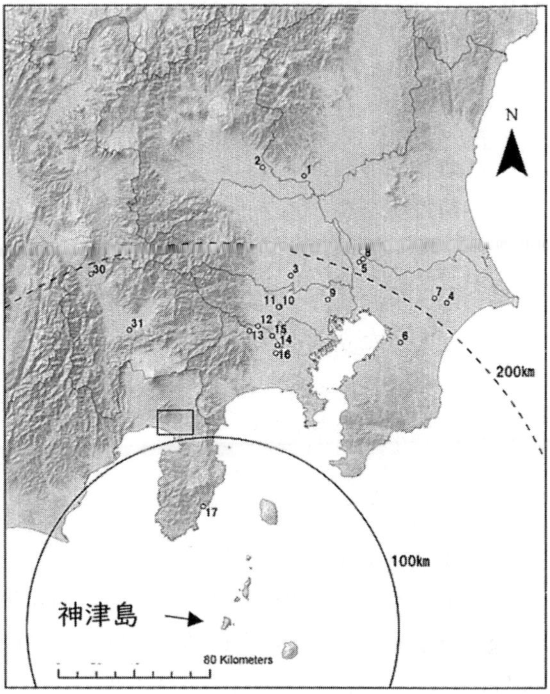

問4　下線部(C)について，以下の設問に答えなさい。

(1)　「駅路には16キロごとに『駅』が置かれていて馬が用意されていた」とあるが，当時の朝廷はどうして これほど短い間隔《かんかく》に駅をつくったのだろうか。あなたの考えを説明しなさい。

(2)　以下の 資料① ・ 資料② はこの時代の「道」に関する資料です。それぞれの資料を踏まえて，当時の道の特徴をあげ，どうして天皇はそのような道をつくったのか説明しなさい。

> 資料①
>
> 古代の東海道駅路の遺跡と見られる静岡県の曲金北《まがりかねきた》遺跡《いせき》では，幅《はば》2～3メートルのみぞを持つ道幅《みちはば》9メートルもの道のあとが見つかっている。研究者たちの考えによるとこの地方で当時9メートルもの幅を必要とするようなたくさんの交通量があったとは考えづらいという。

> 資料②
>
> 奈良の都のメインストリートだった朱雀大路《すざくおおじ》は，約70メートルの幅の道が南北に3.1キロも一直線に作られ，その道は天皇の住まいがある平城宮に続いていた。

問5　下線部(D)について，当時の明治政府は「富国強兵《ふこくきょうへい》」をスローガンにさまざまなところで，強くて豊《ゆた》かな国に必要な「近代的な国民」をつくろうとしました。現代の言葉になおした次の資料を読んで，以下の設問に答えなさい。

●鉄道の運行規則(1877年)
第22条　各「ステーション(駅)」の時刻を同一にするために，以下の各項を遵守《じゅんしゅ》しなさい。
第1項　車掌《しゃしょう》はすべて最初，出発する駅の時計と，車掌が持っている時計を比べて，遅すぎたり早すぎたりすることがないように正しく整えなさい。また引き返して運行するときにも，その出発する駅の時計と再び比べて，もし差があるようだったら正しい時刻に整えなさい。

(『営業線路従事諸員服務規程《えいぎょうせんろじゅうじしょいんふくむきてい》』より)

●小学生徒心得(1873年)
第2条　毎日の登校は授業時間の10分前までにしなさい。
第7条　もしも授業の時刻に遅れて登校するときには，そのまま教室に行ってはならない。
遅刻した理由を先生まで説明して，先生の指示を待つこと。

(『日本教科書大系　近代編第1巻』より)

(1)　資料に書かれたようなルールがあると，ルールがなかったときと比べて人々はどうなっていくか，答えなさい。

(2)　設問(1)で答えたように人々が変わると，「強い国」になる上でどんなメリット(いいこと)があるか，説明しなさい。

【理　科】〈Ｂ日程試験〉（30分）〈満点：50点〉

1　以下の問いに答えなさい。

問１　水にとけるものの量は，水の温度によって変化します。下の 表１ は「100ｇの水にとけることができるものの最大の量」が，水の温度によってどれだけ変わるかを示したものです。表１ を使って以下の問いに答えなさい。

表１

	20℃	40℃	60℃	80℃
砂糖	204	238	287	362
食塩	35.8	36.3	37.1	38.0
ミョウバン	11.4	23.8	57.4	321.6

（単位：ｇ）

⑴　水の温度が上がったとき，とける量がもっとも変化しないものはどれか。表にある３つのものから，１つ選びなさい。

⑵　量の分からない20℃の水に，砂糖をくわえていくと，408ｇまで砂糖をとかすことができました。水の量は何ｇだったか答えなさい。

⑶　40℃の水100ｇに，食塩を30ｇとかしました。この水には，あと何ｇの食塩をとかすことができますか。小数第１位まで答えなさい。

⑷　40℃の水100ｇに，ミョウバンを20ｇとかしました。この液を20℃まで冷やすと，何ｇのミョウバンが粒《つぶ》となって出てきますか。小数第１位まで答えなさい。

問２　支点，力点，作用点の関係を使った，てことよばれる道具があります。右の 図１ では，てこの右のうでの支点から２cm はなれたところに，100ｇの鉄のおもりが１つだけつるされています。てこがかたむかないように，はじめは手で支えています。このような，てこに関する以下の問いに答えなさい。

図１

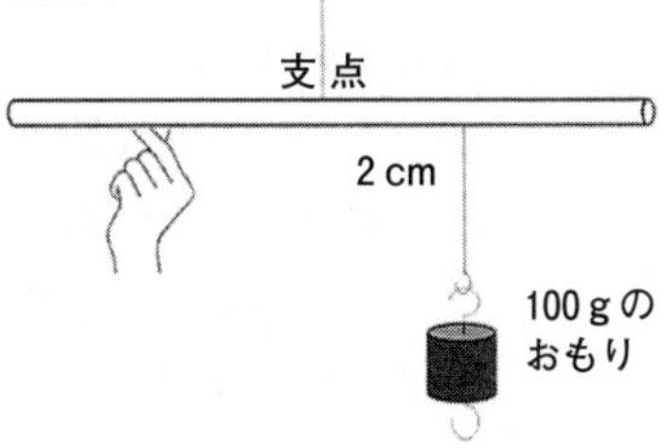

⑴　下の 図２ のように，図１ のときから，てこの左のうでに，支点から４cm はなして100ｇの鉄のおもりを１つだけつるしています。支える手を放したとき，てこはどうなりますか。「左にかたむく」，「右にかたむく」の２つの中から１つ選びなさい。

図２

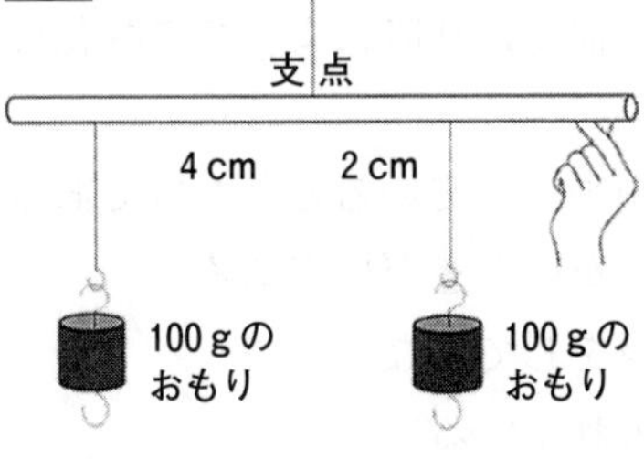

図３

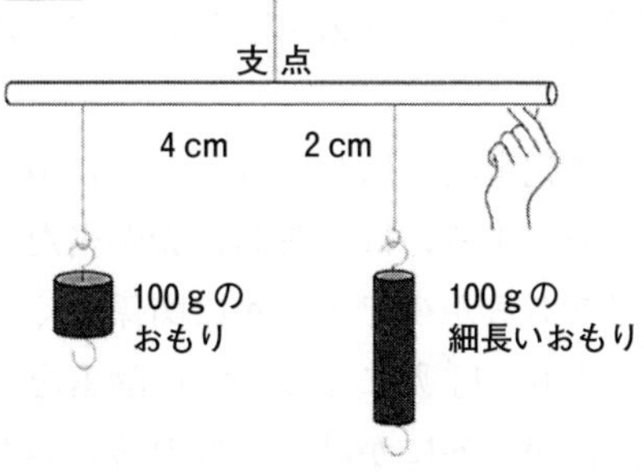

⑵　上の 図３ のように，図２ のときから，右のうでのおもりだけ，100ｇの鉄の細長いおもりにかえました。支える手を放したとき，てこはどうなりますか。「左にかたむく」，「右にかたむく」，「水平のまま」の３つの中から１つ選びなさい。

⑶　次のページの 図４ のように，図２ のときから，100ｇの鉄のおもりをさらに１つだ

けつるすと，手で支えなくてもてこを水平にすることができます。どちらのうでに，支点からどれだけはなれたところにつるせばよいか，空欄《くうらん》にあてはまる言葉と数字を書きなさい。

図４

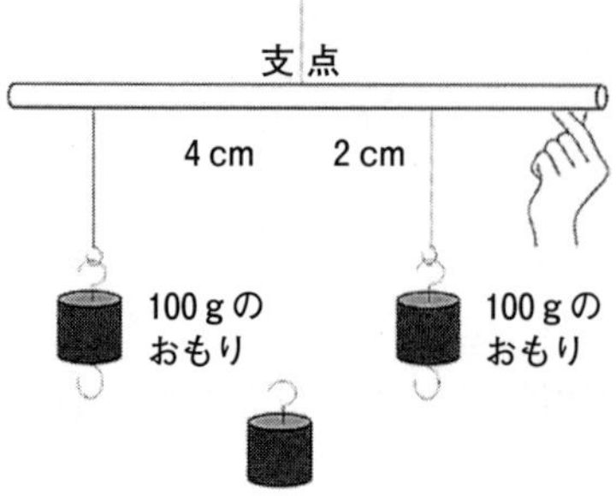

図５

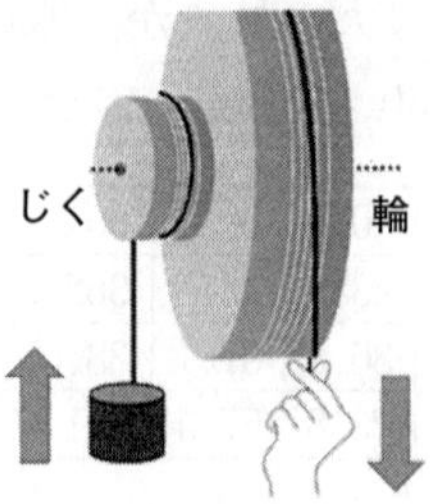

⑷　上の 図５ のように，じくに大きな輪を付けて，この輪を回したとき，じくに大きな力がはたらくようにした道具を「輪じく」といいます。なぜ「輪じく」を使うと，じくに大きな力をはたらかせることができるか，答えなさい。

問３　自然界では，生物は生物どうし，あるいは生物が生きている環境《かんきょう》と関わり合いながら生活をしています。このような関わりについての以下の問いに答えなさい。

⑴　図６ は，生物どうしの食う・食われるの関係を表しています。動物Ａ は植物を食べる動物を表し，動物Ｂ は 動物Ａ を食べ，動物Ｃ は 動物Ｂ を食べる関係をそれぞれ表しています。

(a)　このような生物間の「食う・食われる」の関係のことを何といいますか。

(b)　以下の(ア)～(ウ)に示す動物は，動物Ａ ～ 動物Ｃ のどれに当てはまりますか。当てはまるものをＡ～Ｃの記号で答えなさい。

(ア)　カマキリ　　(イ)　バッタ　　(ウ)　モズ

植物 → 動物Ａ → 動物Ｂ → 動物Ｃ

図６

⑵　生物は，空気中に含《ふく》まれる気体を取り入れたり，逆に空気中へと気体を出したりしています。このような生物と気体との間のやりとりに関する以下の文(ア)～(オ)のうち，正しいものをすべて選び記号で答えなさい。

(ア)　動物は呼吸によって酸素を取り入れているが，植物は呼吸によって二酸化炭素を取り入れている。

(イ)　植物が二酸化炭素を取り入れるのは日中，光が当たっているときだけである。

(ウ)　植物が呼吸をするのは，夜間に光が当たっていないときだけである。

(エ)　植物は昼であるか夜であるかに関係なく，呼吸をしていない。

(オ)　動物も植物も，呼吸によって常に酸素を取り入れている。

⑶　森林では，秋から冬にかけて大量の落ち葉が土の上に落ちますが，人の手が入らなくてもそれが毎年積もっていってしまうようなことはありません。それはなぜか，かんたんに説明しなさい。

2 次の文章を読み，文のあとの問いに答えなさい。

2022年11月８日，日本で皆既月食《かいきげっしょく》と呼ばれる現象が見られました。右の写真はその日に，三鷹《みたか》市にある国立天文台によって撮影《さつえい》されたものです。そして同時に，天王星食《てんのうせいしょく》と呼ばれる現象も起きています。２つの天体現象が同時に起きることはとても珍《めずら》しく，大きな話題となりました。この不思議な天体現象はどのようにして起きたのでしょう。

月と，夜空に見える他の星との位置関係は毎日変わって見えます。図７のように，ある星座の右側に月がある日もあれば，左側にある日もあります。しかし星座を作る星々は，それぞれの並びが変わらず，星座の形は常に同じように見えます。これはいったいなぜでしょうか。

似たような例として，電車の窓から風景を見ているときのことを考えてみます。図８のように電車に乗って右から左へ移動したとき，(ア)<u>窓から見える木と建物の左右が入れかわって見えます。</u>これは近くの木がずれて見える角度（Ａと同じ大きさの角度）よりも，遠くの建物がずれて見える角度（Ｂと同じ大きさの角度）の方が小さいためです。

(イ)<u>月と星座についても，これと同じことが起きているのです。</u>

図７

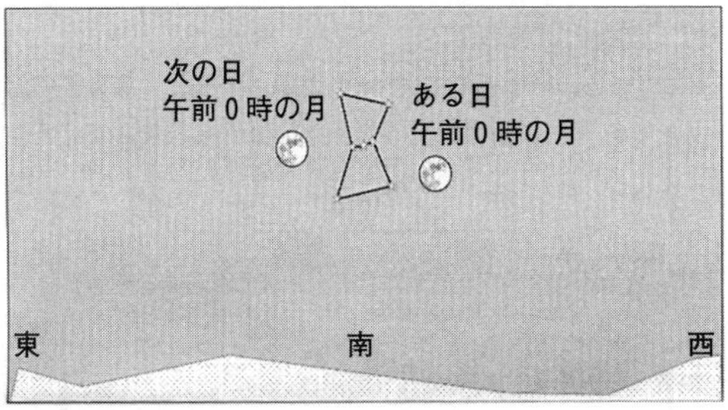

図８

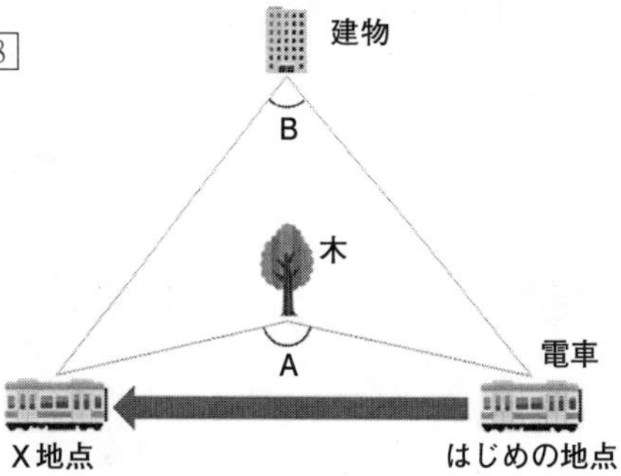

晴れた夜空を観察していると，図９のように星座がその形を保ったまま，東の空から西の空に向けて動いていく様子が見られます。過去の人々は，キラキラ光る点がたくさん描《えが》かれた天井があり，その天井が回っている様子を想像していました。ところがこの説は間違《まちが》いであることがそのあとわかります。図10のように球体である地球自身が西から東に向かって回っているため，空の風景が東から西へと動いているように見える，ということが真実だとわかりました。

図９

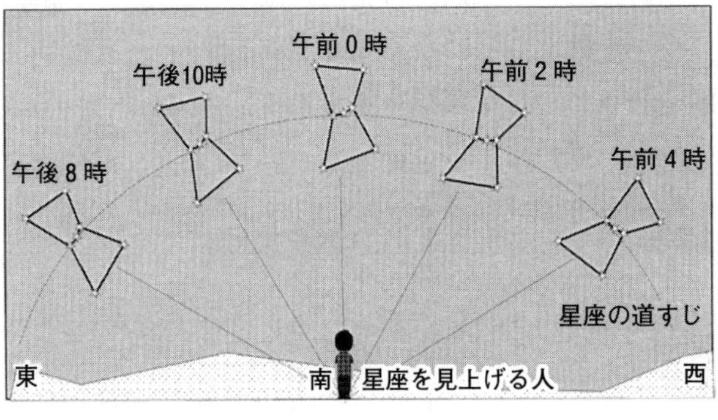

図10

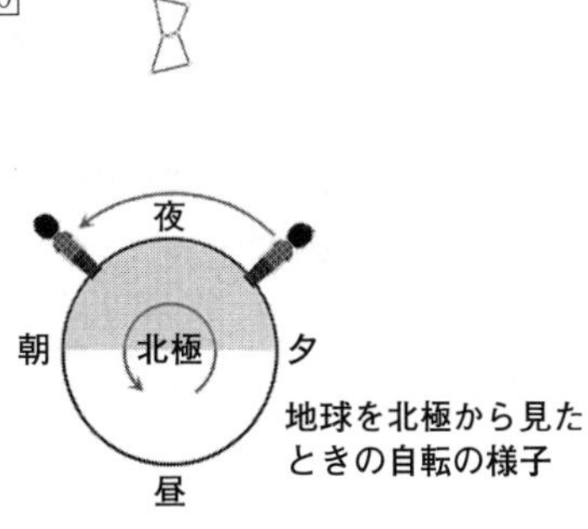

(1) 下線部(ア)について。次の文章が正しくなるように，空欄《くうらん》（Ａ）に当てはまる文を①～③の中か

ら１つ選びなさい。

「図８ にて，電車がX地点にいるときには(　A　)ように見える」

①：木が建物の左側にある　②：木が建物と重なっている　③：木が建物の右側にある

(2)　下線部(イ)について。月と比べて，星座を作る星の並び方が変わらずに見える理由を，かんたんに説明しなさい。

さて2022年11月８日，(ウ)この時の月は満月であり，普段《ふだん》であれば非常に明るいはずです。しかしこの日の午後６時ごろから午後10時ごろのあいだに，図11 のように黒い円形の地球の影《かげ》が月へ重なっていき，しまいには完全に月を覆《おお》い隠《かく》すことになりました。このように地球の影が月に重なることを月食，そして完全に覆い隠すことを皆既月食というのです。

図11

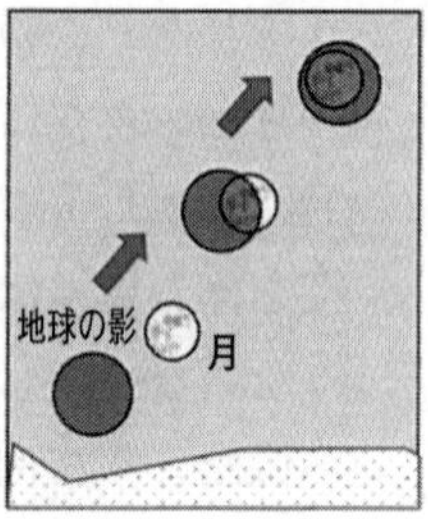

ではなぜ地球の影に月が隠れるのか。それを知るため地球の影と月の動きを別々に考えます。地球は地球自身が回転しています。この回転のことを自転といい，24時間で１回転をします。すると夜空の風景は１時間あたり(　B　)度，東から西に動くことになります。図12 のように地球から見た太陽も同じように１時間あたり(　B　)度動くので，地球の影も１時間あたり(　B　)度動くのです。

図12

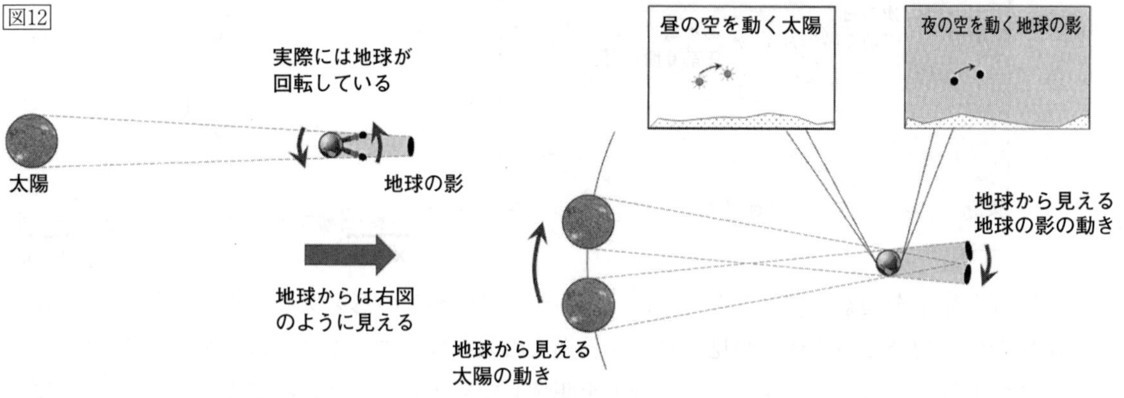

いっぽう月は，図13 のように地球の周りを自転と同じ方向に追いかけるように動いています。１周にかかる時間は27日間です。すると１時間あたり0.5°地球の周りを動きます。よって地球が１時間あたり(　B　)度自転していることもあわせて考えると，地球から見た月は１時間あたりに(　C　)度，東から西に夜空を動くことになるのです。

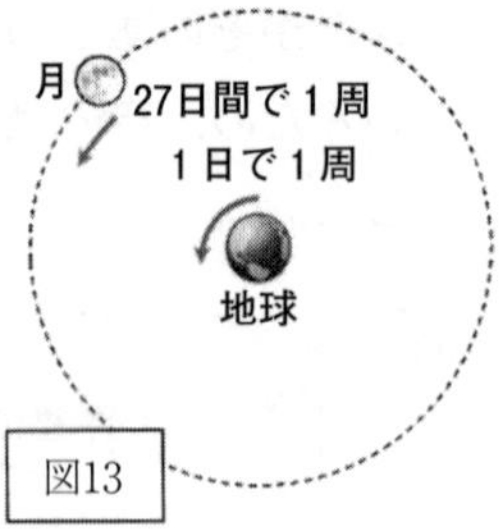

図13

このように，地球の影が夜空を動く速さと，月が夜空を動く速さに差があるため，地球の影が月に追いつき，覆い隠すことになる，というわけなのです。

(3)　下線部(ウ)について。このとき月は地球に対してどこにあるか，右の図14のア～クの中から正しいものを1つ選びなさい。

図14

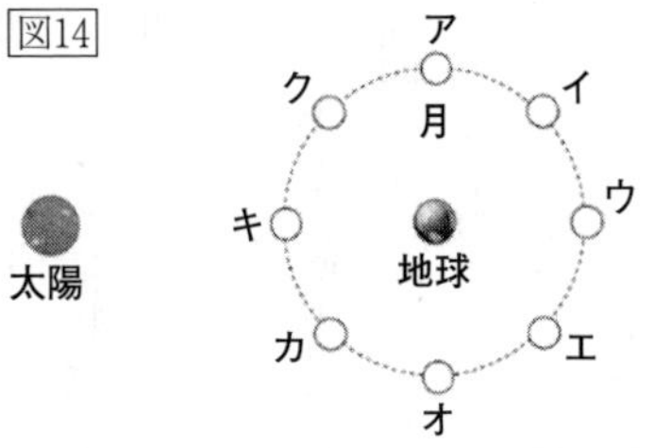

(4)　空欄Bについて。夜空の風景は1時間あたり何度動きますか。

(5)　空欄Cについて。自転する地球から見た月は1時間あたり何度動きますか。小数第1位まで答えなさい。

(6)　皆既月食と同時に起きた天王星食は，天王星が月の裏側に隠れる，という珍しい現象です。天王星は太陽系の中で最も遠くにある惑星《わくせい》なので肉眼《にくがん》で見ることは難しいですが，望遠鏡を使えば，その様子を観察することができました。右の図15-1には，月が動く様子(実線)と天王星，そして星座が動く道すじ(点線)が書かれており，図15-2は天王星食が終わるときの拡大図です。

天王星が図15-1の「食のはじまり」の位置から月の裏側へ隠れたのち，次に天王星が月の裏側から現れる場所はどの位置ですか。図15-2のア～オの中から正しいものを選びなさい。

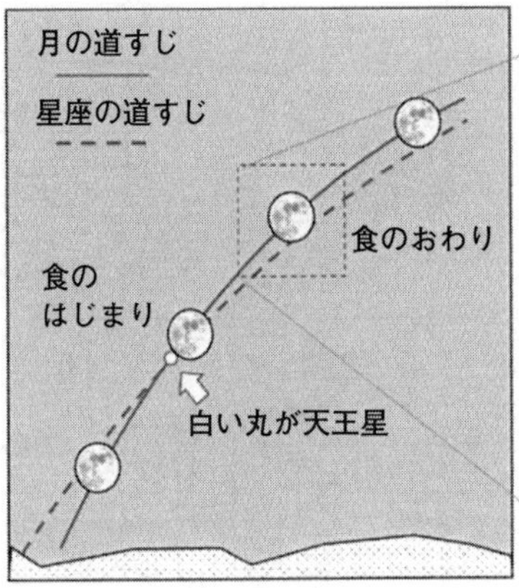

図15-1

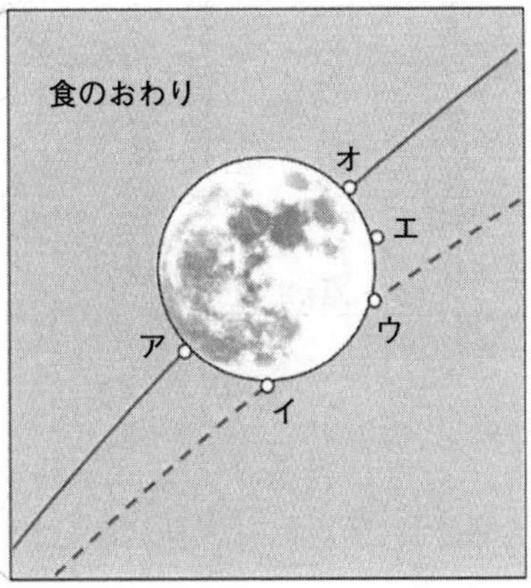

図15-2

「X」という成長では、これまでの真価が問われる。もう実りの秋である。もはや、茎の数や茎の高さを気にしている暇《ひま》などないはずだ。

そんなことを言っても、イネは刈《か》られてしまえば終わりではないか、と思うかもしれない。

確かにイネは人間によって刈り取られる。刈り取られてしまえば終わりのように見える。

しかし、そうではない。

昔ながらのやり方では、イネは刈り取られると天日で干される。すると、どうだろう。

太陽の光を浴びながら、イネは葉に残された栄養分を、米に送り込《こ》む。わずかに残された栄養分を最後の最後まで振り絞《しぼ》って、イネは米を実らせていくのだ。

イネの成長は、刈り取られてさえも終わることはない。最後の最後の瞬間まで、イネは成長をやめることはない。その命が尽きる最後の最後まで、イネは米を実らせ続けるのだ。

（稲垣栄洋《いながきひでひろ》「生き物が老いるということ」）

問一 ——①「その植物」とは何か答えなさい。

問二 ——②「もう花を咲かせることもない」とあるが、その代わりにこの植物は何ができるようになるのか答えなさい。

問三 ——③「若々しい姿のまま、その季節を迎えてしまうのだ」とあるが、このようにならないようにするためには、どのような工夫が必要か答えなさい。

問四 ——④「こういうこと」とあるが、それはどういうことなのか。以下のア〜エから選び、記号で答えなさい。

ア 新たなことが、できるようになること。

イ できないことが、できないままであること。

ウ やり残したことがなくなるということ。

エ 色々なことが、うまくいかなくなること。

問五 ——⑤「成長とは、単に大きくなることではない」とあるが、オタマジャクシの成長について、以下のようにまとめた時に A・B に入る語を、それぞれ三字以内で答えなさい。

A を B こと。

問六 X に入る適切な語を二字で答えなさい。

しかし、どうだろう。

もしかすると……「老いる」ということは、私たち人間にとっても、④こういうことなのではないだろうか。

(中略)

生物にとって、成長とはステージが進むことである。

もし、生物が年を経ることが「老い」であるならば、生物は生まれた瞬間《しゅんかん》から老いていく。

もし、生物が年を経ることが「成長」であるならば、生物は死ぬまで成長を続けていく。

⑤成長とは、単に大きくなることではない。

たとえば、大人のチョウと、その子どもであるイモムシを比べると、イモムシのほうが大きい。あるいは、大人のカエルと、その子どもであるオタマジャクシを比べると、オタマジャクシのほうが大きい。

成長とは、体が大きくなることではない。ステージが進んでいくことなのだ。

イモムシはサナギというステージを経て、チョウというステージに進む。オタマジャクシは後ろ足が生えて、前足が生えて、最後には、しっぽがなくなるというステージを迎える。

失うこともまた、成長なのだ。

そして、オタマジャクシはカエルというステージに進んでいくのである。人間にも「子どもの時代」と「大人の時代」というステージがある。そして、「老い」というステージがある。老いというステージに進んでいくと考えれば、「老い」もまた、成長なのだ。

「老い」は成長のステージである。そして、「老い」という成長は、これまでの成長とはまったく質の異なるものである。

たとえば、実りのステージに進んだイネは、どんなに上に伸びようとしても、もう上に伸びることはない。

どんなに葉を茂らせようとしても、もう新しい葉は出てこない。

「どうして上に伸びないのだ。どうして葉が増えないのだ。」

無理に茎を伸ばそうとして、無理に葉を茂らせようとして、もがき苦しむだけだ。

成長は、確実に次のステージに進んでいる。できなくなったことを呪《のろ》ってみても、仕方がないことだ。それよりも、今までできなかったことが、ついにできるようになったのだ。

「老い」は、「米を実らせる」という成長である。

何のために、イネは伸びてきたのか、何のために葉を茂らせてきたのか。

他でもない、それは米を実らせるためである。「米を実らせる」という今までできなかったことが、ついにできるようになったのだ。イネにとっては、待ちわびたステージにたどりついたということだ。

それこそが老いのステージなのである。

もちろん、枯れてしまおう、萎《しお》れてしまおう、と言うのではない。

実ること、これこそが、新たな成長なのだ。

実るために、古い葉は枯れるのだ。

今まではものさしで測る茎の長さを競ってきたかもしれない。カウンターで数えることのできる茎の数を競ってきたかもしれない。

しかし、もうものさしで測る成長は終わりなのだ。カウンターで数える成長は終わりなのだ。

「米の重さ」という、今までとはまったく違う成長をしなければならない。

このように、その植物は最後の最後に大いなる実りをもたらすのだ。

「実るほど頭を垂れる稲穂《いなほ》かな」

その植物は、イネである。

イネにとって「老いる」ことは、米を「実らせる」ことである。

植物であるイネにとって、もっとも重要なことは、米を実らせることである。

葉を茂らせてせっせと光合成をしてきたのも、懸命《けんめい》に茎を伸ばし、稲穂に花を咲かせたのも、すべては、米を実らせるためなのだ。

そうであるとすれば、イネにとっては「老いの時期」こそが、もっとも重要な時期である。

イネを知り尽《つ》くした農家の方が管理する田んぼでは、滅多《めった》にそんなことはないが、ときどき、秋になっても葉を青々とさせているイネを見かけることがある。

他の田んぼでは、イネは黄色く枯れているのに、その田んぼでは、イネはいつまでも緑の葉を茂らせている。

緑の葉で光合成を行い、茎も葉も旺盛《おうせい》に茂っている。

その姿は、とても若々しい。

しかし、どうだろう。

これらのイネでは、実りが遅《おく》れ、収穫《しゅうかく》される米も少ない。

じつは、土の中の肥料分が多すぎると、イネはいつまでも葉を成長させてしまうのだ。

窒素《ちっそ》は、イネの成長には不可欠の大切なものである。しかし、それは茎や葉を茂らせるためのものだ。

しかし、米を実らせる「老いのステージ」のイネにとって、肥料はもう不必要なものである。

「老いのステージ」では、もう葉を茂らせる必要はない。イネは今まで蓄《たくわ》えた栄養分を集めて、米を実らせていく。

そして、田んぼは黄金色に輝くのだ。

農家の方はそれがよくわかっているから、イネの実りのステージには、肥料が切れるように肥培《ひばい》管理している。

一方、肥料分が多すぎると、イネは葉を茂らせることに夢中になってしまう。

いつまでも、若々しく見えるイネは、本来あるべきイネの姿を忘れてしまっているのだ。

しかし、いつまでも夏が続くわけではない。

季節は巡《めぐ》り、確実に秋は深まっていく。

青々と若々しいイネにも、やがて寒い季節はやってくる。そして、③若々しい姿のまま、その季節を迎《むか》えてしまうのだ。

「実って死んでいく」のか？

それとも「枯れて死んでいく」のか？

イネにとって、「老い」とは、新たな成長のステージである。

そして、それは、実りをもたらす最も重要なステージである。

これは、イネの話である。

母のその一言できっぱりと諦《あきら》め、弟はそのことを二度と口にしなかった。

こうして櫻井《さくらい》家は長く、また短くもあった長屋での生活を終え、新天地へと旅だったのであった。

（さだまさし「精霊《しょうろう》流し」）

※解答で「薔薇」と書くときは、ひらがなかカタカナでもよい。

問一　――①「母は本気で怒った」とあるが、その理由を説明しなさい。

問二　――②「雅彦は途方に暮れた」とあるが、その理由を説明しなさい。

問三　――③「案の定」の意味を次のア～エより選び、記号で答えなさい。

ア　すっかり　　イ　思いのほかに

ウ　思った通りに　　エ　つまり

問四　――④「しばらく言いにくそうにしていた」とあるが、その理由を説明しなさい。

問五　――⑤「正当な戦利品」を言い換えた十三字の表現を探して答えなさい。

問六　――⑥「その大きな目からはぼろぼろっと大きな涙が落ちた」とあるが、このときの繁の気持ちとして最も適切なものを次の中から選び、記号で答えなさい。

ア　おばあちゃんとの思い出のつまった家を離れなければならないことが寂しかったから。

イ　兄と苦労して手に入れて母に贈った薔薇と別れなければならないことが悲しかったから。

ウ　引っ越しによって転校しなければならず、仲の良い友達と別れることが辛かったから。

エ　父は仕事の都合でこの家に残らねばならず、父と離れて暮らすことが寂しかったから。

四　次の文章を読み後の問いに答えなさい。

もう、①その植物に生い茂《しげ》る力はない。

葉の色もすっかり薄《うす》くなってしまい、あの青々と葉を茂らせていたときの様子を見る影《かげ》もない。

それどころか、葉の色は日に日に色あせていく。

葉は、少しずつ水気を失って、枯《か》れていく。

あんなに茂っていた葉も、今ではもう、次第に枯れていくばかりなのだ。

新しい葉をつけることもない。新しい茎《くき》を伸《の》ばすこともない。

もう二度と、草丈《くさたけ》が伸びることもなければ、茎が太くなることもないのだ。

②もう花を咲《さ》かせることもない。

最後に花を咲かせたのは、ずいぶん前のことだ。

残された日々、その植物は、ただ枯れていくのだ。

しかし……。

やがて、その植物は実を結ぶ。

その実りは黄金色に輝《かがや》き、葉が枯れれば枯れるほど、実りは大きくなっていく。

そして日に日に、重たく重たくなっていく。

実れば実るほど、その植物は重たそうに、頭を下げていく。

その薔薇があった。

大きな、美しい、深紅《しんく》の薔薇だった。

この汚く、嫌な臭いのする泥《どろ》の中から生まれて、まるで赤い光を放つように咲《さ》いている綺麗な大輪《たいりん》のその花の命が、ひどく不思議なもののように思えた。

誰にも見えないところに、一体花は、なんのために咲くのだろう。

それも不思議だった。

「せえの」

弟の顔の大きさほどもある薔薇は二人で引いたらあっけなく根こそぎ抜《ぬ》けた。

昨日弟に発見されたことも、簡単に子供の力で引き抜くことができたことも、まるで約束されていたかのようだ、と雅彦は思った。

崖を登るのはわけもなかった。⑤正当な戦利品は人の心を弾《はず》ませる。

本を抱《かか》えて歩く雅彦の前を、弟が歩く。自分の顔より大きい薔薇の花と自分のお尻くらいの根っことそれについた嫌な臭いのする泥。それでも誇《ほこ》らしげなその掘《ほ》り出し物を、通りすがりの大人たちは一様にびっくりして振《ふ》り返り、凄《すご》いね、と褒《ほ》めた。

そのたびに繁は嬉《うれ》しそうに雅彦を振り返り、口をとがらせ大きな丸い目をして何度も小さく頷《うなず》く。繁、得意の顔だった。

帰るなり繁は大声で「ただいま」と叫《さけ》び、さらにあの甲高《かんだか》い声で「おかーちゃまぁ！」と怒鳴《どな》った。

その深紅の薔薇を見たとき、母は驚き、喜び、そして感謝した。

繁は母の花壇の一番よい場所を選ぶと、神妙《しんみょう》な顔になってスコップで穴を掘り、何かの儀式《ぎしき》のようにうやうやしくその花を植えた。

驚いたことに花は根づいた。

翌年にはいっぺんに四つ、翌々年には合計九個の花をつけた。実はこんなにちゃんと根づき、こんなにきちんと育つのは一緒《いっしょ》に持ってきたあの嫌な臭いのする泥のお陰なのだ、と母に説明されたとき、意外な気がした。

嫌な臭いのする泥が美しい薔薇の色や茎《くき》や翠《みどり》の葉を育んだのだという事実が、雅彦の胸に深く刻まれた。

なんだかこの薔薇は幸運の使いのような気がした。

この花が根づいたことがきっかけとなって、一家の事情が好転してゆくように思われた。事実、父の新しい仕事も軌道《きどう》に乗りはじめ、それから二年後には町はずれの新興住宅地に、小さいながら一戸建ての家を手に入れることになったのである。

「引っ越《こ》すよ」

そう言われたとき、半分嬉しかったが、半分は落胆《らくたん》した。

子供にとって、どんな家に住んでいるかなど、どうでもよいことだった。

どんなふうに暮らしているかこそが最も大切なことなのだ。

少なくとも雅彦にとって、八歳《さい》から十二歳までの少年時代を送ったこの長屋《ながや》暮らしは少しも不自由なものではなかったし、何より、この家は祖母が亡くなった、大切な思い出の家だった。

学校には友達も多い。

父の再生は嬉しかったが、この家への愛着は代えがたいものだった。

弟の繁は何より薔薇が気がかりで、絶対に持ってゆくと最後まで抵《てい》抗《こう》した。

「ばってん次にこの家に来る人は、この薔薇を見たら元気がでるよ。頑張《がんば》ろう、と思うよ。だからね、置いていこうね」

繁は口をとがらせて何度も小さく頷いたが、⑥その大きな目からはぽろぽろっと大きな涙《なみだ》が落ちた。

したあの濡れた本を取り出し、②雅彦は途方《とほう》に暮れた。
せめて失くさなかっただけ有難いが、ここまで濡れた本は元に戻《もど》らないだろう。
明日までに乾《かわ》いたにせよ、おそらく各ページはごわごわになって、すぐにそれと気づかれるに違いない。弁償《べんしょう》することになるのだろうか。どこにもそんなお金などない。
重苦しい気持ちに潰《つぶ》れそうになる。
その脇《わき》で繁はもう、そのことをすっかり忘れたように、借りてきた本誌を読みふけっている。
手柄《てがら》の弟は責められない。
まあ、いいか、と呟《つぶや》くしかなかった。
翌日、③案の定、その本はごわごわになったが思ったほどではなかった。実は夜、生乾きのまま、雅彦はその本を自分の布団の下に敷《し》いて寝《ね》たのである。
お陰《かげ》でびっくりするほど酷《ひど》い状態でもなかった。
だが貸本屋の主人は一瞥《いちべつ》して、
「水で濡らしたろう？」と言った。
「すみません」
正直に謝る声が少しかすれた。
それを聞いて主人は、
「気をつけてね。みんなのモンやけん」と言った。
それだけだった。
帰り道の足取りは軽かった。
主人はそればかりか、別段いやがらずに次の本も貸してくれたのだ。
よかったねえ、よかったねえ。繁は何度も雅彦にそう言った。
ほんと、よかったねえ、と雅彦も何度も繰《く》りかえした。
スキップしたいくらいだった。
と、繁が例の橋の上で立ち止まった。
「なんか？」
雅彦が問いかけると、④しばらく言いにくそうにしていたが、やがて小さな声で言った。
「あのね、太か薔薇《ばら》の花の咲いとったと」
「どこにか？」
「あすこに」
弟が指差したのは、昨日滑って片足を水に浸《つ》けてしまった辺りで、その一角は橋の上からはよく見えなかった。
「そいけん、なんか？」
「おかあちゃまの……」
兄弟の間だけでは、いまだに母の呼び名は「おかあちゃま」だった。
繁が決心したように告げた。
「花壇《かだん》に植えたか！」
有無を言わせぬ勢いだった。

繁が昨日下りて水に浸かった辺りは、この辺では一番崖が急で危険なところだった。
だが、母の好きな薔薇を持って帰ればどれほど喜ぶかは目に見えるようだ。
雅彦はしばらく黙って繁の顔を見つめていたが、決心して、
「じゃ、二人で行こう」と言った。兄としての責任だった。

（中略）

橋の上から見下ろしてもちょうど他の草の蔭《かげ》になってしまう場所に、

2023年度 明星学園中学校

【国語】〈B日程試験〉（五〇分）〈満点：二科受験者は一〇〇点、四科受験者は五〇点〉

一　次の——部を漢字に直しなさい。

(1) クロールで二回おうふくする。
(2) 権利とぎむは裏表の関係だ。
(3) 誰《だれ》が相手だろうとてかげんはしない。
(4) 友人の誕生日をいわう。
(5) けんこうを大事に生活する。
(6) 王が国をおさめる。
(7) 五輪のせいかランナーに選ばれる。
(8) ゆで卵ははんじゅくが好き。
(9) 将来は英語をやくす仕事がしたい。
(10) この春からげきだんに所属している。

二　次の空欄《らん》にそれぞれ適切な生き物の名前を入れて、ことわざを完成させなさい。なお、解答はひらがなでもよい。

(1) ［　　］の知らせ。
(2) ［　　］の滝《たき》登り。
(3) 虎《とら》の威《い》を借る［　　］。
(4) 腐《くさ》っても［　　］。
(5) 立つ［　　］跡《あと》を濁《にご》さず。

三　次の文章を読み、後の問いに答えなさい。なお、左の［　　］で囲った文章は直前の内容を要約したものである。

> 新しい本を借りた帰り道。雅彦《まさひこ》と弟の繁《しげる》は川沿いの橋にたどりつく。繁は雨で増水していた川に右足を突《つ》っ込《こ》んでしまった。それを見た兄の雅彦は、借りてきた本を橋の上から落としてしまう。雅彦は慌てて橋の下をのぞき込むと、繁が濡《ぬ》れた本を高く掲《かか》げていた。

①母は本気で怒った。
怒《おこ》ると、母は怖《こわ》かった。着替《きが》えをする繁の太股《ふともも》あたりが母の掌《てのひら》に打たれて、ぱちん、と何度も大きな音を立てた。
「死んだらどげんするとね！」
「あげん浅か川じゃ死なんばい」
繁はあさっての方を向いて平然と言う。また、ぱちん、と今度は尻《しり》を叩《たた》かれている。
「違《ちが》う！　あんた、なめなさんなよ。崖《がけ》からうっかり滑《すべ》って落ちてみらんね。どこか打って、気失うたらそのまんまたい」
母は向き直って、
「あんたは、何しよったと!!」と今度は雅彦を怒る。
「弟が川に落ちて、あんた黙《だま》って見とったとね!!」
いや実は貸本《かしほん》の……そう言いかけるのへ、繁が目で「言うな」と合図する。
繁は、これが原因で貸本を禁じられるのが辛《つら》い、と合図しているのだ。
「ごめんなさい」
雅彦は小さな声で謝った。
怒《いか》りが収まらぬまま母が夕食の買い物に出かけたあと、玄関脇《げんかんわき》に隠《かく》

2023年度

明星学園中学校　▶解説と解答

算　数　＜Ｂ日程試験＞（50分）＜満点：２科受験者は100点，４科受験者は50点＞

解　答

1　(1)　20.23　(2)　$1\frac{1}{60}$　(3)　20.23　(4)　170　(5)　$\frac{20}{23}$　(6)　9　2　4160000円
3　約1.53倍　4　(1)（例）解説の図１を参照のこと。　(2)（例）解説の図２を参照のこと。　5　(1)　12.56cm　(2)　9.42cm^2　6　①　過剰数ではない。　②　過剰数であり，不思議数でもある。　③　過剰数であるが，不思議数ではない。

解　説

1　四則計算

(1)　39.93－19.7＝20.23

(2)　$\frac{17}{20}-\frac{1}{2}+\frac{2}{3}=\frac{51}{60}-\frac{30}{60}+\frac{40}{60}=\frac{21}{60}+\frac{40}{60}=\frac{61}{60}=1\frac{1}{60}$

(3)　2.38×8.5＝20.23

(4)　2023÷11.9＝170

(5)　$\frac{9}{11}\div6.9\times\frac{22}{3}=\frac{9}{11}\div\frac{69}{10}\times\frac{22}{3}=\frac{9}{11}\times\frac{10}{69}\times\frac{22}{3}=\frac{20}{23}$

(6)　$(20-2.3\times4)\div\frac{6}{5}=(20-9.2)\times\frac{5}{6}=10.8\times\frac{5}{6}=10\frac{4}{5}\times\frac{5}{6}=\frac{54}{5}\times\frac{5}{6}=9$

2　売買損益

売り上げとは，それを売ることによって得た金額の合計だから，１皿1040円のセットが4000皿完売すると，総売上額は，1040×4000＝4160000(円)となる。

3　割合と比

2023年の１月から４月までの値上げ品目数は7152品目，2022年の１月から４月までの値上げ品目数は4672品目である。よって，2023年１月から４月までの値上げ品目数は，2022年の同じ時期の，7152÷4672＝1.530…(倍)となり，小数点第３位以下を切り捨てて約1.53倍と求められる。

4　分数の性質

(1)　Ａさんが切り取った$\frac{1}{3}$mと，Ｂさんが切り取った$\frac{1}{2}$mは，右の図１の斜線《しゃせん》部分となる。なお，２つの斜線部分をまとめて，左側か右側のどちらかによせてもよい。

図１

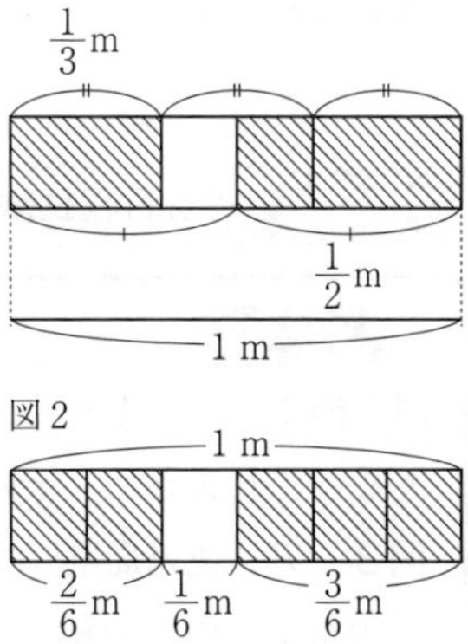

(2)　$\frac{1}{3}$mと$\frac{1}{2}$mの分母を６にそろえると，$\frac{1}{3}\text{m}=\frac{2}{6}\text{m}$，$\frac{1}{2}\text{m}=\frac{3}{6}\text{m}$となるので，リボンを６等分すると右の図２のようになる。そのとき，斜線を引いていない部分の長さは，$1-\left(\frac{2}{6}+\frac{3}{6}\right)=\frac{1}{6}$(m)と求められる。

図２

5　平面図形─面積，長さ

(1) 右の図で，三角形ABCと三角形DBEは合同なので，角アの大きさは60度である。すると，太めの線の部分は，半径が6 cm，中心角が，180－60＝120(度)のおうぎ形の弧《こ》なので，その長さは，$6\times2\times3.14\times\frac{120}{360}=12\times3.14\times\frac{1}{3}=4\times3.14=12.56$(cm)と求められる。

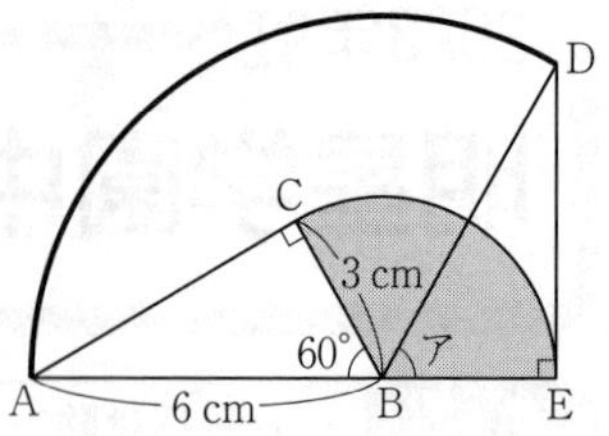

(2) 右の図で塗《ぬ》りつぶしているおうぎ形の半径は3 cm，中心角は，180－60＝120(度)である。よって，面積は，$3\times3\times3.14\times\frac{120}{360}=3\times3\times3.14\times\frac{1}{3}=3\times3.14=9.42$(cm^2)となる。

6 約数と倍数，整数の性質

① 右の図1より，64の約数は，1，2，4，8，16，32，64である。64を除く残りの約数の和は，1＋2＋4＋8＋16＋32＝63であり，これは64より小さい。よって，64は過《か》剰数《じょうすう》ではない。

図1

64＝1×64
2×32
4×16
8×8

② 右下の図2より，70の約数は，1，2，5，7，10，14，35，70である。70を除く残りの約数の和は，1＋2＋5＋7＋10＋14＋35＝74であり，これは70より大きいので，70は過剰数である。また，74－70＝4なので，もし1，2，5，7，10，14，35のなかに，和が4となる数の組み合わせがあるならば，それらの数を除いた和は70となる。しかし，4以下の数は1と2だけであり，それらの和は4ではない。よって，70は不思議数とわかる。

図2

70＝1×70
2×35
5×14
7×10

③ 右の図3より，96の約数は，1，2，3，4，6，8，12，16，24，32，48，96である。96を除く残りの約数の和は，1＋2＋3＋4＋6＋8＋12＋16＋24＋32＋48＝(1＋2＋3＋4)＋6＋(8＋12)＋(16＋24)＋(32＋48)＝10＋6＋20＋40＋80＝156であり，これは96より大きいので，96は過剰数である。また，156－96＝60なので，もし1，2，3，4，6，8，12，16，24，32，48のなかに，和が60となる数の組み合わせがあるならば，それらの数を除いた和は96となる。よって，右の図4より，8＋12＋16＋24＝60だから，96は不思議数ではないとわかる。

図3

96＝1×96
2×48
3×32
4×24
6×16
8×12

図4

(1＋2＋3＋4)＋6＋(8＋12)＋(16＋24)＋(32＋48)
＝10＋6＋20＋40＋80＝156
和が60
よって，156－60＝96

社　会　＜Ｂ日程試験＞（30分）＜満点：50点＞

解　答

1 **問1** マッカーサー　**問2** (1) 沖ノ鳥島　(2) (例) 波や風雨によって削れて島がなくなってしまうと，その周囲にある日本の領海や排他的経済水域もなくなってしまうから。
問3 **ア** 鹿児島県　**イ** 東京都　**問4** (1) アメリカ　(2) (例) 全国の軍専用施設の約70％が，国土面積の約0.6％にあたる沖縄県に集中しており，軍機の騒音や軍人らの事件・事故，環境汚染などが問題となっている。　**2** **問1** **あ** ア　**い** ウ　**う** ク　**え**

カ　お　ケ　か　シ　き　ス　**問２**　(1)　キーウ(キエフ)　(2)　ウラジーミル＝プーチン　**問３**　(例)　海をこえて神津島産の黒曜石が見つかっていることから，当時の人々は船を使った可能性があることがわかる。　**問４**　(1)　(例)　天皇の命令をすぐに地方に伝えることができるようにするため。　(2)　(例)　２つの資料から，当時の道は幅が非常に広いという特徴がある。各地に立派で幅の広い道をつくることで，天皇の権威を見せつけようとしたから。　**問５**　(1)　(例)　人々は時間を守るようになっていくと考えられる。　(2)　(例)　時間を守って，規律正しく動けるようになることで，時間どおり正確に軍隊を動かすことや，工場や会社なども効率よく人々が働くことができるようになる。

解　説

1　第二次世界大戦後の日本についての問題

問１　1945年８月，日本がポツダム宣言を受け入れて連合国側に無条件降伏《こうふく》すると，マッカーサーは，連合国軍総司令部(GHQ)の最高司令官として日本占領の指揮にあたり，日本から軍国主義を取りのぞき，民主化政策を進めた。

問２　(1)，(2)　沖ノ鳥島(東京都)は，北緯20度25分・東経136度04分に位置する日本最南端の島である。サンゴ礁《しょう》からなる島で，波の浸食《しんしょく》によって水没の危機に直面したので，これを食い止めて日本の排他的経済水域を守るため，1980年代後半から周囲をコンクリートで囲む護岸工事が開始され，それ以降も多額の費用がかけられている。排他的経済水域は，沿岸から200海里(約370km)までの領海をのぞく海域で，沿岸国には海域内の水産資源や海底資源の主権的権利が認められているため，この海域を失うと日本は損失をこうむることになる。

問３　**ア**　トカラ列島は，屋久島と奄美大島にはさまれて並ぶ，口之島や中之島など７つの有人島と５つの無人島からなる列島で，列島全域が鹿児島県立自然公園に指定されている。また，奄美大島は2021年にユネスコ(国連教育科学文化機関)の世界自然遺産に登録されている。　**イ**　小笠原《おがさわら》諸島は，東京から南に約1000kmのところに位置する父島と，そのさらに南に約50kmのところに位置する母島をはじめ，沖ノ鳥島，南鳥島，硫黄《いおう》島など，30あまりの島々からなり，東京都に属している。一度も大陸とつながったことがなく，貴重な動植物が多いことが評価され，2011年に世界自然遺産として登録された。

問４　(1)　1951年，アメリカのサンフランシスコで第二次世界大戦の講和会議が開かれ，日本はソビエト連邦(ソ連)や中華人民共和国(中国)などをのぞいた連合国48か国との間で平和条約を結んだ。これにより，連合国軍による占領が終わり，日本の主権回復が認められたが，沖縄や小笠原諸島は引き続きアメリカの支配下に置かれた。　(2)　1972年に日本への復帰をはたした後も，沖縄県には日米安全保障条約にもとづいて多くのアメリカ軍基地が引き続き置かれ，全国の軍専用施設の約70％が国土面積の約0.6％しかない沖縄県に集中し，沖縄本島の面積の約15％を占《し》める。現在アメリカ軍基地が置かれている普天間基地の周辺住民は，大きな騒音《そうおん》になやまされ，墜落《ついらく》事故が起きた場合に巻き込《こ》まれる可能性が高い。移転先は沖縄県名護《なご》市の東海岸にある辺野古《へのこ》地区にすることで合意され，沿岸を埋《う》め立てる工事が進んでいるが，そのために環境汚染が問題となっている。

2　人の移動や鉄道の歴史を題材とした問題

問１　**あ**　1872年10月14日，イギリス人技術者エドモンド＝モレルの指導によって，日本に初めて鉄道が開通した。蒸気機関車が新橋—横浜間の約29kmを約50分間で走った。　**い**　遣唐使は，唐(中国)の進んだ政治・制度・文化を学ぶために派遣された使節で，630年に犬上御田鍬《みたすき》らがつかわされてから菅原道真の進言によって894年に停止されるまで，留学生や僧をともなって十数回中国にわたった。　**う，え**　平清盛は，それまで日本と宋(中国)との間で行われていた民間貿易をさかんにするため，平安時代の末期に瀬戸内海に新しい航路を開き，現在の神戸港(兵庫県)の一部にあたる大輪田泊《おおわだのとまり》を修築して日宋貿易の拠点《きょてん》とした。　**お，か**　富岡製糸場は，近代産業を育成するために1872年に群馬県に建てられた官営工場で，全国から士族の娘などが工女として集められ，フランス製の機械を用いて質のよい生糸が生産された。　**き**　日清戦争後，三国干渉《かんしょう》によって遼東《リャオトン》半島を清(中国)に返した日本では，ロシアに対する反感が高まっていた。さらに，ロシアは満州(中国東北部)に軍隊を置き，朝鮮にも勢力をのばそうとし，1904年に日露戦争が起こった。

問２　(1)　ウクライナの首都キーウ(キエフ)は，ウクライナの政治・経済・文化の中心地である。ロシア語の発音にもとづいて「キエフ」と表記されていたが，2022年３月に外務省はウクライナ語にもとづく「キーウ」に変更することを発表した。　(2)　ウラジーミル＝プーチンは，2000年から2008年に２期連続で大統領を務め，2008年からは首相となった。2012年から３期目の大統領，2018年から４期目の大統領となり，現在に至っている(2023年３月現在)。

問３　黒曜石は，マグマの一部が急速に冷え固まってできた火山岩で，割ると鋭利《えいり》な断面が表れるため，旧石器時代からさまざまな道具の材料となっていたといわれている。地図を見ると，神津島産の黒曜石が陸続きではない関東地方南部で出土していることから，旧石器時代に船を使って交易が行われていた可能性が考えられる。

問４　(1)　律令国家の時代には，都と各地方との情報伝達が迅速《じんそく》にできるように，30里(16キロメートル)ごとに駅(駅家)が置かれていた。都からは天皇の命令を，地方からは反乱や非常事態が起こったことをすぐに伝えようとしていたと考えられる。　(2)　資料①からは道幅が９メートルもの道が見つかっていること，資料②からは朱雀《すざく》大路が約70メートルの道幅であったことがわかる。しかし，そのような広い道幅を必要とする交通量があったわけではなく，朱雀大路は天皇の住まいに続いていたことから，かつて大きな古墳がつくられたように，天皇の権威《けんい》を示すため，各地に幅の広い道がつくられたと推測できる。

問５　(1)　鉄道の運行規則では時計の時刻を正確に整えること，小学生徒心得では10分前までに登校すること，遅刻したときには理由を説明することが記されている。鉄道は規則正しく運行され，小学校では10分前行動が促されていることから，人々は時間を守って行動するようになると考えられる。　(2)　国民が時間を守り，規則を守るようになれば，指示どおりに国民や軍隊が動く習慣がつくれるので統制がとれる。このことは，一定の計画や方針に沿って物事が進み，「富国強兵」が成し遂《と》げられることにつながる。

理　科　＜Ｂ日程試験＞（30分）＜満点：50点＞

解　答

1　**問１**　(1)　食塩　　(2)　200ｇ　　(3)　6.3ｇ　　(4)　8.6ｇ　　**問２**　(1)　左にかたむく

(2)　左にかたむく　(3)　右(のうでに，支点から)２(cmはなれたところ)　(4)　(例)　てこの原理のように，支点から力点がはなれているため。　**問３**　(1)　(a)　食物連鎖　(b)　(ア)　Ｂ　(イ)　Ａ　(ウ)　Ｃ　(2)　(イ)，(オ)　(3)　(例)　土中のび生物が落ち葉を分解するため。

2　(1)　③　(2)　(例)　地球の近くにある月と比べると，星座を作る星はどれも遠くにあるため。　(3)　ウ　(4)　15度　(5)　14.5度　(6)　ウ

解説

1　小問集合

問１　(1)　20℃から80℃に水温が上がったとき，100gの水にとけることができる最大の量の変化を比べると，砂糖が，362－204＝158(g)，食塩が，38.0－35.8＝2.2(g)，ミョウバンが，321.6－11.4＝310.2(g)である。よって，もっとも変化しないのは食塩とわかる。　(2)　20℃の水100gに砂糖は最大204gとけることから，408gとかすことができたときの水の重さは，100×$\frac{408}{204}$＝200(g)と求められる。　(3)　40℃の水100gに，食塩は最大36.3gとかすことができるので，30gの食塩をとかしても，あと，36.3－30＝6.3(g)とかすことができる。　(4)　20℃の水100gには，ミョウバンを最大11.4gとかすことができるので，20gのミョウバンをとかした水100gを20℃に冷やしたときに出てくるミョウバンの粒《つぶ》の重さは，20－11.4＝8.6(g)である。

問２　(1)　てこのつり合いは，(てこのうでにかかる力の大きさ)×(支点からのきょり)で求められるモーメントで考えることができ，右回りのモーメントの方が左回りのモーメントより大きければ，右にかたむき，左回りのモーメントの方が右回りのモーメントより大きければ，左にかたむく。図２では，左回りのモーメントが，100×４＝400，右回りのモーメントが，100×２＝200となり，左回りのモーメントの方が大きいので，手を放すとてこは左にかたむく。　(2)　右のうでにつるしたおもりは形が細長くなっても，重さは図２のおもりと同じ100gなので，右回りのモーメントも200のまま変わらない。したがって，図３でも，手を放すとてこは左にかたむく。　(3)　図２では，右回りのモーメントは左回りのモーメントより，400－200＝200だけ小さい。追加する100gのおもり１つを，支点から□cmはなれた位置につるすとすると，100×□＝200より，□＝２(cm)となり，右のうでの支点から２cmのところにつるせばよいとわかる。　(4)　図５の輪じくでは，じくの中心が支点となり，じくや大きな輪の半径が，てこの支点からのきょりにあたる。すると，大きな輪の方が支点からのきょりが長くなるので，大きな輪を回す力は，じくを回すおもりの重さより小さくなる。

問３　(1)　(a)　生物どうしの食う・食われるの関係のことを，食物連鎖《れんさ》という。　(b)　動物Ａは植物を食べるバッタで，バッタを食べている動物Ｂはカマキリ，さらにカマキリを食べる動物Ｃはモズが当てはまる。　(2)　呼吸は生きるためのエネルギーをつくりだすためのはたらきで，動物も植物も，このときからだに酸素を取り入れ，二酸化炭素を出すので，(ア)は正しくない。動物も植物も，呼吸は１日中行っているので，(ウ)，(エ)がまちがいで，(オ)は正しい。また，植物は光の当たっている日中に光合成をさかんに行い，空気中の二酸化炭素を取り入れて酸素をはい出するので，(イ)も選べる。　(3)　森林では，落ち葉をダンゴムシやミミズなどが食べて細かくし，土の中の細菌《きん》や菌類などのび生物がさらに分解して，植物が利用することのできる肥料に変えている。そのため，落ち葉が積もり続けることはない。

2 皆既《かいき》月食と天王《てんのう》星食についての問題

⑴　はじめの地点では木が建物の左側に見えるが，X地点まで進む間に，木は建物の前を左から右へ動き，X地点では建物の右側に見えるようになる。

⑵　地球から星座を作る星までは非常に遠いため，地球の位置が変化したときに星がずれて見える角度がとても小さくなり，ほとんど位置が変化しないように見える。そのため，星座を作る星の並び方は変わらない。

⑶　満月のときの月は，地球をはさんで太陽の反対側にあるので，ウを選ぶ。

⑷　夜空の風景が動いて見えるのは，地球が自転しているためである。地球は自転によって，１日(24時間)で１回転するので，360÷24＝15より，１時間あたり15度動いて見える。

⑸　月は地球の自転と同じ向きに，１時間あたり0.5度地球の周りを動いているので，地球の自転の速さとの差から，１時間あたり，15－0.5＝14.5(度)動いて見えることになる。

⑹　地球から見たとき，月は１時間あたり14.5度，太陽系の中で最も遠い天王星は１時間あたり約15度，それぞれ東から西へ動いて見えると考えられるため，天王星が月を東から西へ追いぬくように見える。よって，図15－2では，点線で書かれた天王星の道すじ上で，月の西側のウの位置から天王星が現れると考えられる。

国　語　＜B日程試験＞（50分）＜満点：２科受験者は100点，４科受験者は50点＞

解　答

一　下記を参照のこと。　　二　⑴　むし　⑵　こい　⑶　きつね　⑷　たい　⑸　とり　　三　**問１**　(例)　増水した川に近づいて，滑って崖から落ちて，死んだらどうするのかと心配したから。　**問２**　(例)　貸し本を濡らしてしまい，弁償することになってもそのためのお金を持っていないから。　**問３**　ウ　**問４**　(例)　母のために薔薇を取りたかったが，昨日川に落ちたところのあたりにあったから。　**問５**　大きな，美しい，深紅の薔薇　**問６**　イ　　四　**問１**　イネ　**問２**　(例)　米を実らせること。　**問３**　(例)　実を結ぶときに肥料が切れるように肥培管理すること。　**問４**　ア　**問５**　**A**　しっぽ　**B**　なくす　**問６**　老い

●漢字の書き取り

一　⑴　往復　⑵　義務　⑶　手加減　⑷　祝(う)　⑸　健康　⑹　治(める)　⑺　聖火　⑻　半熟　⑼　訳(す)　⑽　劇団

解　説

一　漢字の書き取り

⑴　行って帰ること。　⑵　しなければならない当然のつとめ。　⑶　相手の能力や状態などに応じて，厳しさの度合いをゆるめること。　⑷　音読みは「シュク」で，「祝日」などの熟語がある。　⑸　心身に悪いところがない元気な状態。　⑹　音読みは「ジ」「チ」で，「政治」「治安」などの熟語がある。ほかに「なお(す)」という訓読みもある。　⑺　オリンピックの開《かい》催《さい》期間中，燃やし続ける火。　⑻　食べ物が，十分にゆだったりにえたりしていないこと。

(9)　訓読みには「わけ」がある。　(10)　劇を上演する人たちの団体。

二　ことわざの完成

(1)「むし(虫)の知らせ」は，よくないことが起こりそうであると感じること。　(2)「こい(鯉)の滝《たき》登り」は，勢いがよいことのたとえ。　(3)「虎《とら》の威《い》を借るきつね(狐)」は，実力のない者が，力を持っている人の権威《けんい》を頼みにして，いばることのたとえ。　(4)「腐《くさ》ってもたい(鯛)」は，すぐれたものは状態が悪くなっても一定の価値を保っているということのたとえ。　(5)「立つとり(鳥)跡《あと》を濁《にご》さず」は，“立ち去る者は見苦しくないようきれいに始末をしてから行くべきだ”という意味。

三　出典はさだまさしの『精霊《しょうろう》流し』による。新しい本を借りた帰り道，弟の繁《しげる》は雨で増水した川に片足を突《つ》っ込《こ》んでしまい，兄は借りてきた本を橋の上から川に落としてしまう。その翌日，繁は川に落ちた辺りで，大きくて美しい深紅の薔薇《ばら》を見つける。

問１　母の「死んだらどげんするとね！」という言葉に，あのような浅い川では死なないと繁は反論したが，母は「崖《がけ》からうっかり滑《すべ》って」落ちたら気を失ってしまうかもしれないと言い，さらに兄の雅彦《まさひこ》のことも責めた。母は，繁が落ちた辺りは「この辺では一番崖が急で危険なところ」であり，しかも雨で増水していたので，繁が死んでいたかもしれないと本気で心配したのである。

問２　「途方《とほう》に暮れた」は，“解決するための方法や手段がなくなってどうしてよいかわからなくなった”という意味。雅彦は，濡《ぬ》れた「貸本《かしほん》」は「元に戻《もど》らないだろう」し，「弁償《べんしょう》すること」になったとしても，「そんなお金などない」ので，どうしたらよいのかわからなくなっている。

問３　「案の定」は，“予想していたとおり”という意味。

問４　太い「薔薇の花」が咲いているのを見つけた繁は，母を喜ばせるために，抜《ぬ》いて持って帰ることを思いついたが，前の日，川に落ちた辺りに咲いていたので，気まずくてすぐには言い出せなかったと考えられる。

問５　「戦利品」は，戦いで勝ったことにより手に入れた品のこと。雅彦と繁は，だれにも心配をかけず，無事に「大きな，美しい，深紅《しんく》の薔薇」を手に入れたので，「心を弾《はず》ませ」ている。

問６　直前の「口をとがらせて」という表現からは，繁のなっとくしきれない気持ちが読みとれる。繁は，「何より」兄といっしょに手に入れた「薔薇が気がかり」でしかたがなく，その薔薇と別れるのが悲しかったので，最後までなっとくしきれずにいると考えられる。よって，イが合う。

四　出典は稲垣栄洋《いながきひでひろ》の『生き物が老いるということ―死と長寿《ちょうじゅ》の進化論』による。葉を枯《か》らせて老いた後に米を実らせるイネの姿を通じ，生物における「老い」について説明されている文章。

問１　「その植物」とは，「生《お》い茂《しげ》る力」を失った後，「最後の最後に大いなる実りをもたらす」ものを指している。「実るほど頭を垂れる稲穂《いなほ》かな」という俳句の後に，「その植物は，イネである」とある。

問２　イネは，「最後に花を咲かせ」た後，「ただ枯れて」老いていく。しかし，「イネにとって『老いる』ことは，米を『実らせる』こと」であると述べられている。

問３　「茎《くき》も葉も旺盛《おうせい》に」茂らせたままのイネは，「実りが遅れ，収穫《しゅうかく》される米」が少なくなってしまう。このことを農家の方はよくわかっているので，米ができる「イネの実りのステージ」には，「肥料が切れるように肥培《ひばい》管理」をする。

問４　直前に「人間にとっても」とあることに注目して考える。イネは，枯れた後に「実りをもたらす最も重要なステージ」が待っているので，イネにとっての「老い」は「新たな成長のステージ」といえる。つまり，人間にとっての「老い」も，新たなことの始まりではないかと筆者は考えているので，アがよい。

問５　オタマジャクシは，「しっぽ」をなくし，成長した大人のカエルになるので，カエルよりも子どもであるオタマジャクシの方が大きい。このように「失うこともまた，成長」することなので，「成長とは，単に大きくなることではない」といえる。

問６　イネは，「茎の長さ」を測ったり，「茎の数」を数えたりする成長を終え，枯れてからは「米の重さ」という新たな成長を始めることになる。つまり，「老い」という成長においては，「長さ」や「数」ではなく，実りの量でイネの「真価」が問われるのである。

Myojo　2022年度　明星学園中学校

〔電　話〕(0422) 43－2196
〔所在地〕〒181-0001　東京都三鷹市井の頭5－7－7
〔交　通〕JR中央線─「吉祥寺駅」より徒歩15分またはバス
京王井の頭線─「井の頭公園駅」より徒歩10分

【算　数】〈A日程試験〉(50分)〈満点：100点〉

(注意) コンパス・三角定規を必ず持参してください。

1 次の計算をしなさい。(答えが約分できるときには必ず約分すること)

(1) $22.2-1.98$　(2) $\frac{7}{12}-\frac{3}{8}+\frac{1}{6}$　(3) 1.8×225.1

(4) $2022\div168.5$　(5) $\frac{20}{49}\times0.14$　(6) $(3+4\times2.125)\div\frac{1}{2}$

2 全国さんま棒受網《ぼううけあみ》漁業協同組合より，2021年の全国のサンマ水揚《あ》げ量が18291トンだったという発表がありました。2019年の40517トンから3年連続で不漁が続き，過去最低を更新しました。さて，2021年の全国のサンマ水揚げ量は2019年に比べて，約何倍で何トン減ったことになりますか。倍率については，小数第2位以下を切り捨てて，小数第1位まで答えなさい。

3 2021年8月27日，東京オリンピックでの『食品ロス』について大会組織委員会は，7月3日から1ヶ月間に，42会場あるうちの20会場分でおよそ13万食の弁当が廃棄《はいき》されたことを明らかにしました。また，同年12月22日に大会組織委員会は，大会を通じて30万食廃棄されていたと報告しました。大会関係者によると，13万食は1億1600万円に相当するそうです。さて，この情報から30万食では約何億何万円相当になると予想できますか。小数点以下は切り捨てて答えなさい。

4 $\frac{1}{2}$Lと$\frac{2}{3}$Lについて，以下の問いに答えなさい。

(1) $\frac{1}{2}$Lと$\frac{2}{3}$Lでは，どちらの方が何L多いかを計算によって求めなさい。

(2) 次の一番左の図の色がついている部分は，直方体の容器に1Lの水が入っている状態を表しています。さて，$\frac{1}{2}$Lとかいてある容器の図と$\frac{2}{3}$Lとかいてある容器の図に線をかき入れて，(1)の結果が正しいことを説明しなさい。(図に線をかき入れるときは，定規で測ってなるべく正確に引くこと)

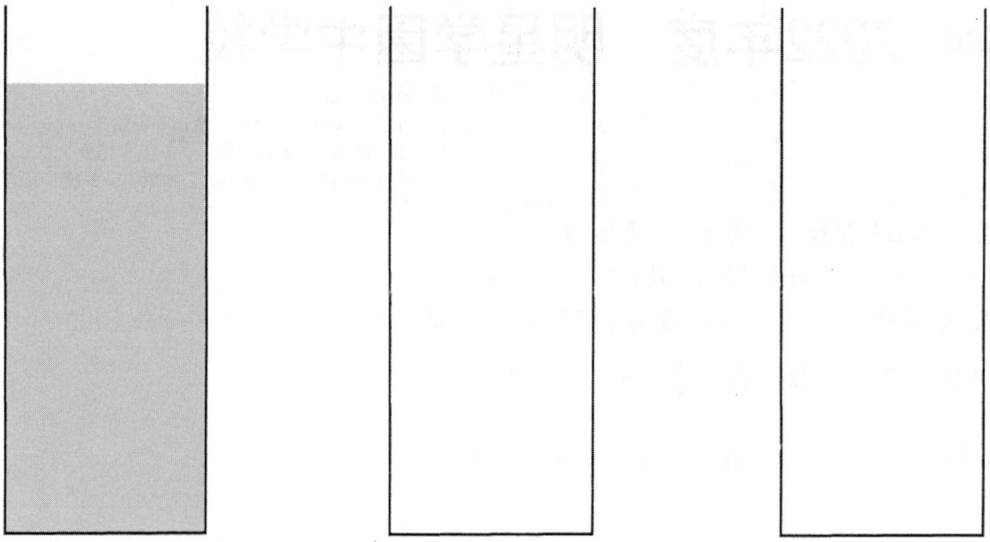

１L　　$\frac{1}{2}$L　　$\frac{2}{3}$L

5　下の三角形と同じ面積の長方形を作図しなさい。(作図した図がもとの図と重なってもかまいません)

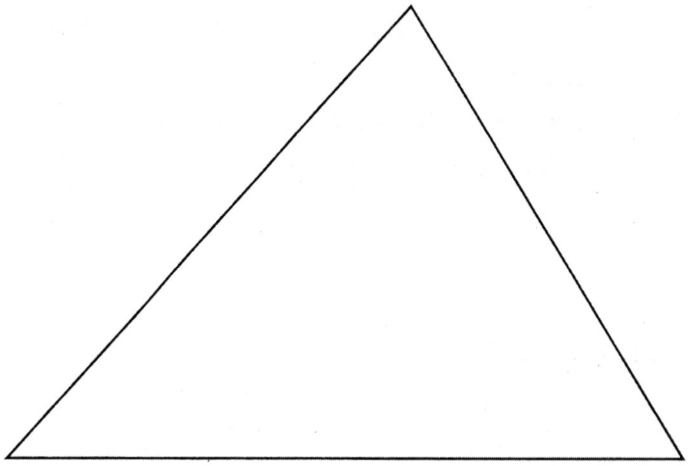

6　長方形の中には『黄金長方形』と呼ばれるものがあります。この長方形は，長い方の辺の長さを短い方の辺の長さで割ったときの値《あたい》が約1.618の形状になっています。つまり，短い方の辺を『１』として考えたとき，長い方の辺は『約1.618』である長方形のことです。

なぜ長い方の辺の長さを短い方の辺の長さで割ったときの値(以下「タテとヨコの比の値」という)が約1.618の長方形が『黄金長方形』と呼ばれているのでしょうか。それは，古代より『1：1.618』に近い比が自然と深い関わりを持ち，美と調和をもたらす比として，芸術や建築に活用されてきた形跡《けいせき》があるからです。現在も，この比は会社のロゴのデザインや製品のデザインに活用されています。この比は，19世紀後半から世の中で『黄金比』と呼ばれるようになり，タテとヨコの比が黄金比に極めて近い長方形を『黄金長方形』と呼ぶようになったそうです。ちなみに，明星学園中学校では『1：1.618』は正確な黄金比ではなく，黄金比に極めて近い比であることを学びます。実用面で小数点以下４桁までの正確さはめったに必要とされないため，世の中では『1：1.618』は『黄金比』，『1.618』は『黄金数』と呼ばれています。

黄金長方形に話を戻すと，身の回りに近い形状のものがいくつもあります。代表的なものは，トランプや名刺《めいし》，キャッシュカードです。いったい黄金長方形はどのようにしてかかれているのでしょうか。実は何通りも方法がありますが，これからそのうちの一つを紹介《しょうかい》していきます。

まず，正方形をかきます(図１)。この正方形の一辺の長さを「１」とします。

図１の正方形に同じ大きさの正方形をくっつけると，タテ「１」とヨコ「２」の長方形ができます(図２)。

図１

図２
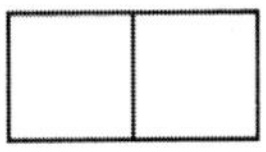

図２の長方形のタテとヨコの比の値は２÷１＝２で『約1.618』とはいえないので黄金長方形ではありません。今度は，この長方形に一辺の長さが「２」の正方形をくっつけると，タテ「３」とヨコ「２」の長方形ができます(図３)。

図３
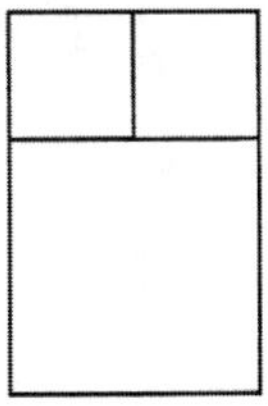
図４
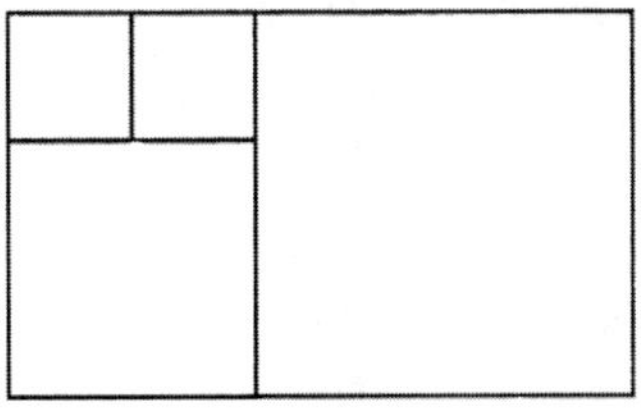

図３の長方形のタテとヨコの比の値は３÷２＝1.5で『約1.618』とはいえないので黄金長方形ではありません。図３の長方形に一辺の長さが「３」の正方形をくっつけると，タテ「３」とヨコ「５」の長方形ができます(図４)。

図４の長方形のタテとヨコの比の値は５÷３を計算した『約1.66』で『1.618』の小数第１位までが同じになりましたね。この作業を繰《く》り返していけば，いずれタテとヨコの比の値が『約1.618』の長方形ができます。さて，以下の問いに答えなさい。

(1)　この作業をあと３回繰り返したときにできる長方形のタテとヨコの長さを求め，この長方形のタテとヨコの比の値は『1.618』の小数第何位まで同じになるのかを答えなさい。(あなたの考え方がわかるように，略図や計算などをかいておくこと)

(2)　(1)の後に同じ作業をさらに３回繰り返したときにできる長方形のタテとヨコの長さを求め，この長方形のタテとヨコの比の値は『1.618』の小数第何位まで同じになるのかを答えなさい。(あなたの考え方がわかるように，略図や計算などをかいておくこと)

でも、読書経験を積めば積むほど、この世はまだまだ知らないことだらけ、わからないことだらけだということにも、私たちは否応なく気づかされるはずです。

そんな「不知の自覚」の謙虚《けんきょ》さを、私たちは忘れてはならないでしょう。ソクラテスが言うように、それこそが〝賢者〟の条件なのだろうとわたしは思います。

（苫野《とまの》一徳《いっとく》『未来のきみを変える読書術』）

（注）・オンス…一オンスは約二十八グラム。
・神託…神のお告げ。
・徳…人としての正しい行い。
・グーグルマップ…インターネット上の地図サービス。
・教養…文化についての広い知識や豊かな心。

問一 ＝＝ａ「勝る」・ｂ「過程」・ｃ「教養」の漢字の読みを答えなさい。

問二 ――①「一般化のワナ」について説明しなさい。

問三 Ａ に入る語を、次のア～エから一つ選び、記号で答えなさい。

ア 不知　イ 先生　ウ 読書　エ 経験

問四 ――②「無知の知」とはどういうことですか。次のア～エの中から、適切なものを一つ選び、記号で答えなさい。

ア 知らないということは全て知っているということ。
イ 知らないということを知っているということ。
ウ 知るということがないということを知っていること。
エ 知らないことは知らないということ。

問五 ――③「ソクラテス以上の賢者はいない」と言っているが、他の賢者はなぜソクラテスに及《およ》ばないのか。説明しなさい。

問六 次のア～エの中で、本文の内容と合っているものを選び、記号で答えなさい。

ア 読書を「経験」として考えるのは間違っている。
イ 自分の経験を一般化することを忘れてはいけない。
ウ 自分は知らないことが多い、ということを自覚するべきだ。
エ 神託を授かることで賢者になることができるはずだ。

でもその経験こそが、時にわたしたちの視野を狭《せば》めてしまうこともあるのです。

たとえば、みなさんが運動部に所属していたとして、その顧問《こもん》の先生だったり監督《かんとく》だったりが、「自分はこの練習方法で、若い時に地域大会優勝を成し遂《と》げたんだ。だからみんなにもこの練習をみっちりやってもらう」なんて言ったとしたらどうでしょう?

もちろん、それがうまくいく場合もあるでしょう。でもその練習方法は、もしかしたら、たまたまその先生に合っていただけなのかもしれません。いまの中学生や高校生には通用しないかもしれないし、そもそも、その先生にとってだって、もっといい練習方法があったかもしれないのです。

そのような考え方を、わたしは「一般化《いっぱんか》のワナ」と呼んでいます。自分が経験したことを、まるですべての人にも当てはまることであるかのように、過度に一般化してしまう思考のワナです。

このような「一般化のワナ」は、日常生活のいたるところに潜《ひそ》んでいます。「学校の先生なんてみんな○○だ」とか、「これだから男(女)は□□なんだ」とか、「日本人は△△だ」とかいった言い方です。文脈によっては「一般化のワナ」に思い切り陥《おちい》ってしまった言い方です。自分がこれまでに出会ったり見聞きしたりした先生、男性(女性)、日本人の例を、すべての先生、男性(女性)、日本人に当てはまることであるかのように、過度に一般化してしまっているのですから。

[A]は、そんなわたしたちの視野をうんと広げる役割を果たしてくれます。少なくとも、自分の経験を超《こ》えた世界をたくさん知ることで、安易な一般化は慎《つつし》めるようになるはずです。先の部活の監督も、スポーツ指導の最新研究について書かれた本を何冊か読めば、自分の経験を過度に一般化することはなくなるかもしれません。

もちろん、読書のせいで頭でっかちになってしまって、ますます「①一般化のワナ」に陥ってしまうなんてことも、ないわけではないかもしれません。

でもそれは、たぶん、むしろ読書の量や深さがまだ足りていないからなのです。

読書によっていくらか知識が豊富になると、わたしたちはついつい、物知り顔で人に何かを語りたくなってしまいます。でも本当は、その知識はひどく断片的だったり、表面的なものだったりもするのです。読書を積む過程で、かえってその断片的な知識を一般化してしまってはいないか、わたしたちは十分自覚的である必要があるでしょう。

古代ギリシアの哲学者《てつがくしゃ》、ソクラテス(前469頃《ころ》~前399)の哲学に、「不知の自覚」(②無知の知)という有名な言葉があります。

ソクラテスの友人に、カイレフォンという青年がいました。彼はある時、デルフォイという聖域にあったアポロン神殿《しんでん》に行き、ソクラテス以上の賢者《けんじゃ》はいるかと訊《たず》ねました。(注)神託《しんたく》を授《さず》かる巫女《みこ》は、こう答えました。「③ソクラテス以上の賢者はいない」と。

それを聞いて驚《おどろ》いたソクラテスは、いやそんなはずはないと、国中の賢者たちのもとを訪れ対話することにします。

が、そのb過程で彼《かれ》は気がつくのです。どの賢者も、自分が何でも知っているかのように振《ふ》る舞《ま》っているが、でも実際のところ、彼らは、(注)徳とは何か、正義とは何かといった本質的な事柄《ことがら》について、本当は何も知らないのだ、と。しかも驚くべきことに、自分が知らないというそのことにさえ、彼らは気づいていない。その意味では、わたしは少なくとも、自分が何も知らないということは自覚している。そうソクラテスは考えるに至ったのです。

読書は、たしかにわたしたちを(注)グーグルマップにしてくれます。頭の中に、c(注)教養のクモの巣を張り巡《めぐ》らせてくれます。

片づけがすんだのは九時頃《ごろ》だった。歯を磨《みが》いてベッドに入ったとき、私は少し気持ちが悪くなっていたのだけれど、頭の中は奇妙《きみょう》な興奮で満ち足りていた。楽しくて、乱暴で、賑《にぎ》やかな夜だった。水に溶《と》かす粉末ジュースを飲んで、口のまわりがまあるくオレンジ色になったときなど、みんな気が狂《くる》ったみたいに笑った。すごくすごく可笑《おか》しかったのだ。思いだして笑っていたら、隣《となり》のベッドでお姉ちゃんがこわい顔をした。

「早く寝なさい」

もうすぐパパとママが帰ってくる。私たちの髪《かみ》をなでながら、ママはきっと訊《き》くだろう。ごはんはちゃんと食べたの、って。私たちはにっこり笑う。うん、食べたわ。とってもおいしかった。

③窓の外には大きなお月様。床《ゆか》一面、月あかりに濡れている。

（江國《えくに》香織《かおり》「子供《こども》たちの晩餐《ばんさん》」）

問一　——①「理穂お姉ちゃんが顔をしかめた」とあるが、その理由を説明しなさい。

問二　ママはどのような人物だと読み取れるか。例を用いて具体的に説明しなさい。

問三　[A][B][C]に入る語を次のア～エの中から一つずつ選び、記号で答えなさい。

ア　ぐんぐん　　イ　どさどさ

ウ　どぼどぼ　　エ　ぞろぞろ

問四　——②「スリルと罪悪感」とあるが、それはどのような気持ちか説明しなさい。

問五　——③「窓の外には大きなお月様。床一面、月あかりに濡れている」とあるが、この文が表す子供たちの気持ちを次のア～エの中から一つ選び、記号で答えなさい。

ア　次の計画を待ち望む期待感

イ　計画通り楽しむことができた満足感

ウ　翌朝ママに見つからないかという不安感

エ　ママを裏切ってしまった罪悪感

四

次の文章を読み、後の問いに答えなさい。

ジョン・デューイは、「一(注)オンスの経験は一トンの理論にa勝る」という有名な言葉を残しています。泳げるようになるためには、どうしたって水の中に飛び込《こ》まなければなりません。水泳の理論書だけ読んでいたって、泳げるようにはならないのです。

でもその一方で、次のようにも言わなければなりません。

読書もまた、一つの〝経験〟であるのだと。そしてそれは、わたしたちの直接的な経験を広げてくれる限りにおいて、きわめて〝豊かな経験〟と言うべきなのです。

わたしたちが直接経験できることは、残念ながらごくわずかにすぎません。自分が生まれた国や地域や置かれた環境《かんきょう》に、わたしたちは経験も思考も多かれ少なかれ限定されて生きています。どれだけ世界中を飛び回っている人も、この世界の何もかもを見聞きすることなどできません。

でも、もし望むならば、わたしたちはそんな直接経験の世界を読書によって広げることができるのです。

水泳の理論書だけを読んでいても、たしかに泳げるようにはなりません。でも、もしわたしたちが、もっと速く、また上手に泳ぎたいと願うなら、その理論書を読む経験は、まさに直接経験を拡張してくれる〝豊かな経験〟になるにちがいないのです。

もう一点、直接経験については注意しておきたいことがあります。

豊かな直接経験は、たしかに何ものにも代えがたい貴重なものです。

久お兄ちゃんの方がずっと泣き虫だとしても。
「いってらっしゃい」
私たちは言い、パパとママを見送った。
台所に駆《か》けこむと、冷蔵庫の中にサラダとレモンジュース、テーブルの上にパンとりんごと、電子レンジであたためればいいだけのチキンソテー(お皿の下にそれぞれの名前を書いた紙があり、お肉の大きさやつけあわせの量が加減されている)がおいてある。ママの料理はいつも完璧《かんぺき》。だから私たちは虫歯ひとつないし、ママは十年間同じ体重(四十七・五キロ)を維持《いじ》している。勿論《もちろん》、パパは成人病に罹《かか》らない。
「行動開始は六時だな」
りんごを齧《かじ》りながら豊お兄ちゃんが言った。
「間食!」
久お兄ちゃんが咎《とが》め(うちでは、三歳までしか間食が認められていない)、しかしそれは非難というより羨望《せんぼう》の声だった。
「今日はいいことにしましょう」
暮れていく空を見ながら、横顔でお姉ちゃんが許可をした。
「間食なんてとるにたらないことだわ」

六時になると、もうすっかり暗くなっていた。藍色《あいいろ》の空に、白い月が低くひっかかっている。
「いくぞ」
豊お兄ちゃんが言い、私たちは[A]と庭にでた。庭の左端《ひだりはし》、椿《つばき》の木の手前に、シャベルで深く穴を掘《ほ》る。土は黒々としめりけをおび、掘りおこされたミミズをいじっていた久お兄ちゃんは、爪《つめ》の間がどろどろに汚《よご》れた。闇《やみ》が濡《ぬ》れているみたいに青いので、電信柱の街灯に照らされて、みんなの顔が白くうかびあがっている。
「いいみたい」
お姉ちゃんが言ったとき、穴はバケツくらい深くなっていた。
私たちは台所に駆け戻《もど》り、それからまた庭に戻って、ぱっくりと口をあけた土のバケツに、一人一人パンを投げ捨てた。鮮《あざ》やかな緑色の冷えたサラダを捨て、チキンソテーを捨て、つけあわせのにんじんとほうれん草も捨てた。その上からレモンジュースを[B]撒《ま》くと、バケツはお腹一杯《いっぱい》の、幸福な胃袋《いぶくろ》みたいに見えた。
「からだにいいものばかりだから大丈夫よ」
私が言い、そうそう、と久お兄ちゃんも言う。
「これで成人病にならずにすむよ」
月はだいぶ高い位置にのぼり、私たちは穴に[C]と土をかけ、幸福なバケツを埋《う》めたてた。
「よし。食事にしよう」
豊お兄ちゃんを先頭に、私たちはまず手を洗い、うがいをした。それからパーティーみたいにして、ベッドの下に隠《かく》しておいた憧《あこが》れの食べ物――カップラーメン、派手なオレンジ色のソーセージ、ふわふわのミルクせんべいと梅ジャム、コンビニエンスストアの、正三角形の大きなおむすび、生クリームがいっぱいの、百円で売っているジャンボシュークリーム――を思いきり食べた。好きな場所で、好きなだけ。
理穂お姉ちゃんはおむすびを庭で食べたし、私はベッドの中で梅ジャムを舐《な》めた。お兄ちゃんたちは二人で、げらげら笑いながらお風呂場に隠《かく》れてラーメンを啜《すす》った。歩きながら食べたり、歌いながら食べたりもした。禁止事項《じこう》は全部やってみることにしていたのだ。大騒《さわ》ぎの夜ごはん。時々お姉ちゃんがうっとりと、
「ああ、身体《からだ》に悪そう」
とつぶやいて、それをきくと私はぞくぞくした。②スリルと罪悪感《ざいあくかん》。胸の中で、梅ジャムとシュークリームがまざりあう。

Myojo

二〇二二年度 明星学園中学校

【国語】〈Ａ日程試験〉（五〇分）〈満点：一〇〇点〉

一 次の――部を漢字に直しなさい。

(1) せすじが寒くなる。
(2) 荷物をゆうびんで送る。
(3) 絵画をてんじする。
(4) 本をきれいにしゅうのうする。
(5) じゅえきに虫が集まる。
(6) 突然のいなずまに驚《おどろ》く。
(7) ガラパゴスしょとうへ行く。
(8) らんおうをご飯にかける。
(9) 難民のきゅうさいが必要とされる。
(10) ピアノのちょうりつを行う。

二 次の四字熟語の意味をよく読み、（Ａ）（Ｂ）の中にそれぞれ漢字一字ずつを入れ、四字熟語を完成させなさい。

(1) （Ａ）進（Ｂ）歩…意味：絶えず進歩すること。
(2) （Ａ）光（Ｂ）火…意味：きわめて短い時間や速い動作のたとえ。
(3) （Ａ）機（Ｂ）変…意味：その場に合わせて適切な処置をすること。
(4) （Ａ）寒（Ｂ）温…意味：寒い日が続いた後、暖《あたた》かい日が続くこと。
(5) 十（Ａ）十（Ｂ）…意味：考え方や好みなどが各人それぞれに違《ちが》っていること。

三 次の文章を読み、後の問いに答えなさい。

私たちは玄関《げんかん》で、もうどうしようもなくどきどきしていた。とうとうこの日がきたのだ。何日も前からこっそり楽しみにしていた日、お小遣《こづかい》をだしあって、四人で準備しておいた計画の実行日。

「きちんと戸閉まりして、早く寝《ね》るのよ」

ママが言い、私はたちまち心細くなったけれど、理穂《りほ》お姉ちゃんは長女らしいおちつきをもってうなずいた。賢《かしこ》そうな広い額《ひたい》、余裕《よゆう》のある口元。私も九歳《さい》になれば、あんな風に大人っぽく振《ふ》る舞《ま》えるだろうか。

「宿題もちゃんとやるのよ」

ママの言葉に、豊《ゆたか》お兄ちゃんは愛想よくこたえる。

「うん。わかってるよ」

①理穂お姉ちゃんが顔をしかめたのと、ママがこう言ったのと、ほとんど同時だった。

「あら、ずいぶん素直なのね」

いつものお兄ちゃんならまず舌打ちし、唇《くちびる》をとがらせて不満気《ふまんげ》に、わかってるよと言うのが関の山だ。これじゃ、胸にイチモツありますって告白してるみたいじゃないの、ってお姉ちゃんが目で諭《さと》す。豊お兄ちゃんは慌《あわ》てて横を向き、不貞腐《ふてくさ》れた態度を取り繕《つくろ》った。八歳にもなって、お兄ちゃんは本当に演技力がない。

「いい子にしてるんだぞ」

パパは言い、大きな手で久《ひさし》お兄ちゃんの頭をぽんとたたいてから、私を抱《だ》きあげた。細い指で横から私のほっぺたをつつき、最後にママが言う。

「詩穂《しほ》ちゃんを泣かせちゃだめよ」

ママの指はつめたくて、香水の匂《にお》い。エヘへ。いつだって私は特別扱いだ。まだたったの四歳だし、何といっても末っ子なのだ。たとえ

2022年度
明星学園中学校　▶解　答

※　編集上の都合により，Ａ日程試験の解説は省略させていただきました。

算　数　＜Ａ日程試験＞（50分）＜満点：100点＞

解　答

[1] (1)　20.22　(2)　$\frac{3}{8}$　(3)　405.18　(4)　12　(5)　$\frac{2}{35}$　(6)　23　[2] 約0.4倍で22226トン　[3] 約２億6769万円相当　[4] (1)　$\frac{2}{3}$Ｌの方が$\frac{1}{6}$Ｌ多い　(2)　（例）　下の図１のように，$\frac{1}{2}$Ｌは$\frac{1}{6}$Ｌが３個であり，$\frac{2}{3}$Ｌは$\frac{1}{6}$Ｌが４個である。よって，$\frac{2}{3}$Ｌの方が$\frac{1}{6}$Ｌ多いので正しい。　[5]（例）　下の図２　[6] (1)　タテ「21」，ヨコ「13」で，タテとヨコの比の値は『1.618』の小数第２位まで同じになる　(2)　タテ「55」，ヨコ「89」で，タテとヨコの比の値は『1.618』の小数第３位まで同じになる

図１

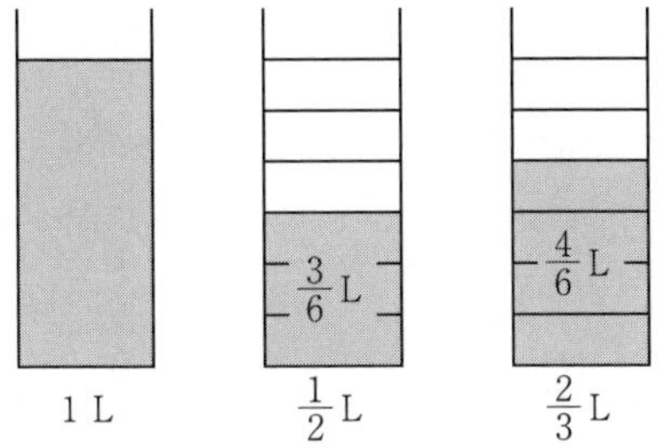

図２

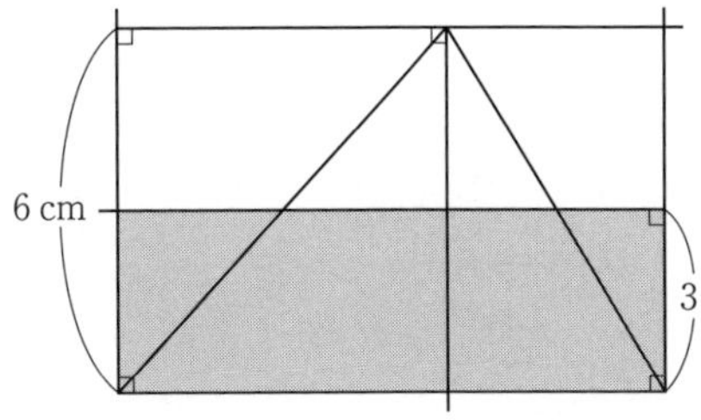

国　語　＜Ａ日程試験＞（50分）＜満点：100点＞

解　答

[一] 下記を参照のこと。　[二]（Ａ，Ｂの順で）　(1)　日，月　(2)　電，石　(3)　臨，応　(4)　三，四　(5)　人，色　[三] **問１**　（例）　豊お兄ちゃんがいつもと違って愛想よくママに返事をしたことに対し，それでは何か隠しているように疑われてしまうではないかと伝えようとしたから。　**問２**　（例）　家族全員の健康に気をつかい，栄養バランスが完璧に配慮された料理を用意するような人物。　**問３**　**Ａ**　エ　**Ｂ**　ウ　**Ｃ**　イ　**問４**　（例）　両親にこの隠れたパーティーがばれてしまわないかというスリルと，身体に悪そうなものを食べているという罪悪感。　**問５**　イ　[四] **問１**　**ａ**　まさ(る)　**ｂ**　かてい　**ｃ**　きょうよう　**問２**　（例）　自分で経験したことを，まるですべての人にも当てはまることであるかのように考えてしまうこと。　**問３**　ウ　**問４**　イ　**問５**　（例）「自分は本当はものごとを知らない」ということに，ほかの賢者は気づいていないが，ソクラテスは「自分が何も知らない」ということに気づいているから。　**問６**　ウ

●漢字の書き取り

一 (1) 背筋 (2) 郵便 (3) 展示 (4) 収納 (5) 樹液 (6) 稲妻
(7) 諸島 (8) 卵黄 (9) 救済 (10) 調律

Myojo　2022年度　明星学園中学校

〔電　話〕 (0422) 43―2196
〔所在地〕 〒181-0001　東京都三鷹市井の頭5―7―7
〔交　通〕 JR中央線―「吉祥寺駅」より徒歩15分またはバス
京王井の頭線―「井の頭公園駅」より徒歩10分

【算　数】〈B日程試験〉(50分)〈満点：2科受験者は100点，4科受験者は50点〉

(注意) コンパス・三角定規を必ず持参してください。

1 次の計算をしなさい。(答えが約分できるときには必ず約分すること)

(1) $12.52+7.7$　(2) $\frac{4}{15}+\frac{3}{5}-\frac{2}{3}$　(3) 60×8.525

(4) $11.13\div5.3$　(5) $\frac{5}{14}\times1.2\div\frac{7}{15}$　(6) $16.2-(14.6+7\times1.6)\div5$

2 東京大学の研究者からなるグループは，公転周期が地球の1日よりも短い太陽系外惑星《わくせい》「TOI-1685b」に関する研究成果を発表しました。この惑星は「ペルセウス座」の方向約122光年先にあり，直径は地球の約1.5倍とされています。また，今回注目されている公転周期，つまりこの惑星にとっての「1年」は地球の「0.669日」とされています。さて，以下の問いに答えなさい。

(1) この惑星の公転周期は地球の約何時間になりますか。小数点以下は切り捨てて答えなさい。

(2) 地球の1年はこの惑星では約何年になりますか。小数点以下は切り捨てて答えなさい。

3 $\frac{5}{6}$と0.84とでは，どちらがどれだけ大きいですか。

4 下の台形ABCDにおいて，以下の問いに答えなさい。(点Eは対角線の交点)

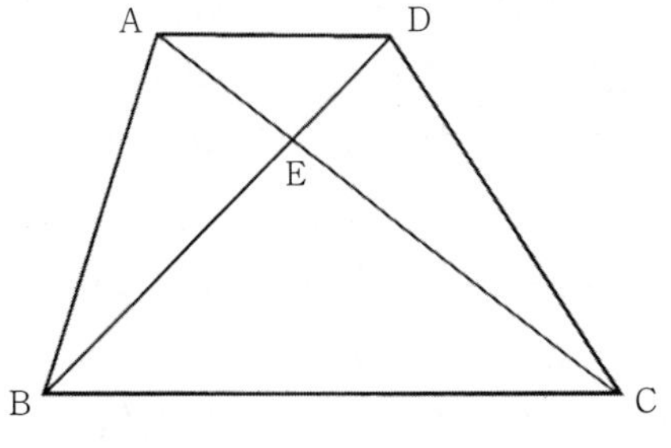

(1) この台形ABCDの面積を求めなさい。このとき，面積を求めるために必要な線や定規で測った長さは，すべて台形ABCDに書きこみなさい。また，長さを測るときに定規のmmの目盛りにぴったり合わないときには，近いと思った方の目盛りの値《あたい》を使ってください。例えば，4.2cmと4.3cmのほぼ真ん中に思えたときは，どちらの値を使ってもかまいません。

(2) 台形ABCDに2つの対角線を引くと，この台形は4つの三角形ABE，三角形BCE，三角形CDE，三角形ADEに分割されます。この4つの三角形を見比べると，三角形BCEの面積が一番大きくて，三角形ADEの面積が一番小さいことは明らかです。しかし，三角形ABEと三角形CDEは，見た目で判断してしまうと間違《まちが》えることがあります。さて，三角形ABE

と三角形CDEの面積では，どちらかの面積が大きいのか，それともどちらの面積も等しいのかを説明しなさい。

5 方眼のタテ線とヨコ線が交わった点のことを『格《こう》子《し》点《てん》』と言います。右の図1のように格子点でできている方眼の1マスはタテ1，ヨコ1と考え，「方眼のタテ線とヨコ線が交わった点を結んでできる多角形」のことを「格子点を結んでできる多角形」と言います。数学者のピックは「格子点を結んでできる多角形」について不思議な法則を発見しました。その発見とは，「多角形の周上にある格子点の数」と「多角形の中にある格子点の数」を使って，多角形の面積が求められるという法則です。それでは，ピックはどのような方法で多角形の面積を求めたのかを紹介《しょうかい》しましょう。

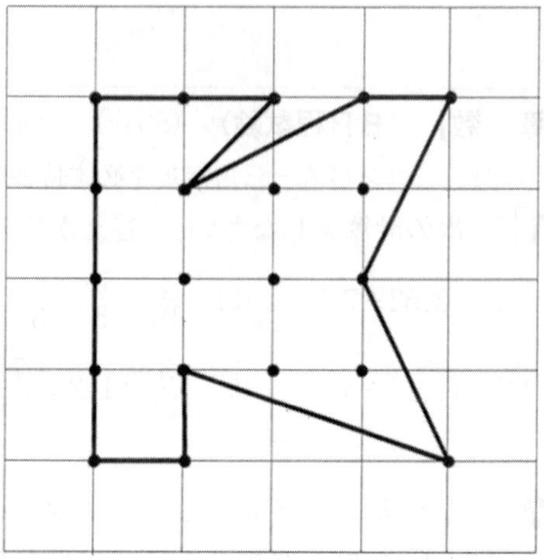
図1

最初に「多角形の周上にある格子点の数」を2で割り，次に「多角形の中にある格子点の数」を足して，最後に1を引くというきわめて単純な方法です。それではピックの方法を使って，実際に図1の多角形の面積を求めていきましょう。まず「周上の格子点の数」を数えると14個あるので，『14』を2で割ると『7』になります。次に「中の格子点の数」を数えると6個あるので，『7』に『6』をたすと『13』になります。最後に『13』から1を引くと『12』になるので，図1の多角形の面積は『12』と求められました。

どうしてこの方法で多角形の面積が求められるかについては，難しいので今は考えないでください。その代わりとして，みなさんが知っている方法で図1の多角形の面積が本当に『12』になることを確認していきましょう。まず，図2のように図1の多角形を一辺が4の正方形で囲んでみます。すると，図1の多角形はこの正方形から，㋐の三角形，㋑の三角形，㋒の三角形を取り除いたものだと考えることができます。では実際にそれぞれの面積を求めていきましょう。一辺が4の正方形の面積は $4\times4=16$ ですね。次に㋐の三角形は，図3のように考えると底辺が3で高さが1なので面積は $3\times1\div2=1.5$ であることがわかります。同様にして考えると，㋑の三角形は底辺が4で高さが1なので面積は $4\times1\div2=2$ であることがわかり，㋒の三角形は底辺が1で高さが1なので面積は $1\times1\div2=0.5$ であることがわかります。よって，図1の多角形の面積は，$16-(1.5+2+0.5)=16-4=12$ でピックの方法で求めた値と同じ結果になることが確認できましたね。

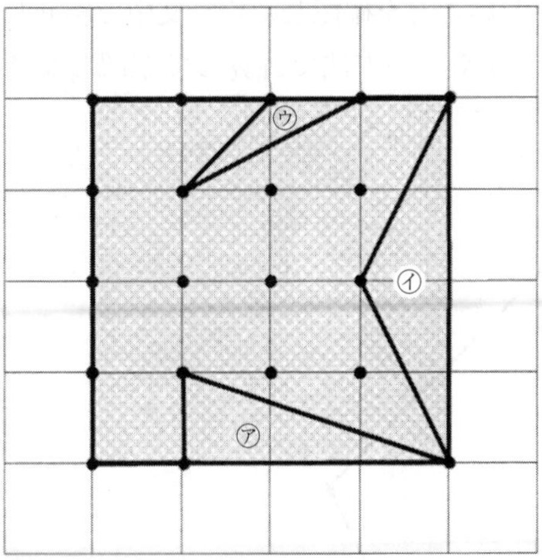

図2

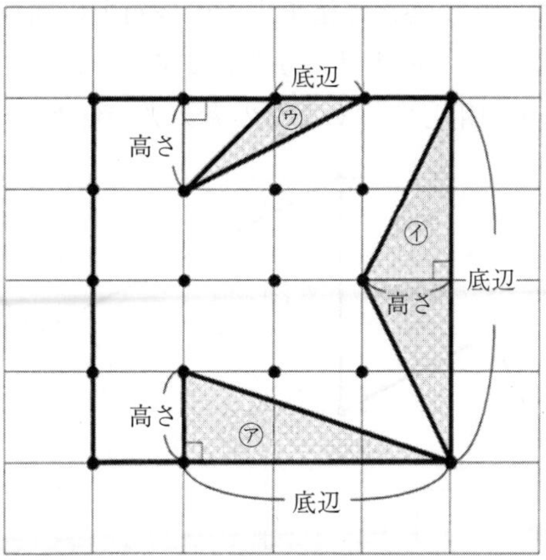

図3

さて，以下の問いに答えなさい。

(1) 次の格子点上の多角形の面積をピックの方法を利用して求めなさい。

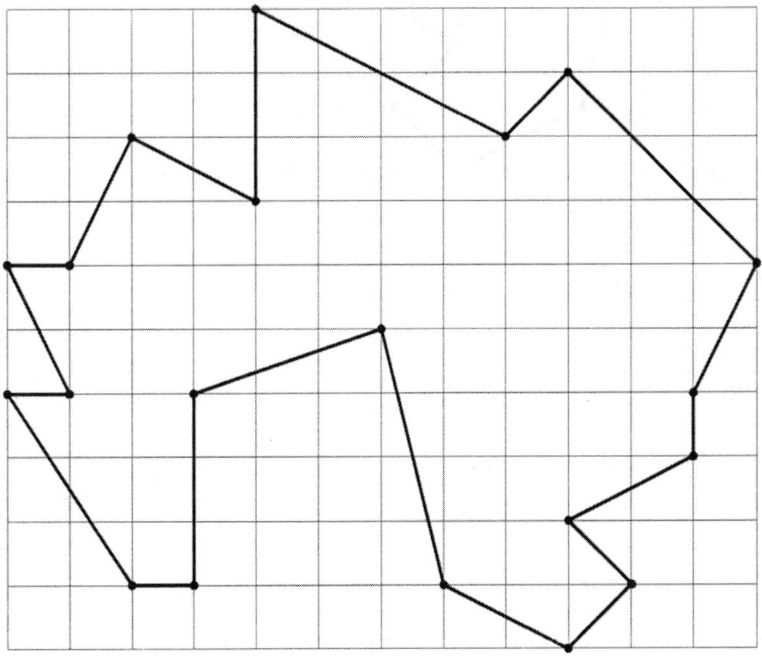

(2) あなたが(1)で答えた格子点上の多角形の面積が正しいことを確認したい。文中で紹介した方法以外でもかまいませんから，あなたにとってわかりやすい方法で計算して確認しなさい。(下の図を利用して，あなたの考え方が伝わるようにしておくこと)

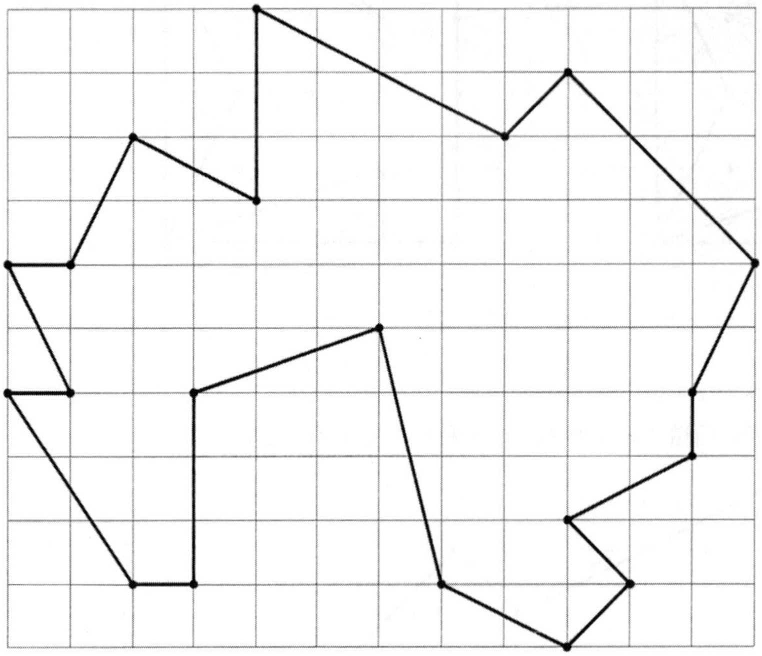

【社　会】〈Ｂ日程試験〉(30分)〈満点：50点〉

1　次の文章を読み，あとの問いに答えなさい。

2021年は新型コロナウイルス感染症の拡大で世界各国が困難に直面するなか，延期された$_{A}$東京オリンピック・パラリンピック競技大会が開かれました。大会の開催(かいさい)にあたってはさまざまな意見がありましたが，スポーツを通じた世界中の人々の連帯が見られました。

世界の人々の連帯は地球規模でおこっている問題を解決するためにも必要です。2021年の11月に気候変動の悪影響に対して国連で会議(COP26)が行われました。この会議には$_{B}$10月の国政選挙によって政権の基盤(きばん)をかためた内閣総理大臣も出席しました。この会議では産業革命以降の地球の気温上昇の目標を1.5℃までにすることを決定しました。地球規模の問題に対して私たち一人ひとりは何ができるでしょうか。

問１　下線部Ａについて，

(1)　東京オリンピック・パラリンピック競技大会は，東京都以外の都道府県でも競技が行われました。次の都道府県の紹介文①～③を読んで，その都道府県の名をそれぞれ答えなさい。

＜紹介文①＞

全都道府県のなかでも最大の面積を有している。広大で豊かな自然環境のなかで，歴史的には狩りや漁を中心とした独自の文化を発展させてきたアイヌの人々がくらしたことでも知られる。冷帯という気候帯にあるため，他の地域よりも年間を通じて気温が低いことから，マラソン競技が行われた。

＜紹介文②＞

中部地方南東部に位置し，太平洋に面している。水はけのよい牧之原台地では茶の栽培がさかんで，山地の斜面を利用したミカンの栽培も有名である。東部に位置する伊豆半島は，火山によってつくられた地形を見ることができるため，ジオパークに認定されている。屋内型の自転車競技施設「伊豆ベロドローム」で自転車のトラック競技などが行われた。

＜紹介文③＞

東北地方の南に位置し，岩手県についで日本で３番目に大きな面積を有する県。南北に越後山脈や奥羽山脈，阿武隈高地の山地がつらなり，太平洋側ではコメの栽培，中央の盆地ではリンゴや梨の栽培がさかん。2011年３月の東日本大震災では原子力発電所の事故が発生し，現在も避難生活を続けている人々がいる。県営あづま球場で野球・ソフトボール競技が行われた。

(2)　オリンピック競技大会の開会式では「ピクトグラム」という絵を模したパフォーマンスが話題になりました。このような絵によって情報を表すピクトグラムは，次の写真のように役所などの公共施設や，駅や空港などの交通施設でも見ることができます。文字で情報を書けばいいのに，どうしてピクトグラムを使うのでしょうか。理由を説明しなさい。

問２　下線部Ｂについて，

(1)　日本の国会は２つの議院からなっています。10月に解散され，選挙が行われた議院はなんという議院か，答えなさい。

(2)　この内閣総理大臣の名前を答えなさい。

2　次の２人の会話を読んで，あとの問いに答えなさい。

明 く ん「社会の宿題レポート，星子さんはどんな内容にしたの？」

星子さん「おとといからレジ袋の有料化が始まったでしょう？　何だか気になったから色々調べてみたら，私の知らなかった環境問題の話があって。それについてまとめることにしたの。明くんは？」

明 く ん「ぼくはオリンピックの歴史についてのレポートにしたよ。」

星子さん「去年，開催された東京オリンピック，ぎりぎりまで中止か延期のどちらになるかわからなかったものね。今度は冬のオリンピックが（　１　）で開催されるのよね。いまだに新型コロナウイルスの不安は続いているし，選手の活躍を見るのは楽しみだけど，なんだか複雑な気分ね。」

明 く ん「そうだね。ところで，東京でオリンピックが開催されるのって，実は今回が初めてじゃなかったって知ってた？」

星子さん「ええ。２度目なんでしょう？　おばあちゃんが教えてくれたんだけどたしか，A戦後の焼け野原の状態から立ち直った日本が高度経済成長期に入ったころだったって聞いたことがある。」

明 く ん「そう。東京で開かれるのは1964年に続いて2020年は２度目だったんだ。今回は開催があやぶまれて＜まぼろし＞のオリンピックになる可能性があったけど，実際に＜まぼろし＞になった東京オリンピックもあったんだ。1964年のものとは別にね。」

星子さん「中止になったってこと？　それはいつの話？」

明 く ん「1940年だよ。日本は1933年に国連を脱退して以降，B世界からの孤立を深めていたんだ。日本の国内でも，戦争のために選手を兵隊として動員したい軍部が反対したということもあったらしい。」

星子さん「スポーツと平和の祭典というけれど理想通りいかないことも多いのね。今年だってパラリンピックのさなか，８月に武装勢力のタリバンが（　２　）の首都カブールを制圧して政権をにぎったなんてことが起きたわ。」

明 く ん「飛行場に，国外脱出をはかる群衆がおしよせて，なかには飛び立とうとする飛行機にしがみついて落下して命を落とす人もいた。」

星子さん「衝撃的なニュースだったわね。心が痛むというか。世界では色々なことが起きていて，そんな中でもけんめいにトレーニングや練習にうちこんでいる選手の人たちがいるのね。」

明　くん「ところで，今回のオリンピックは，環境問題に配りょしているってことをすごくアピールしてたけど。C江戸時代の町や村では資源をムダにしない生活をしていて，学ぶことが多いと見直されているね。」

星子さん「そうそう。レジ袋に関連してDプラスチックごみのことを調べていたら，持続可能な生活スタイルが重要なんだって思えた。」

問１　文中の(１)・(２)にあてはまる地名(国名や都市名)を次の【　】から選び答えなさい。

【北京　　上海　　パリ　　アフガニスタン　　ウイグル】

問２　下線部Ａについて，その戦争の名称を答えなさい。

問３　下線部Ｂについて，日本が国際的に孤立するきっかけとなったできごと，「満州事変」が起きたのは現在の何という国か，答えなさい。

問４　下線部Ｃについて，江戸時代には寺院などで町人のこどもを相手に，手習いの先生が「読み書きそろばん」を教える学校のようなものがあった。これを何というか，答えなさい。

問５　下線部Ｄについて，以下の文章を読み，あとの設問に答えなさい。

2020年７月，買い物におけるレジ袋の有料化がスタートしました。以下は，レジ袋有料化に先立ち，経済産業省が発表したその理由についての説明です。

> プラスチックは，非常に便利な素材です。成形しやすく，軽くて丈夫で密閉性も高いため，製品の軽量化や食品ロスの削減など，あらゆる分野で私たちの生活に貢献(こうけん)しています。
>
> 一方で，廃棄物(はいきぶつ)・資源制約，海洋プラスチックごみ問題，地球温暖化などの課題もあります。私たちは，プラスチックの過剰(かじょう)な使用を抑制(よくせい)し，賢く利用していく必要があります。(経済産業省 HP より)

その反面，レジ袋有料化から一年たって，こんな声も聞かれるようになりました。

①　くりかえし使用するマイバッグより，そのつど使用するレジ袋は衛生的。新型コロナウイルスの影響もあり，心配する声がある。

②　レジ袋(ポリ袋)として使用した後に，ごみ袋として再利用していた人が，ごみ袋を買うので，結局ポリ袋自体は減らない。

③　マイバッグ利用者の増加で，万引きが増加するのでは。お店の人の負担が増える。

④　レジ袋こそエコである。レジ袋は燃焼しても有害なガス等は発生しないし，原油から石油製品を作る過程で，レジ袋の材料であるポリエチレンは必然的にできるので使用する方が資源のむだがない。

設問

⑴　レジ袋の有料化の背景の一つである「海洋プラスチックごみ問題」とはなにか。説明しなさい。

⑵　あとのグラフ１・２からどんなことが読み取れるか。それぞれ一つ以上答えなさい。

⑶　あなたはレジ袋の有料化について，現時点では次のＡ・Ｂのどちらの立場に近いか。ま

たなぜ，そう考えるのか。資料または自分の知っていることをもとに答えなさい。

Ａ：続けるべきである	Ｂ：中止すべきである

(4)　あなた自身がプラスチックごみ問題を解決するためにできることがあるとしたらどんなことがありますか。具体例をあげて説明しなさい。

グラフ１：日本の沿岸に漂着したゴミ

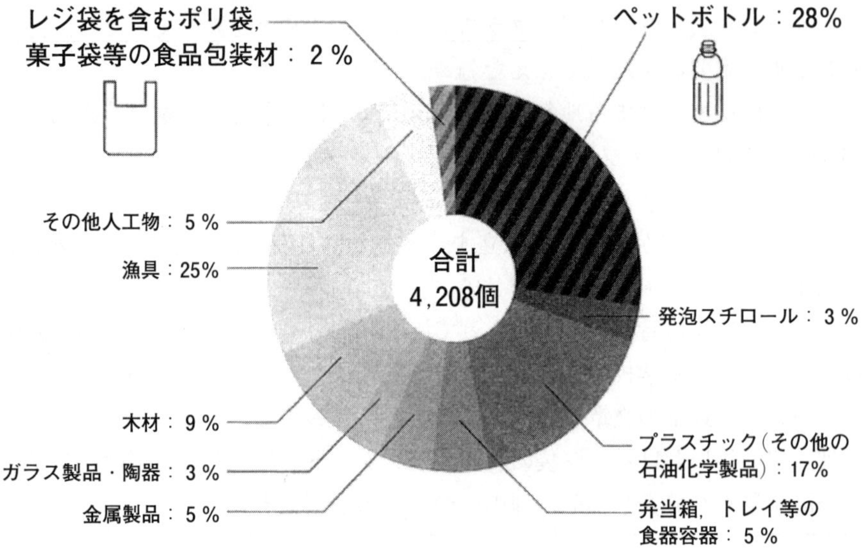

高田秀重『プラスチックの現実と未来へのアイデア』東京書籍より

グラフ２：原油全体に占めるプラスチックの割合

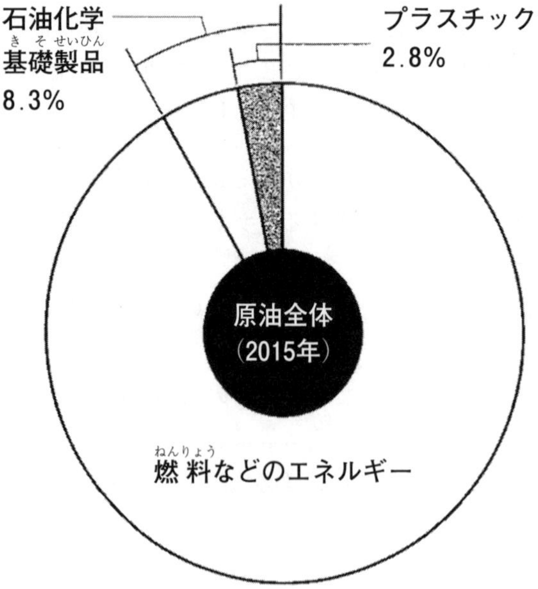

保坂直紀『海のプラスチックごみ調べ大事典』旬報社より

【理　科】〈Ｂ日程試験〉（30分）〈満点：50点〉

1　以下の問に答えなさい。

問１　右の図は，ある１日の時こくと気温の関係を，天気ごとに表したグラフです。天気についての次の(1)〜(3)の問に答えなさい。

図１

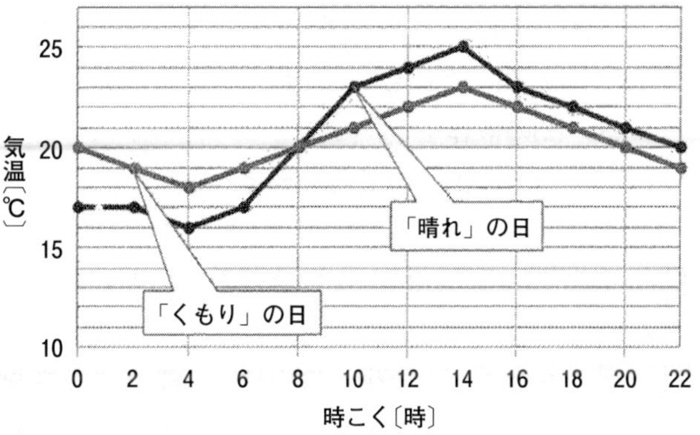

(1)　天気が「晴れ」であるか「くもり」であるかは，何の量によって決まりますか，答えなさい。

(2)　天気を表す記号を天気記号とよびます。「くもり」を表す天気記号を書きなさい。

(3)　１日の気温の変化を「晴れ」と「くもり」の日でそれぞれ調べました。次の文章の空らん[1]〜[4]にあてはまる数字や言葉を書きなさい。

図１で「晴れ」の日を調べると，最低気温は16℃で，最高気温は25℃と読み取れるので，その差は９℃ということになります。

次に「くもり」の日を調べます。最低気温は[1]℃で，最高気温は[2]℃と読み取れるので，その差は[3]℃になります。

したがって，「晴れ」と「くもり」の日では，[4]の日の方が，１日の気温の変化が大きいことがわかりました。

問２　右の表１には，４つの気体名が書かれています。この表に関する次の(1)，(2)の問に答えなさい。

表１

気体名	気体の特ちょう
アンモニア	[1]
酸素	[2]
二酸化炭素	[3]
ちっ素	[4]

(1)　表の空らん[1]〜[4]にあてはまる特ちょうを，次の(ア)〜(オ)から一つずつ選び，記号で答えなさい。

(ア)　石灰水を白くにごらせる

(イ)　鼻をさすようなにおいがある

(ウ)　ものを燃やすはたらきがある

(エ)　すべての気体の中でもっとも軽い

(オ)　空気中の約80％をしめている

(2)　表１に書かれた気体のうち，水に溶けたとき，①酸性を示す気体，②アルカリ性を示す気体をそれぞれ一つずつ選び，その名前を答えなさい。

問３　次の文章を読み，以下の(1)〜(3)の問に答えなさい。

植物の種から芽が出ることを[1]といいます。芽が出るためには[2]，[3]，[4]が必要です。芽が出た後太くくきがのび，青々とした葉が増えるためには[5]と養分を与えることが必要になります。[1]させるために養分を与える必要はありません。はじめから種の中に養分が入っているためです。このことは芽が出る前の種を半分に切り，切った中身に「ある液体」をつけると，青むらさき色になることから確かめることができます。

(1)　上の文章の空らん[1]〜[5]にあてはまる最も適当な言葉を，次の語群の(ア)〜(ク)の中から一つずつ選び，記号で答えなさい。

《語群》

(ア) 水　(イ) だっ皮　(ウ) 光　(エ) 発芽

(オ) 進化　(カ) 空気　(キ) 土　(ク) 適度な温度

(2) 文章内で下線の引かれた「ある液体」の名前を書きなさい。

(3) (2)の液体をつけることで，種の中に「ある養分」が含まれていることが確かめられました。その養分の名前を書きなさい。

2 次の〔文１〕〔文２〕の文章を読み，以下の問に答えなさい。

〔文１〕

私たちはふだんの生活の中で，さまざまな音を耳にしています。音はどのように生じるのでしょうか。

ものをたたいたり，こすったりすると音が出ます。このとき，目には見えませんが，ものは細かくふるえることで音が出るのです。ものがふるえることを振動《しんどう》といいます。ものの振動《しんどう》のようすは，ゴムや金属線などをぴんと張ってはじくとよくわかります。

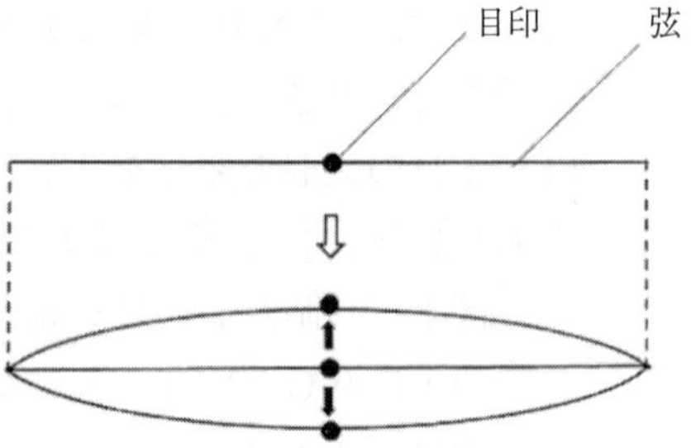

図１

金属線をぴんと張って弦《げん》にし，弦《げん》の中心に目印をつけました。それをはじくと，図１のように目印は上下に動きます。

目印が上下に動く速さはとても速いのですが，その変化が記録できると，図２のようになります。これは，時間の経過を横じくに，目印が上下に動く振《ふ》れ幅《はば》を縦じくにして描《えが》いたものです。

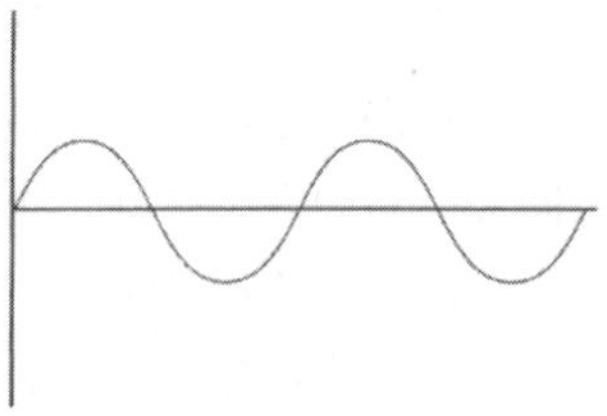

図２

この結果をもとに，次に示すように条件を変えて弦《げん》をはじいてみました。図の中の点線で描《えが》いた線は，はじめにはじいたときのようすを示しています。

(1) はじめと比べ，はじく力を強くすると，図のアのように変化した。

(2) はじめと比べ，はじく力を弱くすると，図のイのように変化した。

ア

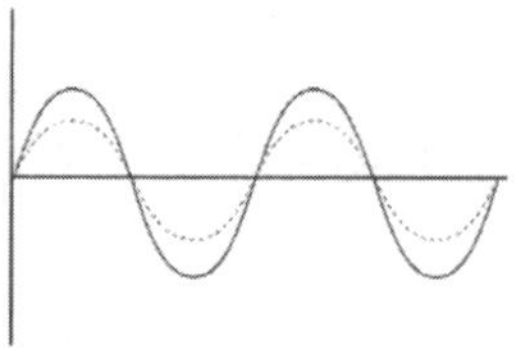

イ

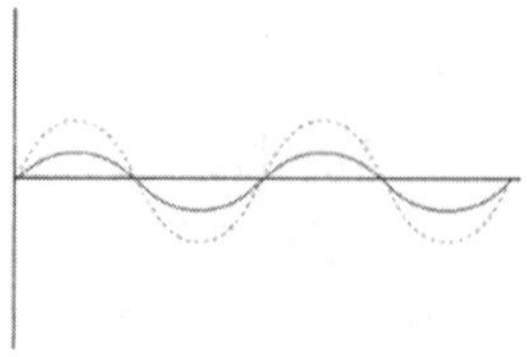

さらに，弦《げん》を張る強さを変えて次のように条件を変えて弦《げん》をはじいてみました。

(3) 弦《げん》を張る強さをより強く，ぴんと張って，はじく力ははじめと同じにして弦《げん》をはじいたところ，図のウのように変化した。

(4) 弦《げん》を張る強さをより弱く張って，はじく力ははじめと同じにして弦《げん》をはじいたところ，図のエのように変化した。

ウ

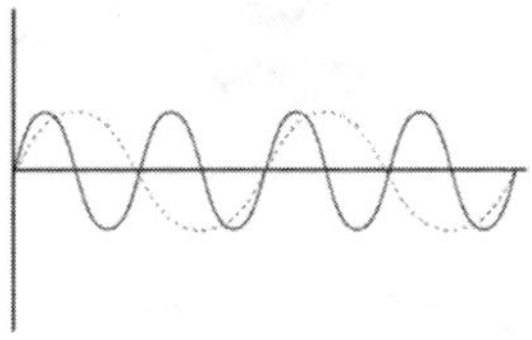

エ

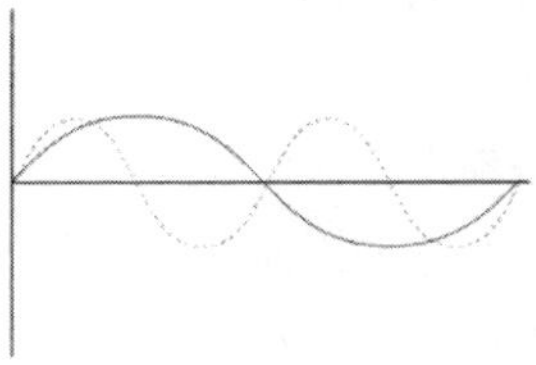

問１　ア～エのようになった結果から，ものから音が出るときの振動《しんどう》の幅《はば》の大きさと，一定時間の中での振動《しんどう》の回数についてわかることを以下のようにまとめました。

次の文章の空らん[1]～[6]にあてはまる，最も適当な言葉を書きなさい。

音の大きさはものの振動《しんどう》の[1]で決まり，振動《しんどう》の[1]が大きくなると音の大きさは[2]なり，振動《しんどう》の[1]が小さくなると音の大きさは[3]なる。

一方，音の高さはものの振動《しんどう》の[4]で決まり，振動《しんどう》の[4]が増えると音の高さは[5]なり，減ると音の高さは[6]なると考えられる。

問２　上の条件(4)の状態から，弦《げん》を張る強さをさらに弱くしたところ，振動《しんどう》していることはわかりましたが，音が聞こえなくなりました。このことから考えられることはどのようなことか，説明しなさい。

〔文２〕

私たちが音を聞くことができるのは，ものの振動《しんどう》を耳で受け取り，それが脳にまで伝わってきているためです。では耳の中はどのようなつくりになっているのでしょうか。

外から来た音は，外耳《がいじ》とよばれる音の通路を通ります。その先には鼓膜《こまく》とよばれる膜《まく》があり，鼓膜《こまく》に耳小骨《じしょうこつ》という小さな骨がつながっています。耳のさらに内部にはうずまき管といううずまき状の管があり，管の一部には卵円窓というふたのような部分があります。耳小骨《じしょうこつ》は，この卵円窓でうずまき管とつながっていて，うずまき管の内部は液体で満たされています。管の内部には，コルチ器という，振動《しんどう》を感知するものがびっしりと並んでおり，それぞれのコルチ器から神経が出ていて，それが脳へとつながっています。こうして振動《しんどう》の情報が神経から脳へと伝わり，私たちに音として感じられるのです。

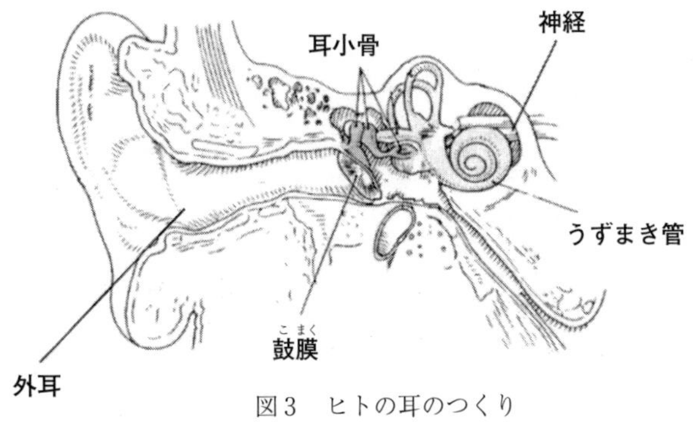

図３　ヒトの耳のつくり

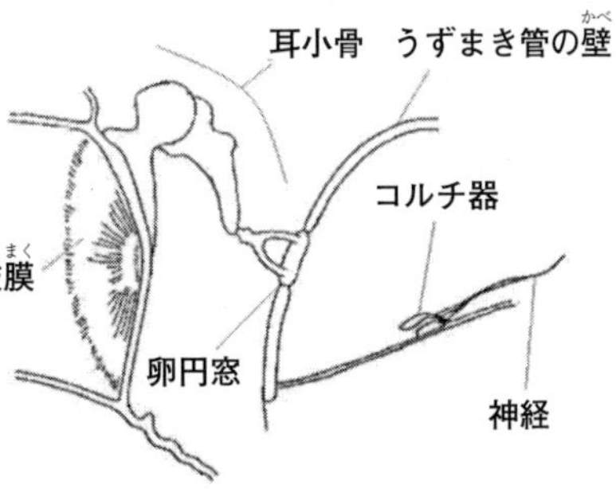

図４　図３の一部分を拡大したもの

このような耳のつくりに似せて，右の図5のような模型をつくって実験をしました。

大小2つの大きさの円筒形《えんとうけい》の容器がつながったような形の容器を用意します。小さい円筒《えんとう》の部分には水が満たされていて，水の中には水中で音をひろうことができる(1)マイクが入っています。マイクからは(2)電流が流れる導線がつながっていますが，導線が出ている穴から水はもれないようになっています。小さい円筒《えんとう》の水面には，円筒《えんとう》の断面とほぼ同じ大きさ・形の円形の(3)板が乗っていて，その板の中心には(4)プラスチックの棒が取りつけてあります。さらに，(5)ビニールのまくが大きな円筒《えんとう》のかべに張りつけてあり，まくはプラスチックの棒の上側とつながっています。このような模型を使ってスピーカーから音を出したところ，音をよくひろうことができました。

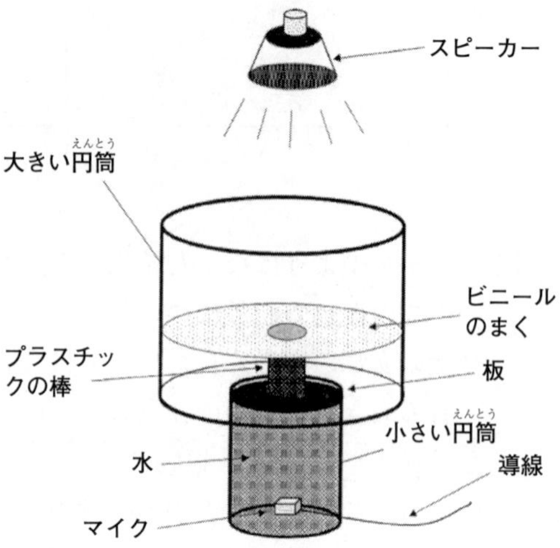

図5

問3　〔文2〕の文中の下線部(1)～(5)で示されているものは，耳の中のつくりでは何にあたるでしょうか。最も適当なものを文中の言葉から抜《ぬ》き出《だ》して答えなさい。

問4　模型の中のビニールのまくと，円形の板の断面の面積を比べると，ビニールのまくがおよそ68cm^{2}に対して，円形の板はおよそ17cm^{2}です。

耳の中のつくりに似せたこの模型の中では，まくと板との間の面積に差がつけてあります。このように面積に差があることが，実際の耳でも，内部で振動《しんどう》を伝える上で役立っていると考えられています。それはどのようなことかを考え，説明しなさい。

で、集団で獲物に噛《か》み付いて出血させ、動けなくなったところを仕留めます。ねこのように一撃で仕留めることはできません。いぬは、ねこのような瞬発力はありませんが、マラソンの選手のように、長時間持続して走ることができる身体に進化しています。筋肉も、ねことは違い、走りを持続できる「赤筋《せっきん》」の割合が多くなっています。したがって、いぬの我慢強さとは、このような長期戦の狩りの方法に由来しています。ひとつの長期的な大きな目標に向かって、多少のことは我慢しながらも、みんなで仲良く一丸となってやり遂げる、これが「いぬの生き方」でしょうか。

[C]、ねこ好きの「ねこ派」と、いぬ好きの「いぬ派」に加えて、巷では、「ねこ」のような性格を持った人を「ねこ型人間」、いぬのような性格の人を「いぬ型人間」と言うようです。とはいいましても、集団行動や上下関係を重視する日本の社会は、まさに「④いぬ型社会」です。マイペースで協調性のない「ねこ型人間」が素のままでは、同僚《どうりょう》たちともうまくやっていけるとは思えません。会社などの組織のなかでは、本来「ねこ型」の人も、多少は「いぬ型」のふりでもして上手くやっていくか、あるいは特技や才能のある「ねこ型人間」であれば、芸術活動なり個人事業でも始めて、我が道を突き進むのが「ねこ型人間の生き方」でしょうか。[D]「いぬ型社会」は協調性や上下関係を重視するあまり、間違った方向に暴走しかねない危険性があることも歴史をふりかえれば明らかです。アンデルセンの童話「裸《はだか》の王様」のお話のなかで、「王様は裸だよ！」と叫《さけ》んだ無《む》邪《じゃ》気《き》な子供のように、「ねこ型人間」の誰にも媚《こ》びない思ったままの一言が、暴走の歯止めになるかもしれません。組織のなかではあまりパッとしないかもしれない「ねこ型人間」も、社会には必要とされる存在なのです。

（山根明弘『ねこの秘密』）

（注）二元論…異なった二つの原理で、あらゆるものを説明しようとする考え方。

問一　――①「なぜ、ねこにはこのような魅力がたくさん備わっているのでしょうか？」とあるが、その答えにあたる部分を、【〜として備わっている】に続くように[A]より前から二十五字以上、三十字以内で探し、抜《ぬ》き出しなさい。

問二　[A]に入れる語として最も適当なものを次のア〜エより選び、記号で答えなさい。

ア　暗闇で敵を威嚇《いかく》する手段として
イ　空の天敵を発見する手段として
ウ　異性へのアピールとして
エ　夜行性のハンターとして

問三　――②「飽きっぽさ」の反対の意味になるような言葉を本文から五字以内で抜き書きしなさい。

問四　――③「ハンティング方法の違い」とはどのようなものですか。「ねこ」と「いぬ」のハンティング方法の特徴をそれぞれ二つずつ説明しなさい。

問五　[B]に入れる語として最も適当なものを次のア〜エより選び、記号で答えなさい。

ア　服従　　イ　好奇心　　ウ　想像力　　エ　平常心

問六　[C]・[D]に入れる語として適当なものを次のア〜エよりそれぞれ選び、記号で答えなさい。

ア　さて　　イ　しかし　　ウ　したがって　　エ　つまり

問七　――④「いぬ型社会」とあるが、その中に「ねこ型人間」が居ると、その社会や組織にどのような影響を与えると考えられますか。本文の内容にそってマイナス面・プラス面の両方から説明しなさい。

物にも匂いで気づかれてしまいますし、ねこ自身にとっても獲物をさがす時の嗅覚の邪魔《じゃま》になってしまいます。優秀《ゆうしゅう》なハンターは、身だしなみも大切です。ねこは、「しなやか」で「優美」でなければ、ハンターとしては生きてはゆけないのです。

（中略）

ねこの「美しさ」「しなやかさ」「優美さ」は、どれもねこが夜行性の瞬殺のハンターとして生きてゆくための必須条件《ひっすじょうけん》だったのです。人間は「殺し」に特化した、ねこの身体やしぐさに、魅力を感じていることになりますね。

きまぐれと、②飽《あ》きっぽさは、ねこの性格の代名詞のようなものです。「そこが、またたまらないねこの魅力」と思う方もおられますし、一方で「だからねこは好きになれない」と思う方もおられるでしょう。ねこのきまぐれと、飽きっぽさは、「いぬ」の忠実さと我慢《がまん》強さと全く対照的です。巷《ちまた》での「ねこ派」対「いぬ派」の（注）二元論《にげんろん》も、あながち間違《まちが》いではないというよりも、むしろ相反《あいはん》する両者の魅力の違いをよく言い当てていると私は思います。

「ねこ」も「いぬ」もその性格の違いは、そもそもの野生のネコ科動物と、イヌ科動物の生活の違い、特に③ハンティング方法の違いが、如実《にょじつ》に反映されています。ネコ科動物はライオンなどの例外はあるものの、基本的に単独で生活し、狩《か》りも単独で行います。従って、自分に必要なことはすべて自分で決定し、単独で行動しなければなりません。ねこには、相手の顔色をうかがって行動する必要もありません。これが人間の目には、気まぐれで、ワガママで、マイペースというふうに映ってしまいます。しかし、そうでなくては野生の厳しい環境《かんきょう》では、ねこは生き残っていくことはできないのです。

一方、イヌ科動物は群れなどの集団で生活し、狩りをするときも群れで協力して行います。組織的な狩りには司令塔《しれいとう》となるリーダーが必要ですし、メンバー間で協力しながら、効率よく狩りを成功させるためには、無用な争いを避《さ》けるための序列も必要となります。身勝手な行動は許されません。従って、いぬの社会には［　B　］と忠実さが必要となります。まるで人間社会の組織を見ているようです。いぬは、このような集団生活の掟《おきて》を守ることができなければ、群れのなかで生きていくことができないのです。

次にねこの飽きっぽさですが、これもネコ科動物のハンティングの仕方に由来します。ねこのハンティングは獲物に忍び足で近づき、射程距離内に入ると、爆発的な瞬発力を武器に、一気に飛びかかって短時間で勝負を決めます。しかし、運悪く獲物を取り逃がすと、深追いをせずにすぐにあきらめてしまいます。それは、ねこは爆発的《ばくはつてき》な瞬発力を発揮《はっき》できる反面、それを持続させることができない身体の構造になっているからです。もう少し詳《くわ》しく述べると、ねこの筋肉には「白《はっ》筋《きん》」が多く、この筋肉は、瞬発力には優れますが、その力を短い間しか持続することはできません。時速110キロで走ることのできるチーターも、わずか十数秒しかその速度を維持できません。人間でいえばねこは短距離のスプリンタータイプです。したがって、ねこの飽きっぽいのは、決して怠《なま》け者というわけではなく、激しい動きを持続させることができない生理的な理由からです。失敗しても次のチャンスまで、たっぷりと休んで体力を回復させる、それが「ねこの生き方」です。

一方、いぬの我慢強さもイヌ科動物の狩りの仕方に由来します。いぬは集団で組織的に獲物を追いかけます。ねこのような瞬発力はありませんので、とにかく、時間をかけて、我慢強く獲物のあとを追いかけて走りつづけます。獲物を見失いそうになれば、その時は驚異的《きょういてき》な嗅覚を使って獲物のあとを追跡《ついせき》します。そして、相手が疲れたところもの聡子だったら、具体的にはどんなことを言っていたでしょうか。

問五　――線③「もう、ビート板なしで泳いでみたいんだ」とありますが、どういうことを言っていますか。「うそ」という言葉を使って説明しなさい。

問六　聡子はどんな気持ちでのり子に会いに行ったのでしょうか。次のアからエのなかから、あてはまらないものをひとつ選びなさい。

ア　のり子と話すことで、お母さんみたいに苦手なことを克服できたり、うれしいことがおこったりするかもしれない。

イ　カバンの中の先生から預かったプリントを渡して、自分の気持ちにうそをついてものり子を喜ばせて、仲直りしたい。

ウ　のり子が恐くて、いつも本当のことが言えないこと、嫌いでも、好きって言ったり、いやでも、いいよって言っていた自分の気持ちを伝えたい。

エ　のり子の子分でいるのはイヤだ。笑いたくないのに笑ったり、本当の気持ちとは、違うことを言ったりするのも、イヤ。

四

次の文章を読み、後の問いに答えなさい。

人間が、ねこの姿や仕草のどのようなところに魅力《みりょく》を感じているかは、人それぞれだと思います。そのなかでも、おそらく古今東西《ここんとうざい》に共通している「ねこの魅力」は、その「美しさ」、「しなやかさ」、そして「優美さ」ではないでしょうか。①なぜ、ねこにはこのような魅力がたくさん備わっているのでしょうか？　人間を魅惑《みわく》するように、わざわざ神様が、ねこを創り賜《たま》うたとも、昔の人が考えていたとしても不思議ではありません。そのくらい、ねこは人間を惹《ひ》き付けてやまない魅力に満ちあふれた生き物です。

私たちが魅了《みりょう》されるねこの、「美しさ」や「しなやかさ」、「優美さ」は、ねこが究極の瞬殺《しゅんさつ》のハンターへと進化を遂《と》げた姿のいわば副産物です。まず、ねこの美しさの象徴《しょうちょう》のひとつは、その大きな目です。顔のまん中にあるパッチリとした大きな目と、そのまわりを囲むアイラインは、人間の女性も憧《あこが》れる美しさです。男性の私には、お化粧《けしょう》をほどこした美しい女性の目元は、ねこをモデルにしているように見えてしまいますが、いかがでしょうか？　古代エジプトの壁画《へきが》では、男女ともに目尻《めじり》から外にむけたアイラインが描《えが》かれています。これはまさにキジねこのアイラインと一致《いっち》しています。ねこの目の上から目尻にかけて流れる模様は、「クレオパトラ・ライン」とも呼ばれています。

ねこの魅力的な大きな目は、［A］進化した結果です。暗い中でも最大限の光を目の中に取りこんで、優れた嗅覚《きゅうかく》と聴覚《ちょうかく》とあわせて、獲物《えもの》を見つけて捕《と》らえるためのものです。「ねこ」と「いぬ」の頭蓋骨《ずがいこつ》をくらべてみると、ねこが眼球を極限まで大きく進化させたのが一目瞭然《いちもくりょうぜん》でわかります。

つぎに、ねこの「しなやかさ」と、「優美さ」はどこからきたのでしょうか。まわりに溶《と》けこむような無駄《むだ》のない、洗練されたしなやかな動きのねこ。すぐ近くまで来ていても足音さえ聞こえません。また、ことあるごとに行う毛づくろいによって、ブラシを念入りにかけたような、美しく整った毛並みをつねに維持《いじ》しています。これは、ねこが忍《しの》び寄り型、待ち伏《ぶ》せ型のハンターとして生きてゆくために身につけてきたものです。ねこを含《ふく》めたネコ科の動物は、獲物を見つけると、相手に気がつかれないように身体を低くして、また、足音がしないように堅《かた》く尖《とが》ったツメを引っ込めたまま、少しずつ獲物に忍び寄ります。もし、そこで音をたてたり、ぎこちない動きをしてしまえば、すぐに獲物に気づかれ射程圏内《しゃていけんない》に入る前に逃げられてしまい、狩りは失敗に終わってしまいます。また、日頃《ひごろ》から念入りに毛繕《けづくろ》いをして、自分の身体を清潔に保《たも》ち、余計な汚れや匂《にお》いを取り除いておかなければ、獲聡子はドキドキしていた。顔をはたかれるかもと覚悟《かくご》した。

「だったら、なにしに来たのよ」

のり子の低い声で、聡子は歯をくいしばった。

「帰ってよ！」

のり子がいきなり聡子のシャツを離《はな》した。とっさのことにバランスをくずした聡子は、よろけて、そのまましりもちをついてしまった。

「本当は私のことなんて嫌いなのに、心配してるふりして、うちになんて来ないでよ！」

のり子はしりもちをついた聡子を見おろしていた。その顔は怒《おこ》ってるというより、かなしそうだった。

「別に、心配なんてしてないよ」

聡子はしりもちをついたまま、手についた汚《よご》れをパンパンとたたいた。おしりや手より胸が痛かった。

「友達ぶってるわけじゃないよ」

自分で立ちあがって、スカートについたほこりをきちんとはらう。

「ただ、なんで学校に来ないのかなって思っただけだよ」

②もう、嘘はやめようと思った。

「のり子って、うざいんだけど……。のり子が来ないと、私、ひとりなんだよね。休み時間とか、給食のとき、困るんだよね」

正直に言おうと思った。

「だから、明日は来てね」

のり子は、聡子をじっとにらみつけていた。泣くのをこらえるような目つきだった。

「掃除《そうじ》当番なんか代《か》わってくれなくていいから。宿題もうつさせてくれなくていいから……明日は来てね」

聡子ものり子を見つめかえす。

そして、じゃあねと手をあげると、パッと身体をひるがえして、今来た道を、ひとりで戻っていった。のんびりと散歩する犬とおじいさんを追い抜《ぬ》いて、車がいないことをいいことに、信号を無視して車道に飛び出す。立ちどまりたくなかった。ちょっとでも立ちどまったら、動けなくなりそうだった。

正直に言った。のり子はきっとますます傷ついた。

「そんなことないよ。私にはのり子が必要だよ。いないと死んじゃうくらい、寂《さび》しいから、はやく学校に来て！」

こう言えばのり子が喜ぶってわかってたのに、聡子は言わなかった。だってもう、のり子の子分でいるのはイヤ。笑いたくないのに笑ったり、本当の気持ちとは、違《ちが》うことを言ったりするのも、イヤ。ビート板をつかって泳げば楽だけど、それじゃ本物のスイマーになれないのと同じ。もう嘘はイヤ。私は③もう、ビート板なしで泳いでみたいんだ。

聡子は行進するときみたいに、腕《うで》を大きくふって歩いた。そうでもしないと、足が止まってしまいそうだった。腕を大きくふれば、足は動いて、ちゃんと前に進んだ。聡子の目の前に、ゆっくりと沈《しず》もうとしている、太陽が見えていた。

（草野たき『ハッピーノート』）

問一　――線①「なんで学校に来ないのか、はっきりと知りたかった」とありますが、のり子は何がショックだったのでしょうか。説明しなさい。

問二　[A]と[B]には接続詞がはいります。もっともふさわしいものを次のアからエからひとつずつ選びなさい。

ア　もしくは　　イ　だから　　ウ　だけど　　エ　そのかわり

問三　══線㋐「『預』かった」と、㋑「背筋」の漢字の読み方を書きなさい。

問四　――線②「もう、嘘はやめようと思った」とありますが、いつ見つかった。聡子は、迷わず玄関《げんかん》のチャイムを鳴らした。カバンの中に先生から㋐預かったプリントが入っている。

チャイムは、五回鳴らした。でも玄関のドアは開かなかった。

聡子はやっぱりねって思った。このまま、ポストにプリントだけいれて、帰ることもできた。

それでも聡子は、マンションの入り口まで戻《もど》ると、入り口の花壇《かだん》を囲んでいるブロックにおしりをのせて、しゃがみこんだ。

のり子は、夕方になったら弟を迎《むか》えに行くはずなので、ここで待ってれば会えると思ったのだ。

夕方までには、まだ時間があった。どうせ家に帰っても、やることなんかないのだ。聡子はのり子が出てくるまで、待ちつづけた。

（中略）

おしりが痛くなって、立ちあがる。両手をあげて、㋑背筋をのばす。

自動ドアが開いた。聡子は両手をあげたままの姿勢で、出てきた人をチェックした。

「あっ……」

聡子は両手をあげたままで、のり子と見つめあった。

「久しぶり」

聡子が言うと、のり子はさっと顔をそむけて、歩きだしてしまう。

「のり子！」

聡子はあわててあとを追った。

「なにしに来たの？」

のり子は、あとを追ってくる聡子をじろっとにらむ。

「会いにきたの」

「なんで？」

聡子はこたえにつまってしまう。なんでって言われても、うまく説明できない。カバンの中に先生から預かったプリントはあるけど、もちろんそれだけじゃない。

「私って、迷惑《めいわく》なんでしょ。いっしょにいると、迷惑なんでしょ！」

聡子が黙《だま》ってると、のり子がつづけた。

「聡子だって、世津といっしょなんでしょ。私に助けてもらったり、手伝ってもらうたんびに、うざいって思ってたんでしょ。私といっしょにいるのは、私立《しりつ》の中学に行くまでの辛抱《しんぼう》とか思ってるんでしょ」

聡子は、おもわず目をふせた。やっぱりそうだったんだと、くちびるをかむ。

思ったとおりだった。あの日、世津のお母さんは、のり子に本当のことを話してしまったのだ。それで、のり子は学校に来ようとしないのだ。

それを世津のお母さんのせいだと思うのは、かんたんだった。だけど、聡子だっていけないのだ。世津の転校の本当の理由を言わずに、のり子を世津の家に行かせたのだから。

「聡子もそうなんでしょ」

のり子が立ちどまって、気まずそうな顔をしている聡子を、にらみつける。

「そうなんでしょ！」

のり子が聡子のシャツをつかんで、自分のほうにひきよせる。のり子の顔がすごく近くなって、その勢いで、おもわず本音が出てしまう。

「うん」

のり子が一瞬《いっしゅん》泣きそうな顔を見せる。聡子は、大きく深呼吸してつづけた。

「私、のり子が恐《こわ》くて、いつも本当のことが言えないんだ。［Ｂ］、世津の転校も知らんぷりしたし、嫌《きら》いでも、好きって言ったり、いやでも、いいよって言ってた……だから……」

本音を話す聡子を、のり子が信じられないという顔で見つめていた。

Myojo

二〇二二年度 明星学園中学校

【国語】〈B日程試験〉（五〇分）〈満点：二科受験者は一〇〇点、四科受験者は五〇点〉

一　次の――部を漢字に直しなさい。
(1) 励《はげ》ましの言葉を心にきざむ。
(2) 勢力のかくだいをはかる。
(3) こくもつとはイネ科の植物の種である。
(4) 生活をかいぜんしようと思う。
(5) 虫歯のしょちをする。
(6) 朝の線路のじょせつ作業はつらい。
(7) 岩山がほとんどすいちょくにそそり立っている。
(8) ちそうから貝が発見された。
(9) 生まれこきょうの懐《なつ》かしい記憶《きおく》。
(10) たんじゅんなヤツだ。

二　下記の意味に合う慣用句になるように□に漢字一字を入れなさい。
(1) □を長くする　意味・心待ちにしている様子。
(2) □に食わない　意味・自分の気持ちに合わないので不満に思う。
(3) □い目で見る　意味・人に対して冷たく悪意を持った目で見ること。
(4) □を折る　意味・ある問題を解決するために苦労すること。
(5) 有終の□を飾《かざ》る　意味・物事をやり通して、立派に仕上げること。

三　次の文章を読み、後の問いに答えなさい。

のり子が学校に来なくなって、一週間がたった。

さすがに聡子《さとこ》は、のり子のところに行ってみることにした。

のり子の家は、お母さんも働いてるので、昼間はのり子しかいないはずだった。保育園に通う弟がいて、お迎《むか》えに行ったり、夕食を食べさせたり、お風呂《ふろ》にいれたりするのが、のり子の仕事になっている。

「うちの弟は、お母さんより、私になついてるんだ。私がいないとダメなんだ」

のり子はよくそう言っていた。

聡子はのり子の家にむかいながら、憂鬱《ゆううつ》だった。

本当のことを言えば、のり子を心配してるわけじゃなかった。学校に来ていっしょに遊ぼうよって気分でもなかった。

ただ、気になった。①なんで学校に来ないのか、はっきりと知りたかった。嘘《うそ》でごまかしたり、きりぬけたりしないで、ちゃんと話をきこうと思った。

のり子にきついこと言われて、学校までやめたくなっちゃったらどうしよう。聡子は、のり子より自分が心配だった。

[A]、ちょっと、無理もしてみたい。そしたら、お母さんみたいに苦手なことを克服《こくふく》できたり、うれしいことがおこったりするかもしれない。聡子は、そんな期待をしながら、のり子の家にむかった。

のり子の家は、茶色いマンションの三階だった。遊びに行ったことは、一度もなかった。聡子たちは教室ではいつもいっしょにいたけど、放課後まで遊ぶことなんてなかった。お誕生日会だって、きちんとやるのはなおちゃんくらいだった。世津《せつ》の家だって、行ったことないし、聡子の家に誰《だれ》かが来ることもなかった。

別にそれでよかった。ずっと、それでいいと思ってきた。

マンションの中に入って、三階まであがると、のり子の家はすぐに

2022年度

明星学園中学校 ▶解説と解答

算 数 ＜Ｂ日程試験＞（50分）＜満点：２科受験者は100点，４科受験者は50点＞

解 答

[1] (1) 20.22 (2) $\frac{1}{5}$ (3) 511.5 (4) 2.1 (5) $\frac{45}{49}$ (6) 11.04 [2] (1) 約16時間 (2) 約545年 [3] 0.84の方が$\frac{1}{150}$だけ大きい [4] (1) 10.5cm^2 (2) （例） 解説を参照のこと。 [5] (1) 61.5 (2) （例） 解説を参照のこと。

解 説

[1] 四則計算

(1) $12.52+7.7=20.22$

(2) $\frac{4}{15}+\frac{3}{5}-\frac{2}{3}=\frac{4}{15}+\frac{9}{15}-\frac{10}{15}=\frac{13}{15}-\frac{10}{15}=\frac{3}{15}=\frac{1}{5}$

(3) $60\times8.525=511.5$

(4) $11.13\div5.3=2.1$

(5) $\frac{5}{14}\times1.2\div\frac{7}{15}=\frac{5}{14}\times\frac{12}{10}\div\frac{7}{15}=\frac{5}{14}\times\frac{6}{5}\times\frac{15}{7}=\frac{45}{49}$

(6) $16.2-(14.6+7\times1.6)\div5=16.2-(14.6+11.2)\div5=16.2-25.8\div5=16.2-5.16=11.04$

[2] 単位の計算

(1) この惑星《わくせい》の公転周期は，地球の0.669日にあたる。地球の１日は24時間なので，0.669日＝24×0.669＝16.056時間である。よって，小数点以下を切り捨てると，この惑星の公転周期は，地球の約16時間となる。

(2) 地球の１年は365日であり，この惑星にとっての１年は，地球の0.669日にあたる。すると，地球の１年は，この惑星の，365÷0.669＝545.5…(年)にあたるので，小数点以下を切り捨てて約545年と求められる。

[3] 小数，分数の性質

0.84を分数になおすと，$0.84=\frac{84}{100}=\frac{21}{25}$となる。$\frac{5}{6}$と$\frac{21}{25}$について，６と25の最小公倍数は，６×25＝150であり，通分すると，$\frac{5}{6}=\frac{5\times25}{6\times25}=\frac{125}{150}$，$\frac{21}{25}=\frac{21\times6}{25\times6}=\frac{126}{150}$となる。よって，0.84の方が，$\frac{126}{150}-\frac{125}{150}=\frac{1}{150}$だけ大きいとわかる。

[4] 平面図形―面積

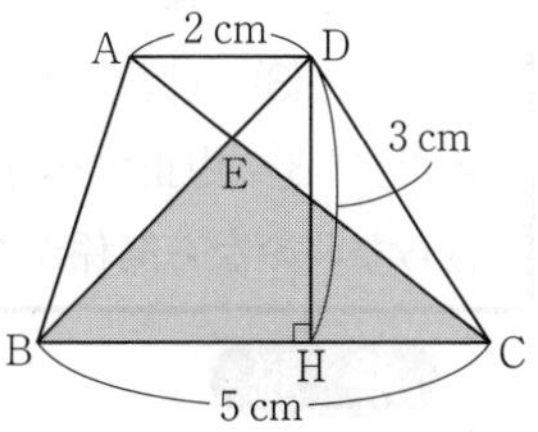

(1) 問題文中の図形の辺の長さを定規で測ると，右の図のように，台形ABCDの上底の長さは，AD＝２cm，下底の長さは，BC＝５cmとわかる。また，点Dから辺BCに垂直《すいちょく》な直線DHを引き，DHの長さを定規で測ると３cmだから，台形ABCDの高さは３cmとわかる。よって，台形ABCDの面積は，（２＋５）×３÷２＝10.5(cm^2)と求められる。

(2)　上の図で，三角形ABCと三角形DBCについて，ともに底辺はBCであり，またADとBCは平行なので高さも等しい。よって，三角形ABCと三角形DBCの面積は等しく，それらの三角形はともに，図でかげをつけた三角形を含《ふく》むので，かげをつけた三角形をのぞいた部分の面積も等しい。したがって，三角形ABEと三角形CDEの面積は等しいとわかる。

5　平面図形―面積

(1)　下の図１で多角形の周上にある格子《こうし》点の個数は●印の27個，多角形の中にある格子点の個数は×印の49個である。ピックの方法によると，(多角形の面積)＝(多角形の周上にある格子点の個数)÷２＋(多角形の中にある格子点の個数)－１なので，図１の多角形の面積は，27÷２＋49－１＝61.5と求められる。

図１

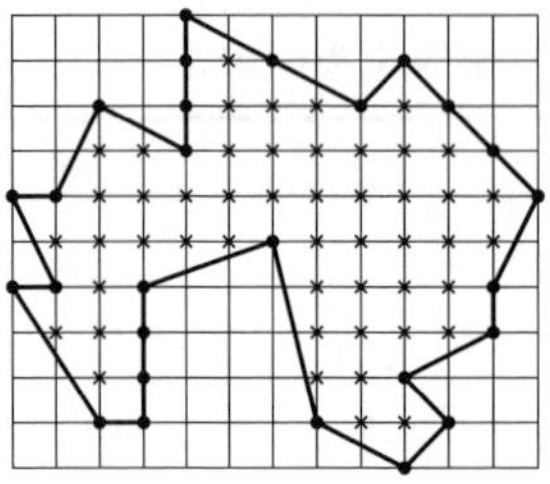

図２

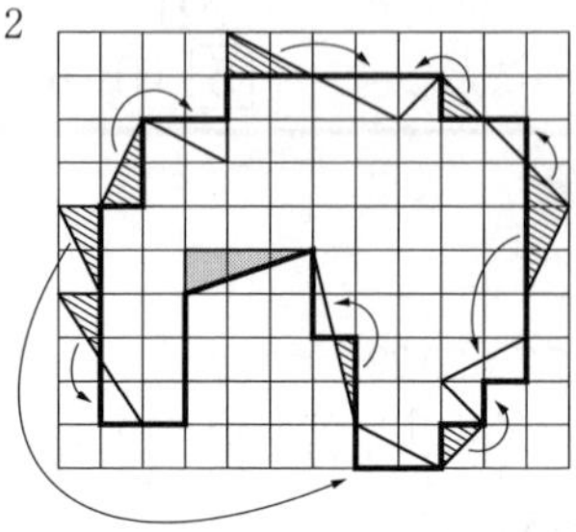

(2)　この多角形のうち斜線《しゃせん》部分を，上の図２のように移動すると，図２の太線の図形となる。太線の図形は，１辺の長さが１の正方形60個とかげをつけた直角三角形でできている。正方形60個の面積の合計は，１×１×60＝60，かげをつけた直角三角形の面積は，１×３÷２＝1.5なので，太線の図形の面積は，60＋1.5＝61.5となり，(1)でピックの方法によって求めた面積と同じになる。

社　会　＜Ｂ日程試験＞（30分）＜満点：50点＞

解　答

1　**問１**　(1)　①　北海道　　②　静岡県　　③　福島県　　(2)　(例)　外国から来た選手や観光客の人たちが，日本語がわからなくても，意味がわかるようにするため。　**問２**　(1)　衆議院　(2)　岸田文雄　**2**　**問１**　(1)　北京　(2)　アフガニスタン　**問２**　太平洋戦争(第二次世界大戦)　**問３**　中国　**問４**　寺子屋　**問５**　(1)　(例)　河川などを通じて流出したプラスチックごみが大量に海にただよい，それが原因で海洋の生態系に影響を与えているという問題。(マイクロプラスチックといわれるような微細な粒子が将来われわれの健康に影響を及ぼす心配があるという問題。)　(2)　**グラフ１**…(例)　意外にレジ袋は少なく，ペットボトルとかほかのごみが多い。　**グラフ２**…(例)　原油の中でプラスチックになる割合が意外に少ない。　(3)　(例)　Ａ：続けていくべき／少しでもごみを減らすことにつながるなら，続けるべきだ。(Ｂ：中止すべきだ／確かにプラスチックごみの問題は重要だが，レジ袋を有料化しても減らないのなら関係がない。)　(4)　(例)　ポイ捨てをしないこと。(リサイクルをすること。)

解　説

1　東京オリンピック・パラリンピック競技大会を題材とした問題

問１　(1)　①　日本で最も北に位置する北海道は，全都道府県のなかで最も面積が大きく，冷帯に属している。先住民のアイヌの人々は，狩りや漁を中心とする独自の文化を形成してきた。　②　静岡県では，県中部の牧之原《まきのはら》台地などで茶がさかんに栽培されており，静岡県の茶の収穫《しゅうかく》量は全国第１位，ミカンの収穫量は，和歌山県，愛媛県についで全国第３位となっている。また，県東部では伊豆半島が南にのびている。統計資料は『日本国勢図会』2021／22年版による。　③　福島県は東北地方の南に位置し，北海道，岩手県についで全国で３番目に面積が大きい。2011年に発生した東日本大震災では，地震の揺れと津波の被害を受けた東京電力の福島第一原子力発電所で重大な事故が発生し，日本や世界の原子力政策に大きな影響《えいきょう》を与えた。　(2)　ピクトグラムは絵記号ともよばれ，1964年の東京オリンピックをきっかけとして利用が広まった。これは，言語が理解できなくても場所や施設などの情報が伝えられるようにするための工夫で，日本を訪れる外国人のため，駅や空港などの交通機関をはじめ，役所や観光地などにも設置されている。

問２　(1)　日本の国会では，衆議院と参議院の二院制が採用されている。衆議院議員は任期４年で，任期途中《とちゅう》での解散もあるが，参議院議員は任期６年で解散はない。2021年10月には衆議院が解散され，これにともなって総選挙が行われた。　(2)　岸田文雄《きしだふみお》は，2021年９月に菅義偉《すがよしひで》前首相のあとを受けて自由民主党(自民党)の総裁に選出されると，翌10月，国会で内閣総理大臣に指名された。そして，同月，衆議院を解散し，これにともなって行われた総選挙で自由民主党と公明党の与党が勝利すると，再び内閣総理大臣に指名された。

2　**オリンピックの歴史についての会話文を題材とした問題**

問１　(1)　2022年２月，中国の首都北京《ペキン》で，新型コロナウイルス感染症《しょう》対策が厳しく行われるなか，冬季オリンピック北京大会が開催《かいさい》された。　(2)　アフガニスタンは西アジアの内陸国で，イスラム武装勢力のタリバンがにぎっていた政権を2000年代にアメリカ軍が倒《たお》し，民主的な政権を樹立した。しかし，治安維持をになっていたアメリカ軍が2020年に撤退《てったい》を表明すると，タリバンは再び勢いを強め，2021年８月に首都カブールを制圧して政権を取りもどした。

問２　日本は1937年に始まった日中戦争から長い戦争状態に入り，1939年から始まった第二次世界大戦，1941年から始まった太平洋戦争で敗戦国となった(戦争終結は1945年)。空襲《くうしゅう》や原子爆弾《ばくだん》の投下などで焼け野原となった日本は，GHQ(連合国軍最高司令官総司令部)の占領統治をへて民主化と経済復興をはたし，1950年代後半からは，高度経済成長期とよばれるめざましい経済成長をとげた。

問３　1931年，中国東北部の満州にいた日本軍(関東軍)は，柳条湖《りゅうじょうこ》付近で南満州鉄道の線路を爆破し(柳条湖事件)，これを中国軍のしわざとして軍事行動を起こした。日本軍は半年あまりで満州の大部分を占領すると，翌32年には満州国を建国し，これを植民地として支配した。この一連の事件は，満州事変とよばれる。

問４　寺子屋は，江戸時代に全国各地につくられた庶民《しょみん》の子どものための教育機関で，僧侶《そうりょ》や武士らが先生となり，「読み書きそろばん」などを教えた。

問５　(1)　容器や包装などに多く使用されているプラスチックがごみとして河川などから海に流れこみ，海中にただよっているものを，海洋プラスチックごみという。プラスチックは自然の力ではなかなか分解されないため，長期間海にただよってしまい，えさとまちがえて海の生き物が食べてしまうこともある。また，紫外線《しがいせん》や波の力で細かくくだかれてマイクロプラスチックとよばれるごく小さな粒《つぶ》になるものもあり，こうしたものを海の生き物が食べ，これを通じて人間の体の中にも入るおそれがあるなど，生態系や人間の健康に影響をおよぼす可能性が指摘《してき》されている。　(2)　グラフ１からは，日本の沿岸に漂着《ひょうちゃく》したごみで最も多いのがペットボトルで，２番目に多い漁具と合わせると全体の半分以上を占《し》めていることや，レジ袋《ぶくろ》をふくむポリ袋や食品包装材の割合がかなり少ないことなどが読み取れる。また，グラフ２からは，原油の９割以上が燃料などのエネルギーに用いられており，プラスチックの割合は2.8％に過ぎないことなどが読み取れる。　(3)　レジ袋の有料化によって少しでも排出《はいしゅつ》されるごみが減るのであれば，レジ袋の有料化には意味があることになるのだから，レジ袋の有料化は続けるべきという立場に立てる。一方，文章①～④のような考え方を支持する場合や，資料にあるように，レジ袋が海洋プラスチックごみ問題や原油の消費に与える影響は限定的だと考える場合には，レジ袋の有料化を中止すべきという立場に立つことになる。　(4)　日常生活においてプラスチックごみ問題を解決するために個人あるいは家庭でできることとしては，ごみをきちんと分別して捨て，可能なものはリサイクルすることや，不要な包装は断ること，使い捨てのプラスチック製品を使わないようにすることなどが考えられる。

理　科　＜Ｂ日程試験＞（30分）＜満点：50点＞

解　答

1　**問１**　(1)　雲　(2)　◎　(3)　**1**　18　**2**　23　**3**　5　**4**　晴れ　**問２**　(1)　**1**　(イ)　**2**　(ウ)　**3**　(ア)　**4**　(オ)　(2)　①　二酸化炭素　②　アンモニア　**問３**　(1)　**1**　(エ)　**2～4**　(ア)，(カ)，(ク)　**5**　(ウ)　(2)　ヨウ素液　(3)　でんぷん　**2**　**問１**　**1**　振れ幅　**2**　大きく　**3**　小さく　**4**　時間あたりの回数　**5**　高く　**6**　低く　**問２**　(例)　音の時間あたりの振動の回数が一定数より減ると，人には聞こえなくなる。　**問３**　(1)　コルチ器　(2)　神経　(3)　卵円窓　(4)　耳小骨　(5)　鼓膜　**問４**　(例)　面積の大きな鼓膜の振動を面積の小さな卵円窓に伝えることで，うずまき管の壁を振るわす力が大きくなり，うずまき管の内部の液体を振動させることに役立っている。

解　説

1　気温の変化，気体の性質，種子の発芽についての問題

問１　(1)　空全体を10としたときの雲の割合が０～１のとき「快晴」，２～８なら「晴れ」，９～10では「くもり」である。　(2)　「くもり」の天気記号は◎で示す。ちなみに，「快晴」は○，「晴れ」は⦶である。　(3)　「くもり」の日のグラフを読み取ると，４時に最低気温である18℃，14時に最高気温である23℃を示している。よって，１日の中での気温の差は，23－18＝５(℃)となり，「晴れ」の日の９℃と比べて小さいことがわかる。

問２　(1)　アンモニアには鼻をさすような刺激臭《しげきしゅう》がある。酸素は空気中の約20％をしめ，ものを燃やすはたらき(助燃性)がある。二酸化炭素は空気中に約0.04％含《ふく》まれていて，石灰水に溶《と》けている水酸化カルシウムと反応すると，水に溶けにくい炭酸カルシウムができるため白くにごる。また，ちっ素は水にほとんど溶けない気体で，地球の大気のおよそ80％をしめる。なお，すべての気体の中でもっとも軽い気体は水素である。　(2)　二酸化炭素が水に溶けたものが炭酸水で，酸性を示

す。また，アンモニアは水にとてもよく溶ける気体で，水溶液《すいようえき》はアルカリ性である。

問３　(1)　種から芽が出ることを発芽といい，ほとんどの植物では発芽するために水，空気，適度な温度の３つの条件がそろう必要がある。さらに，発芽した後の植物が成長するためには，光合成を行って自ら養分をつくりださなければならない。光合成には，二酸化炭素と水のほかに光が必要である。　(2)，(3)　発芽前の種には，発芽のために必要な養分が含まれている。この養分のうち，でんぷんにヨウ素液が反応すると，茶かっ色から青むらさき色に変化する。

2　音についての問題

問１　音の大きさは音の性質を示す３要素(音の大きさ，音の高さ，音色)のうちの１つで，アのように音を出すものの振《ふ》れ幅《はば》が大きくなれば音も大きくなり，反対に，イのように振れ幅が小さくなると音も小さくなる。また，音の高さは時間あたりの振動《しんどう》の回数で決まる。ウのように時間あたりの振動の回数が多い音は高くなり，エのように時間あたりの振動の回数が少ない音は低くなる。

問２　弦《げん》を張る強さを弱くすると，時間あたりの振動の回数が減って低い音になる。しかし，ヒトが聞き取ることができる音の振動の回数は１秒間あたり20回から20000回の間なので，振動の回数がこれより少なくなったため音が聞こえなくなったと考えられる。

問３　(1)　水の振動を音として感知するマイクは，ヒトの耳ではうずまき管の内部にある液体の振動を感知するコルチ器にあたる。　(2)　マイクにつながった導線は，ヒトの耳では感知した振動の情報を脳へ伝える神経のはたらきをしている。　(3)　円筒《えんとう》の水面に乗っている板は，ヒトの耳では耳小骨につながっているうずまき管のふたにあたる卵円窓にあたる。　(4)　板の上のプラスチックの棒は，ヒトの耳では鼓膜《こまく》と卵円窓につながる耳小骨のはたらきをしている。　(5)　ビニールのまくは，スピーカーから出た音のうち大きい円筒を通って伝わった振動を受け取っていることから，鼓膜にあたると考えられる。

問４　空気の振動は，空気の重さが軽いことからわずかな力しかないが，大きい面積の鼓膜で振動を受け取って小さい面積の卵円窓に伝えることで，うずまき管の壁《かべ》を動かす力が大きくなり，空気より重いうずまき管の内部の液体を振動させることができる。

国語　＜Ｂ日程試験＞(50分)＜満点：２科受験者は100点，４科受験者は50点＞

解答

一　下記を参照のこと。　**二**　(1)　首　(2)　気　(3)　白　(4)　骨　(5)　美

三　**問１**　(例)　友達だと思っていた世津が，本当はのり子から助けられたり手伝われたりすることを嫌がり，のり子とは一緒にいたくないと考えていたこと。　**問２**　**Ａ**　ウ　**Ｂ**　イ　**問３**　**ア**　あず(かった)　**イ**　せすじ　**問４**　(例)　私にはのり子が必要だよ。　**問５**　(例)　のり子の気分をよくさせるために，自分の気持ちにうそをついていたが，本当の気持ちを伝えてのり子との関係を改善したいということ。　**問６**　イ　**四**　**問１**　究極の瞬殺のハンターへと進化を遂げた姿のいわば副産物(として備わっている。)　**問２**　エ　**問３**　我慢強さ　**問４**　**ねこ**…(例)　単独で，短時間で狩りを行う。　**いぬ**…(例)　群れで協力し，長期戦で狩りを行う。　**問５**　ア　**問６**　**Ｃ**　ア　**Ｄ**　イ　**問７**　**マイナス面**…(例)　マ

イペースで協調性がないので，同僚たちとうまくやっていけない。　**プラス面**…(例)　社会や組織が協調性や上下関係を重視するあまり，間違った方向に暴走するのを止める。

●漢字の書き取り

一　⑴　刻(む)　⑵　拡大　⑶　穀物　⑷　改善　⑸　処置　⑹　除雪
⑺　垂直　⑻　地層　⑼　故郷　⑽　単純

解説

一　漢字の書き取り

⑴　音読みは「コク」で，「時刻」などの熟語がある。　⑵　広げて大きくすること。　⑶　いねや麦など，種子を人間が主食として食べる植物。　⑷　あるものの質や状態をより理想的なものにすること。　⑸　物事にうまく対応したり，けがの手当てをしたりすること。　⑹　道路や屋根などに積もった雪を取りのぞくこと。　⑺　水平面や地面に対して直角の方向。　⑻　岩や石などがたい積してできた層。　⑼　生まれ育ったり，一定期間暮らしたりして，思い入れのある町や都市。　⑽　複雑さがなく，わかりやすいさま。

二　慣用句の知識と完成

⑴「首を長くする」は，今か今かと心待ちにするさま。　⑵「気に食わない」は，気に入らず反感を持つこと。　⑶「白い目で見る」は，人に冷たい視線を向けること。　⑷「骨を折る」は，何かのために苦労すること。　⑸「有終の美を飾《かざ》る」は，最後の機会にりっぱな結果を残すこと。

三　出典は草野《くさの》たきの『ハッピーノート』による。

小学校を一週間休んでいるのり子に会いに行った聡子《さとこ》。のり子が学校に来ないのは，共通の友人である世津《せつ》から「うざい」と思われていた事実を知ったからだと確かめた聡子は，自身も初めて本音でのり子に向き合う。

問1　聡子と会ったときのり子の言葉や，それに対する聡子の反応をおさえる。のり子は聡子に対し，聡子も「世津といっしょ」で自分のことを「うざい」と感じており，「いっしょにいるのは，私立の中学に行くまでの辛抱《しんぼう》」だと考えているのだろう，となじっている。その言葉を受け，聡子は「思ったとおり」,「世津のお母さん」が「のり子に本当のことを話してしまった」ために「のり子は学校に来ようとしないのだ」とさとっている。そして，自分自身ものり子に「世津の転校の本当の理由」を教えずに「のり子を世津の家に行かせた」とふり返っている。こうしたことから，のり子が学校に来なくなったのは，世津の母から「世津の転校の本当の理由」，すなわち世津がのり子とのかかわりを迷惑《めいわく》で「うざい」と感じていることを聞き，傷ついたためだとわかる。

問2　**A**　のり子に会って「きついこと」を言われないかと聡子は自分を心配する一方で，あえて「ちょっと，無理もしてみたい」，そうすれば「苦手なことを克服《こくふく》でき」るかもしれない，と期待している。よって，前のことがらと対立することがらを後に続けるときに使う「だけど」がよい。

B　聡子は，「のり子が恐《こわ》」かったからこそ，のり子が喜ぶ言葉ばかりを言い，「世津の転校の本当の理由」も教えなかったのだと打ち明けている。よって，前のことがらを理由・原因として，後にその結果をつなげるときに用いる「だから」が合う。

問3　**ア**　音読みは「ヨ」で，「預金」などの熟語がある。　**イ**　背中の中心を走るすじのこと。

問4　聡子はのり子に対して「嫌《きら》い」でも「好き」と言ったり，「いや」でも「いいよ」と言ったり，本音とは異なる聞こえのよい言葉ばかりかけていた。また，本文の終わり近くにも，「私にはのり子が必要だ」「いないと死んじゃうくらい，寂《さび》しい」と言えば「のり子が喜ぶ」とわかっていたと書かれている。しかし，実際には，世津と同じ気持ちだったのかとのり子から問われた聡子は「うん」と答えており，のり子は「泣きそうな顔」になっている。これらのことから，今までの聡子であれば，世津とちがって自分はのり子を「迷惑」とは思っておらず，むしろいないと「寂しい」，必要な存在であることを伝えたと想像できる。

問５　これまで聡子はのり子を喜ばせる嘘《うそ》をつくことで，「ビート板」を使って楽に泳ぐように，学校生活を送るうえで都合のよい友人関係を維持《いじ》してきた。その結果，のり子やほかの友人たちとは「教室ではいつもいっしょにい」るが「放課後まで遊ぶこと」はなく，おたがいの家に行ったことすらなかったことが描《えが》かれている。腹を割って話せる仲ではなかったことを聡子は，「別に」，「ずっと，それでいいと思ってきた」と考える一方で，「ビート板なしで泳」ぐように，嘘をつくことをやめ，摩擦《まさつ》をおそれずに「正直」な気持ちでのり子と向き合うことによって，母が無理をして「苦手なことを克服」したように「うれしい」結果が得られるかもしれないと期待している。こうした聡子の，のり子に対する態度の変化と，これからは「子分」ではなく対等な関係になろうとする決意をまとめるとよい。

問６　ぼう線部①の直後，聡子はのり子に対して「嘘でごまかしたり，きりぬけたりしない」ことを決意しているので，イが誤り。

四　**出典は山根明弘《やまねあきひろ》の『ねこの秘密』による。**人間がねこに感じる魅力《みりょく》は，ねこが獲物《えもの》を狩《か》って生きてきた結果得たものだと述べたあと，ねこといぬの性格の違《ちが》いをそれぞれの狩りの特徴《とくちょう》から説明し，さらに，ねこやいぬのような性格を持った人間と，社会や組織との関係に論を展開している。

問１　本文の二段落目で，ねこに「美しさ」や「しなやかさ」，そして「優美さ」といった魅力が備わっている理由について，「ねこが究極の瞬殺《しゅんさつ》のハンターへと進化を遂《と》げた姿のいわば副産物」であると説明されている。

問２　続く部分で，ねこの目が大きい理由について，「暗い中でも最大限の光を目の中に取りこ」むことで，「獲物を見つけて捕《と》らえるため」だと述べられている。また，ぼう線部②の前の部分ではねこを「夜行性の瞬殺のハンター」と説明していることもふまえると，エが合う。

問３　ぼう線部②に続く部分で，ねこの「きまぐれ」と「飽《あ》きっぽさ」は「いぬ」の「忠実さと我《が》慢《まん》強さと全く対照的」であると語っていることから，「飽きっぽさ」に対応する言葉は「我慢強さ」だとわかる。

問４　**ねこ**…ぼう線部③に続く部分で筆者は，ねこのハンティングの特徴として，「必要なことはすべて自分で決定」するなど，「単独で行動」することをあげている。さらに二段落あとでは，ねこは「獲物に忍《しの》び足で近づき」，「爆発《ばくはつ》的な瞬発力を武器に，一気に飛びかかって短時間で勝負を決め」ると説明している。よって，単独で行動することと短時間で勝負を決めることの二つを特徴としてまとめればよい。　　**いぬ**…空らんＢの前の部分に，いぬは「狩りをするときも群れで協力」するとある。さらに二段落あとでは，いぬが「時間をかけて，我慢強く獲物のあとを追いかけて走りつづけ」る「長期戦の狩り」を得意としていることが書かれている。以上をふまえ，群れで協力することと長期戦の狩りを行うことの二つを書くとよい。

問５　空らんＢの直前では，いぬは「組織的な狩り」をするため，「リーダー」の存在や「メンバ一間」での協力，「無用な争いを避《さ》けるための序列」などが必要だと説明されている。つまり，いぬは立場が上の者の指示に従うことで集団の秩序《ちつじょ》を保っているとわかるため，アがふさわしい。

問6　**C**　前後では，ねこといぬの「ハンティング方法の違い」から，日本の社会と「いぬ型社会」の共通点や，その中での「ねこ型人間」の生き方に話題が変わっている。よって，それまで述べてきたことが終わり，新しい話題に移ることを示す「さて」が合う。　**D**　前では，「ねこ型人間」について，素《す》のままでは「いぬ型社会」になじみにくいとした一方で，あとでは「いぬ型社会」の「暴走」を止められる点で社会に「必要」な存在であるとも述べられている。よって，前のことがらを受けて，それに反する内容を述べるときに用いる「しかし」がよい。

問7　**マイナス面**…ぼう線部④の前後で筆者は，「集団行動や上下関係を重視する」日本の組織の中では，「マイペースで協調性のない『ねこ型人間』」は「同僚《どうりょう》たちともうまくやっていけ」ないだろうと説明している。　**プラス面**…空らんＤに続く部分で，「いぬ型社会」は「協調性や上下関係を重視するあまり，間違った方向に暴走しかねない」と指摘《してき》したうえで，「誰《だれ》にも媚《こ》びない」「ねこ型人間」の言葉は「暴走の歯止めになる」可能性があると語られている。

Dr.福井の 入試に勝つ！脳とからだのウルトラ科学

試験場でアガらない秘けつ

キミたちの多くは，今まで何度か模擬試験（たとえば合不合判定テストや首都圏模試）を受けていて，大勢のライバルに囲まれながらテストを受ける雰囲気を味わっているだろう。しかし，模擬試験と本番とでは雰囲気がまったくちがう。そういうところでも緊張しない性格ならば問題ないが，入試独特の雰囲気に飲みこまれてアガってしまうと，実力を出せなくなってしまう。

試験場でアガらないためには，試験を突破するぞという意気ごみを持つこと。つまり，気合いを入れることだ。たとえば，中学の校門前にはあちこちの塾の先生が激励《げきれい》のために立っている。もし，キミが通った塾の先生を見つけたら，「がんばります！」とあいさつをしよう。そうすれば先生は必ずはげましてくれる。これだけでもかなり気合いが入るはずだ。ちなみに，ヤル気が出るのは，TRHホルモンという物質の作用によるもので，十分な睡眠をとる，運動する（特に歩く），ガムをかむことなどで出されやすい。

試験開始の直前になってもアガっているときは，腹式呼吸が効果的だ。目を閉じ，おなかをふくらませるようにしながら，ゆっくりと大きく息を吸う。ここでは「ゆっくり」「大きく」がポイントだ。そして，ゆっくりと息をはく。これをくり返し何回も行うと，ノルアドレナリンという悪いホルモンが減っていくので，アガりを解消することができる。

よく「手のひらに“人”の字を書いて飲みこむことを3回行う」とアガらないというが，そのようなおまじないを信じて実行し，自分に暗示をかけてもいいだろう。要は，入試に対するさまざまな不安な気持ちを消し去って，試験に集中できるようなくふうをこらせばいいのだ。

Dr.福井（福井《ふくい》一成《かずしげ》）…医学博士。開成中・高から東大・文Ⅱに入学後，再受験して翌年東大・理Ⅲに合格。同大医学部卒。さまざまな勉強法や脳科学に関する著書多数。

Memo

Myojo　2021年度　明星学園中学校

〔電　話〕 (0422) 43―２１９６
〔所在地〕 〒181-0001　東京都三鷹市井の頭５―７―７
〔交　通〕 JR中央線―「吉祥寺駅」より徒歩15分またはバス
京王井の頭線―「井の頭公園駅」より徒歩10分

【算　数】〈Ａ日程試験〉（50分）〈満点：100点〉

（注意）コンパス・三角定規を必ず持参してください。

1　次の計算をしなさい。(答えが約分できるときには必ず約分すること)

(1)　$2021-1818.9$　　(2)　$\frac{6}{7}-\frac{2}{3}+\frac{16}{21}$　　(3)　2.3×3.7

(4)　$12.321\div3.33$　　(5)　$5.7\div\frac{19}{20}\times6.5$　　(6)　$(21-4.35)\times6+\frac{1}{10}$

2　2019年まで日本のプロ野球の年間の試合数は143試合でした。しかし，2020年は新型コロナウイルス感染防止対策として開幕を先延ばしにしたため，年間の試合数は120試合でした。さて，2020年の試合数は，2019年までの試合数の約何倍になりますか。小数第２位以下を切り捨てて，小数第１位までで答えなさい。

3　2020年12月６日に小惑星《しょうわくせい》探査機『はやぶさ２』が地球へ帰還《きかん》し，小惑星リュウグウの砂の入ったカプセルを回収することに成功しました。『はやぶさ２』は，2014年12月３日にH2Aロケットで打ち上げられてから，約６年間で約50億 km の旅をしました。さて，『はやぶさ２』は平均すると１年間に約何億 km の旅をしたことになりますか。小数点以下は切り捨てて答えなさい。

4　$\frac{2}{3}\text{m}^2$について，以下の問いに答えなさい。

(1)　次の等号(＝)が成り立つように，□の中に数を入れなさい。

$$\frac{2}{3}\text{m}^2=\frac{\square}{9}\text{m}^2=\frac{8}{\square}\text{m}^2$$

(2)　あなたが(1)で答えた数が正しいことを，下の正方形の図を使って示しなさい。(図に線をかき入れるときは，定規で測ってなるべく正確に引くこと)

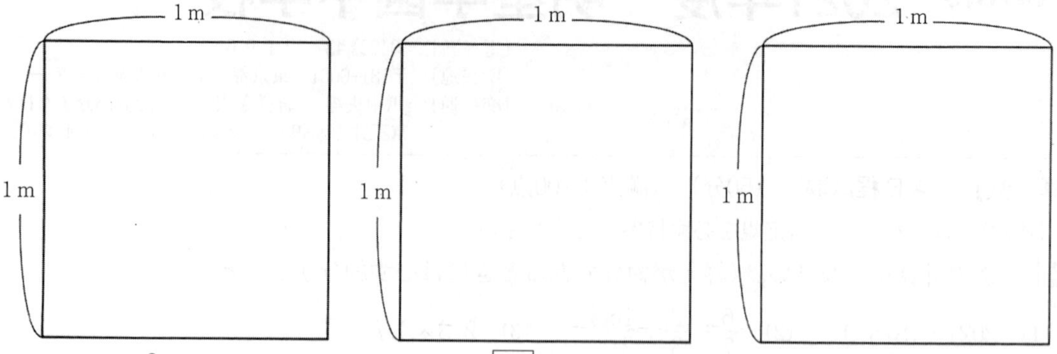

$\frac{2}{3}$ m² の図　　$\frac{\square}{9}$ m² の図　　$\frac{8}{\square}$ m² の図

5 下の三角形と周の長さも面積も等しい四角形を作図しなさい。(作図した図がもとの図と重なってもかまいません)

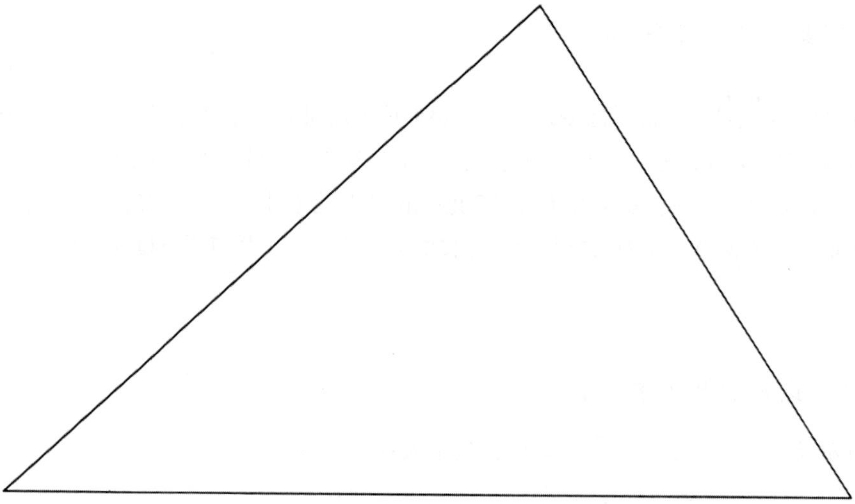

6 皆さんは，13年もしくは17年おきに大発生するセミが生息していることを知っていますか。この２種類のセミは，アメリカに生息しており，13と17が素数であることから**『素数ゼミ』**と呼ばれています(周期ゼミと呼ばれることもある)。今年2021年は，ニューヨーク付近で素数ゼミが大発生するのではないかと予言されています。その理由は，17年前の2004年にニューヨークなどで60億匹《ひき》ほど発生した種類のセミが，それ以来姿を見せていないからです。

素数ゼミの特徴《とくちょう》は，正確な体内時計によって13年もしくは17年おきに一斉《いっせい》に羽化《うか》する(地中にいた幼虫が地上に出てきて成虫になる)ということです。したがって，素数ゼミはそれぞれ生息地域ごとに13年もしくは17年に一度ずつしか発生しないのです。毎年，日本では夏になるとアブラゼミやミンミンゼミ，ツクツクホウシなど何種類ものセミの声が聞こえてくるので，ずいぶんと違う話ですね。したがって，素数ゼミと日本のセミでは主に以下の３点が違うことになります。

① **成虫になるまで10年以上の長期間を要する。**

② **常に同じ場所で一度に大発生する。**

③ **成虫になるまでの期間が，きっかり13年の種と17年の種のみがいる。**

これらの特徴は，静岡大学の吉村仁教授によって発見されました。吉村教授によると，地球上にセミが登場したのは，なんと２億年以上前だそうです。この頃は比較《ひかく》的温暖な気候だったので，様々な生物が存在しており，恐竜《きょうりゅう》もいました。それから何度かの氷河期を経て多くの生物が絶滅《ぜつめつ》するなか，北米大陸(アメリカ・カナダ・メキシコの３カ国)のある地域では暖流や地形の影響《えいきょう》であまり気温が下がらないところがありました。その地域のセミたちは，その土地で10年以上かけてゆっくりと成長して成虫になっていったそうです。

素数ゼミの先祖には，12年，13年，14年，15年，16年，17年，18年周期で羽化するセミ(以下「○○年ゼミ」とする)もいたそうです。主に北部には，14年ゼミ，15年ゼミ，16年ゼミ，17年ゼミ，18年ゼミがいたようです。一方，主に南部には，12年ゼミ，13年ゼミ，14年ゼミ，15年ゼミがいたようです。しかし，絶滅することなく生存しているのは，北部の17年ゼミと南部の13年ゼミだけです。

なぜ，素数ゼミは絶滅しなかったのでしょうか。それは，長い年月を経てようやく地上に出ても，異なる周期で羽化する群どうしが，まれに同じ年に羽化することがあるからです。くわしい理由は省略しますが，同じ年に羽化する機会の多い種は長い時間をかけて群れが小さくなり，絶滅してしまったのではないかと考えられています。つまり，素数ゼミが絶滅せずに現在に至ったのは，同じ年に羽化する機会が少ない種だったからなのです。

それでは，実際に北部にいた素数ゼミの先祖の14年ゼミ，15年ゼミ，16年ゼミ，17年ゼミ，18年ゼミで確認してみましょう。それぞれの羽化する周期は最小公倍数を計算してみるとわかります。まずは，14年ゼミと他の種が同じ年に羽化する機会についての結果から発表します。14年ゼミと15年ゼミは「210年に一度」，14年ゼミと16年ゼミは「112年に一度」，14年ゼミと17年ゼミは「238年に一度」，14年ゼミと18年ゼミは「126年に一度」です。この結果から，確かに17年ゼミが同じ年に羽化する機会が１番少ないことがわかります。しかも，16年ゼミは17年ゼミの2.1倍以上，18年ゼミは17年ゼミの1.8倍以上も同じ年に羽化する機会が多いので，16年ゼミと18年ゼミが絶滅してしまったこともわかります。しかし，15年ゼミが同じ年に羽化する機会は17年ゼミの約1.1倍でほとんど変わらないのに，なぜ絶滅したのでしょうか。それは，15年ゼミと18年ゼミの同じ年に羽化する機会について周期を計算してみるとわかります。15年ゼミと18年ゼミは「90年に一度」ですから，14年ゼミと17年ゼミの「238年に一度」の2.6倍以上も同じ年に羽化する機会が多いことになります。『17』は素数ですから，15年ゼミ，16年ゼミ，17年ゼミ，18年ゼミと同じ年に羽化する機会について計算しなくても，14年ゼミとの「238年に一度」よりも周期が長くなることがわかります。よって，北部では同じ年に羽化する機会が少ない種である17年ゼミだけが絶滅しなかったと考えられているのです。

さて，問題です。南部にいた素数ゼミの先祖である12年ゼミ，13年ゼミ，14年ゼミ，15年ゼミのうち，13年ゼミだけが絶滅しなかったことを確認するために，以下の問いに答えなさい。(すべての問いについて，求め方をわかるようにしておくこと)

(1) 12年ゼミと13年ゼミの場合の同じ年に羽化する周期を求めなさい。

(2) 12年ゼミと14年ゼミの場合の同じ年に羽化する周期を求めなさい。

(3) 12年ゼミと15年ゼミの場合の同じ年に羽化する周期を求めなさい。

(4) (1), (2), (3)の結果から，13年ゼミが12年ゼミ，14年ゼミ，15年ゼミと比べて同じ年に羽化する機会が約何倍少ないですか。小数第２位以下を切り捨てて，小数第１位までで答えなさい。

※ ちなみに，11年周期がいないのは未成熟のものが多く，逆に19年周期がいないのは地中生活が長すぎて，モグラ等による捕食《ほしょく》や細菌《さいきん》感染があり，生き残れなかったのではないかと考えられています。

生息しており、トビの姿も結構見られたという。それが、東京の都市化が急激に進み東京圏《とうきょうけん》へと都市化の波が広がり、その中心部が高層ビル化するにつれ、ブトが優占するようになった。都市化がブトの増加を促進《そくしん》したのである。

東京の東部から千葉県北西部についてみると、墨田《すみだ》区や江東《こうとう》区ではブトが繁殖《はんしょく》している。しかし、江戸《えど》川を渡《わた》って千葉県市川市に入ると、わが家の周辺で繁殖しているのは明らかにボソである。桐原《きりはら》政志氏によれば、東京湾に面した稲毛地域では、かつてはボソのみであったが、団地群の出現や人口増加につれてブトが増加しているという。

一般的《いっぱんてき》には、都市の規模《きぼ》が小さい田園都市タイプでは[E]が、都市が肥大化《ひだいか》しその中心部の建物が高層ビル化するにつれて[F]が優占するようになるといえそうだ。このように、都市に生息しているハシブトとハシボソの生息状態から、都市の規模や都市構造を推定することも出来そうである。

仙台市内でカラスの調査をした際に驚いたのは、ハシブトとハシボソの二種類が同時に国分町の繁華街の残飯をあさりに飛来するということであった。ボソが生息しているということは、百万都市の仙台といえども、まだまだ[G]ことを物語っている。

（唐沢孝一『カラスはどれほど賢いか』）

（注）優占…優勢な状態にあること。
田園都市…緑や緑地を街づくりに多く取り入れた、郊外《こうがい》の都市。

問一　――①「何時ごろ」ゴミが出されるかで、どのような差が生じるのか。この後の文章を読んで、説明しなさい。

問二　――②「『夢の島』タイプのゴミ処理方法」とはどのようなものですか。説明しなさい。

問三　[A]～[D]に入れる語として最も適当なものを次のア～エよりそれぞれ選び、記号で答えなさい。

ア　しかし　　イ　というのも
ウ　つまりは　　エ　一方

問四　――③「物に対する哲学《てつがく》が関東とは異なる」とあるが、関東の物に対する哲学はどのようなものだと考えられますか。具体的に説明しなさい。（※ここでの「哲学」は「考え方」の意味です）

問五　――④「銀座に飛来するカラスはすべてハシブトガラス」であるのはなぜだと考えられますか。本文の内容にそって説明しなさい。

問六　[E]・[F]に入る語をそれぞれ答えなさい。

問七　本文の内容に沿うように[G]を埋めなさい。

である。

　仙台《せんだい》市内の繁華街、国分町でも、路上に出される残飯などのゴミの量は多い。銀座と同様に、カラスも多数飛来する。銀座でゴミをあさるカラスの生態をテレビ番組で見た仙台市清掃局《せいそうきょく》では、カラス対策としてゴミ収集時刻を深夜に切り換《か》えてみたところ、カラスは確かに激減したという。カラスの数をコントロールするには、食物資源を絶つに限る。とはいえ、飲食店にゴミを路上に出す時刻を遵守《じゅんしゅ》してもらわなければならないし、清掃作業を深夜に実施《じっし》するにはそれなりの問題があるとみえ、国分町では、いつの間にかもとの状態に戻《もど》り、相変わらずカラス天国だという。札幌市の薄野《すすきの》もまた、飲食店から生ゴミが乱雑に出され、たくさんのカラスがやって来る。薄野も国分町も、カラスから見れば東京の「銀座タイプ」のゴミ収集方法なのである。

　名古屋市の栄町も飲食店が軒《のき》を並べているが、ここではカラスは驚《おどろ》くほど少ない。ゴミ収集作業は深夜ではなく早朝なので、カラスが残飯を狙《ねら》うことは不可能ではない。しかし、ここでは、ゴミを黒いビニール袋に入れ、しっかりと縛《しば》って路地に出しているし、袋を開ける浮浪者《ふろうしゃ》がいない。街が清潔で、カラスの付け入る余地もなさそうだ。カラス対策としては理想的な街といえよう。

[B]、富山県の大田保文氏によれば、市内のゴミ収集場所に鉄製の檻《おり》のような容器を造り、ここに家庭からのゴミを出している。街を汚《よご》すカラスやノラネコ、ノライヌ等と住民との、ゴミをめぐる知恵《ちえ》比べといったところである。

　大阪の繁華街にはカラスは少ない。その原因は不明である。東京に比べて、大阪市内にはカラスそのものの数が少ない。日本の主要都市を調査してみると、関東以北の東京、仙台、札幌などではカラスの多い「銀座」タイプであるのに対して、関東以南の名古屋、大阪、福岡等ではカラスの少ない「名古屋タイプ」に属している。大阪でカラスが少なく、難波などの繁華街にも早朝カラスがいないのは、ゴミに対する考え方、[C]何を捨てるか（裏返せばどこまで物を利用するのか）という、③物に対する哲学《てつがく》が関東とは異なるためなのかも知れない。

[D]、不思議なもので、筆者のように銀座や新宿などのカラスの多い街を見馴《みな》れている者にとっては、雑然とした銀座や薄野などの朝のほうが活気があり生物的な魅力《みりょく》が感じられる。整然としたビルの並ぶ表通りよりも、赤提灯のあるごみごみした路地に人が集まるように、人間臭《くさ》さや生物臭さといった魅力は絶ちがたいものがある。多少の残飯が散乱していても、野生動物の付け入る余地のあるほうが、都市のもつ寛大《かんだい》さといったものを感じさせてくれるのかも知れない。

　日本で普通に見られるカラスには、嘴《くちばし》が太くやや澄《す》んだ声でカァーと鳴くハシブトガラス（ブト）と、嘴が細くやや濁《にご》った声でグァーと鳴くハシボソガラス（ボソ）の二種類がいる。早朝、④銀座に飛来するカラスはすべてハシブトガラスである。ブトは、もともと南方系のカラスで、英名をJungle《ジャングル》 Crow《クロウ》（ジャングルに生息するカラス）といい、森林などに生息していた。これに対してボソは、北方系のカラスで、草原などの見通しの良い環境《かんきょう》をすみかとしていた。日本列島では、ブトが南から北上するとともにボソが北から南下し、両種がともに生息している。しかし、この二種は国内の全く同じ場所に生息しているのではなく、生息場所を微妙《びみょう》に分けている。森にはブトが、田園地帯にはボソが、そして都会にはブトがいる。東京周辺では、高尾山にはブトが、八王子や立川周辺にはボソが、銀座や新宿、渋谷といった都心部ではブトが優占《ゆうせん》している。ブトにしてみれば林立するビル群をかつての生息地のジャングルに見立てているらしい。

　黒田長久氏の調査によれば、都心でも二、三十年前にはボソが多数

「しばらく、おばあちゃんがこっちにいるから。それでちょっとは、麻季ちゃんも安心だろう?」

「うん」

「まあ、あれだけ悪態がつけるんだから。平気だよ、きっと」

そう言って、おじいちゃんがママの背中に目を向けた瞬間《しゅんかん》、ママが大きなくしゃみをした。

ママはおじいちゃんの方に振《ふ》り向いて「もう、お父さん、今、私の悪口言ったでしょ」と、睨《にら》んだ。

「ほーらな。あの子は、いや、麻季ちゃんのママは、C結構強い人なんだよ、心配ないさ」

おじいちゃんは大きな声で笑った。それにつられるように一緒に笑ったら、心配な気持ちがどこかに吹《ふ》き飛んでいくようだった。

(森《もり》 浩美《ひろみ》「心のくしゃみ」)

問一 ——①「ママを起こした方がいいかな」と迷った理由は何だと考えられますか。「おじいちゃんたちが来た」以外の理由を説明しなさい。

問二 ——②「その理由」は何だと考えられますか。

問三 ‖A「利く」、B「和んだ」、C「結構」の漢字の読みをそれぞれ答えなさい。

問四 ——③「私はママの後ろからママに気づかれないように大きく首を振って、おじいちゃんに合図した」とありますが、何を伝えたかったのだと考えられますか。

問五 ——④「大らか」の意味を説明しなさい。

問六 ——⑤「そういう音が聞こえちゃうんだ」とはどのようなことを喩《たと》えていますか。説明しなさい。

問七 おじいちゃんはどのような人物ですか。おじいちゃんの性格が分かるように例を二つ挙げて説明しなさい。

四 次の文章を読み、後の問いに答えなさい。

都市の鳥に興味を持つようになってから、旅行先で最も気にかかるのは早朝の街《まち》に出されたゴミである。①何時ごろ、どんなゴミがどのように出されるのか。そのことが、カラスをはじめとする都市鳥の生活を大きく左右しているし、ゴミを通してその都市の文化や人々の生活ぶりをうかがい知ることが出来るような気がするからである。

以前は、都心のカラスは、東京湾《とうきょうわん》の「夢の島」で残飯を食べていた。いろいろなゴミをいっしょくたに東京湾に埋《う》め立てていたからである。それが、一九八一年ころより、不燃ゴミと可燃ゴミの分別収集が実施《じっし》されるようになり、残飯類はゴミ収集車が焼却炉《しょうきゃくろ》で燃やしてしまうため、東京湾にでかけても胃袋《いぶくろ》を満たせなくなってしまった。この分別収集法の導入をきっかけに、銀座などの都心の繁華街《はんかがい》でカラスが急増したらしい。カラスにしてみれば、路上に出された残飯をアタックしない限り食物にありつけなくなったのである。

数年前、釧路市郊外《くしろしこうがい》のゴミ捨場でカラスやトビの大群が残飯をあさっているのをテレビのニュースで見たことがある。札幌市《さっぽろし》郊外にも同様なゴミ捨場がありカラスが大群をなして餌《えさ》を食べに飛来するという。かつての②「夢の島」タイプのゴミ処理方法を採用しているためである。

ゴミ収集の時刻も都市鳥に与える影響《えいきょう》は大きい。福岡市中洲《なかす》といえば九州随一《ずいいち》の繁華街である。東京の銀座と同様に、深夜まで人でごった返している。当然のことながら路上には大量の生ゴミが出されるのであるが、カラスの姿はほんの数羽である。福岡市内の都市鳥に詳《くわ》しい大庭進氏や田村耕筰《こうさく》氏と一緒に中洲地区の繁華街を調査した時も、二、三羽のカラスが河川の干潟《ひがた》におりて採餌《さいじ》していたのみであった。

[A]、ここでは夜の明ける前にすっかりゴミ収集は終了し、カラスが目を覚ますころには町からすっかり生ゴミが無くなっているから

「もう、どうしてそういう言い方になるのよ」おばあちゃんが呆れる。と、そのとき私のおなかが大きな音を立てて鳴った。

「麻季ちゃん、朝ご飯食べてないの？」おばあちゃんが笑った。

朝ご飯どころか、昨日の夕ご飯も食べていない。ママを横目でちらりと見るとバツの悪そうな顔をしていた。

でも、私のおなかが鳴ったせいで雰囲気がＢ和んだような気がする。

「じゃあ、何か作りましょう。冷蔵庫に適当なものあるでしょ」と、おばあちゃんが立ち上がった。

「ほら、美咲、あなたも手伝いなさい」

「え、私も」

「いいから、来なさい。お父さんと美咲が話してると、ふたりとも、すぐけんか腰《ごし》になるし。向こうで少し聞きたいこともあるから。女同士じゃないと言えないこともあるでしょ」

おじいちゃんは頭を掻き、ママは「はいはい」と、渋々《しぶしぶ》といった感じで立ち上がった。

キッチンにふたつの背中が並んだ。ママの背中は昨日より何倍も元気に見えるのは気のせいなのだろうか。

「ねえ、おじいちゃん」

私はおじいちゃんの隣《となり》に移って小声で話し掛けた。

「ママって、病気なの？」

「うーん、大丈夫だろう。だろうとは思うけど……」

おじいちゃんは、微笑《ほほえ》むような、困ったような、どちらなのか分からない顔をした。

「あの子は……いや、ママは、昔っから負けず嫌《ぎら》いだからなあ。まあ、負けまいとして、一生懸命頑張《いっしょうけんめいがんば》ることはいいことなんだけど、どうも意地になり過ぎるところがある。それで、結局、疲れちゃうんだろう。会社のことでも、そういうことが影響《えいきょう》してるんじゃないのかな。困ったやつだ。もっと④大らかというか、適当でもいいと思うんだけど。本当に身体を壊《こわ》さなきゃいいが」

いつもママのことを叱っているおじいちゃんなのに、本当は誰《だれ》よりも心配しているんだと思った。

「病は気からっていうし。心が風邪《かぜ》でもひいたら厄介《やっかい》だ」

「え、心って風邪ひくの？」

「ああ、そうだよ。おじいちゃんはお医者さんじゃないから詳《くわ》しいことは分からないけど、頑張り屋さんほどそうなり易いって聞くからなあ。ママはそこがちょっと心配だな。でも、麻季ちゃんが気づいてくれてよかったよ」

「ん？」

「こっちの風邪は本人がなかなか気づかなかったりするから始末が悪い」

おじいちゃんは自分の左胸辺りを人差し指で突《つつ》いた。

「熱も出ないし、咳《せき》もくしゃみも出ないからね。だから傍《そば》にいる人が気づいてやるのがいちばんいいんだ。そういうのは早いに越《こ》したことはない。普通《ふつう》の風邪だって早いうちにお薬飲んだり、お医者さんに行った方が悪くならないで治るだろう。おお、そうだ、早めのなんとかって風邪薬のコマーシャルがあったな。そういうことだよ。麻季ちゃんは、ママの心が風邪ひきそうなことに気づいたんだな。きっと、ママの心がくしゅんってくしゃみする音が聞こえたんだろう」

「何も聞こえなかったけど」

「ははは、そうか。でも、親子って、⑤そういう音が聞こえちゃうんだ。それが親子ってもんなんだよ。まあ、無責任な親もいると言えばいるけどなあ。でも、麻季ちゃんがいつか、自分の子どもを持つときがくれば分かるよ、きっと」

おじいちゃんは小さく頷《うなず》きながら笑った。

そう言ってふたりを玄関に入れ、下駄箱《げたばこ》からお客様用のスリッパを足下に並べた。

「麻季ちゃん、気がＡ利くのね。ちゃんとこういうことができるなんてえらいわ」おばあちゃんが笑う。

「じゃあ、お邪魔《じゃま》するよ」

ふたりは靴《くつ》を脱《ぬ》いで上がった。

「ママは？」

「う、うん、まだちょっと寝《ね》てる」

テーブルで寝ている姿をおじいちゃんが見たら、ママを叱《しか》るだろうな。やっぱり起こせばよかったと後悔《こうかい》した。

「でもね、朝までお仕事してて、それでね、すごく疲《つか》れてるみたいだから、それでね……」

私があれこれ言う前に、ふたりにママの姿を見られてしまった。

「寝てるって、そんなところで……」

ふたりとも呆《あき》れた様子で苦笑いをした。

「ああ、今、起こすね」

私はママの背中に手を当てて揺《ゆ》すってみた。

「ううううう……。何よ？」

「足利のおじいちゃんとおばあちゃんが来た」

「ううん……。えっ」

寝ぼけていたママがぐいっと身体を起こした。

「え、どういうこと？」

「どういうことじゃないだろう、美咲《みさき》」

ママは髪《かみ》の毛をくしゃくしゃに掻《か》き上げて「来るなら来るで、電話くらいしてよ。こっちにも事情があるんだから」と不機嫌《ふきげん》そうだ。

「昨夜電話したさ。家の電話に掛《か》けたら留守電になってるし、ケータイに掛ければ、電源が入ってないとかで。こりゃあ、何かあったんじゃないかって心配にもなる」

「電話が通じないくらいで、大したことでもないのに大袈裟《おおげさ》なんだから」

「大したことだろうよ。だから麻季ちゃんが……」

③私はママの後ろからママに気づかれないように大きく首を振って、おじいちゃんに合図した。

「麻季がどうしたの？」

「いや、麻季ちゃんだって心細くなるだろうと思ってさ」

おじいちゃんが上手に誤魔化《ごまか》してくれてほっとした。

おじいちゃんとおばあちゃんはソファに座ってもらい、私とママは床《ゆか》の上に座った。

「それで、お前、大丈夫《だいじょうぶ》なのか？」おじいちゃんがママに尋ねた。

「大丈夫よ」

「とてもそういうふうには見えないけどな」

「色々あるのよ。お父さんには分からないかもしれないけど」

「心配してやってるのに、その言い草はなんだ」

ママは俯《うつむ》きながら口元を歪《ゆが》めたあと、微《かす》かに笑った。

「何がおかしい」おじいちゃんが叱る。

「まあまあ、お父さん」おばあちゃんが割って入る。

擦《こす》り合わせる指先をしばらく見ていたママが小声で喋《しゃべ》り始めた。

「会社の人間関係でほとほとまいっててさ。最悪なのよ。それになんか、私ね、自分の気持ちがうまくコントロールできなくて。なんか、こう、かーっと頭に血が上っちゃうと歯止めがかからなくて。でも、ふっと気が抜けちゃうと、もうそのままなんにもしたくなくなっちゃうとか」

「美咲、お前、一度、医者に診《み》てもらえ」

「そんな時間なんてないわよ」

Myojo

二〇二一年度　明星学園中学校

【国語】〈A日程試験〉（五〇分）〈満点：一〇〇点〉

一　次の――部を漢字に直しなさい。

(1) さあ、きゅうしょくを食べる時間だ。
(2) ねがいごとを言う。
(3) じゅんびは終わりました。
(4) 君の意見にさんせいだ。
(5) 夕方まで一緒にあそぶ。
(6) 立場がぎゃくてんする。
(7) けんこう的な生活を送る。
(8) きけんなことはやめよう。
(9) このはんだんは難しい。
(10) かってなことを言うなよ。

二　次の四字熟語の意味を説明しなさい。

（例）右往左往…混乱してあちこち走り回る様子

(1) 絶体絶命
(2) 以心伝心
(3) 臨機応変
(4) 不言実行
(5) 一石二鳥

三　次の文章を読み、後の問いに答えなさい。

母と二人暮らしの麻季《まき》は小学四年生。会社のことで悩《なや》んでいる母は、食事を作ることもしんどそうだ。
心配した麻季は祖父母のところに電話をかけた。次の文章はその後の場面である。

私は壁《かべ》に取り付けられたインターフォンのモニターを覗《のぞ》いた。そこには足利《あしかが》のおじいちゃんとおばあちゃんの姿が映っていた。私が電話したから来たんだ。
――はい。
――麻季ちゃんなの？　おじいちゃんたちだよ。開けてくれないか？
――う、うん、分かった。
私はオートロックを開けるボタンを押《お》した。
①ママを起こした方がいいかなと迷ったけどやめた。慌《あわ》てながら玄関《げんかん》に走るとドアを半分開けて、エレベータの方へ目を向けて待った。
エレベータから出たふたりは、すぐに私に気づいて手を振《ふ》った。
「麻季ちゃん、久しぶりだね」おばあちゃんが私の頭を撫《な》でた。
「どうして来たの？」
②その理由は分かっていたけど、そう尋《たず》ねずにはいられなかった。
「ちょっと、東京に用事があってさ。まあ、そのついでにね」おじいちゃんが笑いながら答えた。
それは嘘《うそ》だと分かる。
「まあ、とりあえず、上がらせておくれよ」
私はドアの真ん中を塞《ふさ》いでいることに気づいた。
「あ、ごめんね」

2021年度

明星学園中学校

▶解　答

※　編集上の都合により，Ａ日程試験の解説は省略させていただきました。

算　数　＜Ａ日程試験＞（50分）＜満点：100点＞

解　答

1　(1)　202.1　　(2)　$\frac{20}{21}$　　(3)　8.51　　(4)　3.7　　(5)　39　　(6)　100　　2　約0.8倍　　3　約８億km　　4　(1)　$\frac{2}{3}\text{m}^2=\frac{6}{9}\text{m}^2=\frac{8}{12}\text{m}^2$　　(2)　（例）　下の図１　　5　（例）　下の図２　　6　(1)　156年に一度　　(2)　84年に一度　　(3)　60年に一度　　(4)　12年ゼミは約2.6倍，14年ゼミは約1.8倍，15年ゼミは約2.6倍

図１

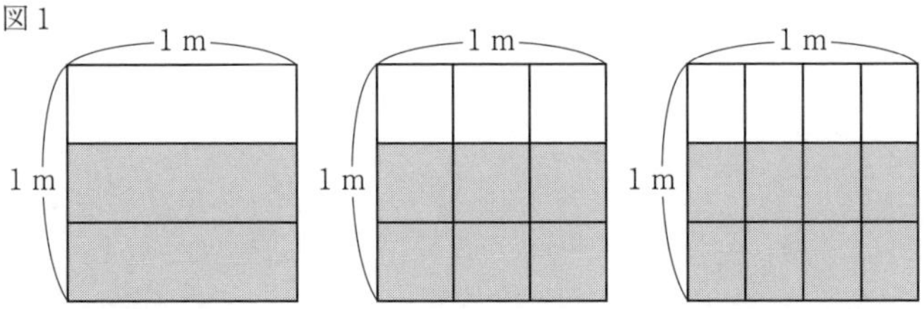

$\frac{2}{3}$ m²の図　　$\frac{6}{9}$ m²の図　　$\frac{8}{12}$ m²の図

図２

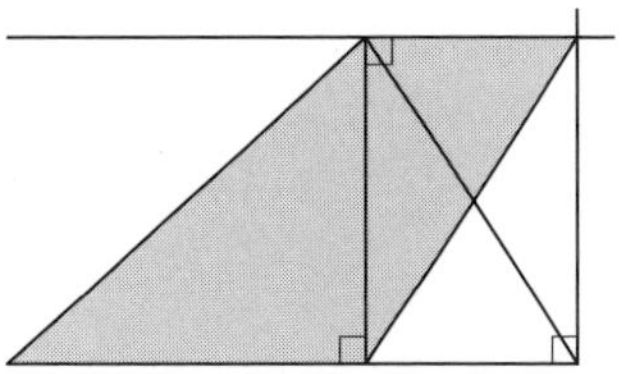

国　語　＜Ａ日程試験＞（50分）＜満点：100点＞

解　答

一　下記を参照のこと。　　二　(1)　（例）　追いつめられて，もうどうにもならないこと。　(2)　（例）　言葉にしなくても，考えや気持ちがお互いに通じること。　(3)　（例）　その場のようすや状況の変化に合わせたやり方をすること。　(4)　（例）　あれこれ言わず，やるべきことをだまって行うこと。　(5)　（例）　一つのことをして，二つの利益を得ること。　三　問１　（例）　母はテーブルに寝ていて，その姿を祖父母に見られないほうがいいのではないかと考えたから。　**問２**　（例）　麻季が電話をかけてきて，心配になったから。　**問３**　Ａ　き（く）　Ｂ　なご(んだ)　Ｃ　けっこう　**問４**　（例）　麻季が電話をかけたことを母に話さないでほしいということ。　**問５**　（例）　こせこせしないで，気持ちが大きくゆったりしているようす。　**問６**　（例）　心が疲れてしまっていることに気づくこと。　**問７**　（例）　娘に反論されるとけんか腰になってしまう，怒りっぽいところがある。一方で，娘の負けず嫌いな性格をよく理解し，心配する優しさがある。　四　**問１**　（例）　夜明け前にゴミ収集が終了し，カラスが目を覚ますころには町からすっかり生ゴミがなくなっていれば，カラスの姿は数羽だが，終了していないとカラスが多数飛来してしまうという差。　**問２**　（例）　いろいろなタイプの

ゴミをいっしょくたに埋める方法。　**問3**　**A**　イ　**B**　エ　**C**　ウ　**D**　ア　**問4**　(例)　物はある程度利用したら捨てて，新しいものを買うという哲学。　**問5**　(例)　ハシブトガラスは元々森林などに生息しており，都心の林立するビル群をかつての生息地のジャングルに見立てているようだから。　**問6**　**E**　ボソ　**F**　ブト　**問7**　(例)　田園都市(田舎)である

●漢字の書き取り

□一　(1)　給食　(2)　願(い)　(3)　準備　(4)　賛成　(5)　遊(ぶ)　(6)　逆転　(7)　健康　(8)　危険　(9)　判断　(10)　勝手

Myojo　2021年度　明星学園中学校

〔電　話〕(0422) 43―２１９６
〔所在地〕〒181-0001　東京都三鷹市井の頭５―７―７
〔交　通〕JR中央線―「吉祥寺駅」より徒歩15分またはバス
京王井の頭線―「井の頭公園駅」より徒歩10分

【算　数】〈B日程試験〉(50分)〈満点：２科受験者は100点，４科受験者は50点〉

(注意) コンパス・三角定規を必ず持参してください。

1　次の計算をしなさい。(答えが約分できるときには必ず約分すること)

(1)　$13.26+6.581$　　(2)　$8.75\div0.5$　　(3)　$\frac{7}{12}+\frac{3}{8}-\frac{1}{4}$

(4)　$40\times10.75\times4.7$　　(5)　$\frac{7}{15}\times6.3\div\frac{21}{25}$　　(6)　$50.7+(14-4\times1.6)-\frac{1}{5}$

2　2020年の世界の最高気温は，アメリカのカリフォルニア州で８月16日に記録された，摂氏《せっし》54.4℃でした。一方で，この年の日本の最高気温は静岡県浜松市の41.1℃でした。さて，2020年において世界の最高気温は日本の最高気温の約何倍ですか。小数第２位以下は切り捨てて，小数第１位まで答えなさい。

3　スーパーコンピュータの性能を競《きそ》う世界ランキングが2020年11月に発表され，日本で開発された『富岳《ふがく》』が計算速度の部門で，同年６月に続いて世界１位を獲得《かくとく》しました。発表によると，『富岳』の計算速度は１秒間に44京《けい》2010兆回(１京は１兆の１万倍)で，２位の米国で開発された『サミット』の計算速度は１秒間に14京8600兆回でした。さて，『富岳』の計算速度は『サミット』の約何倍ですか。小数第２位以下は切り捨てて，小数第１位まで答えなさい。

4　分数の足し算 $\frac{1}{3}+\frac{1}{5}$ について，次の問いに答えなさい。

(1)　この計算をしなさい。途中の計算も書くこと。

(2)　(1)の結果が正しいことを，$\frac{1}{3}\,\mathrm{m}^2+\frac{1}{5}\,\mathrm{m}^2$ の場合について，下の正方形の図を使って説明しなさい。(図に線をかき入れるときは，定規で測ってなるべく正確に引くこと)

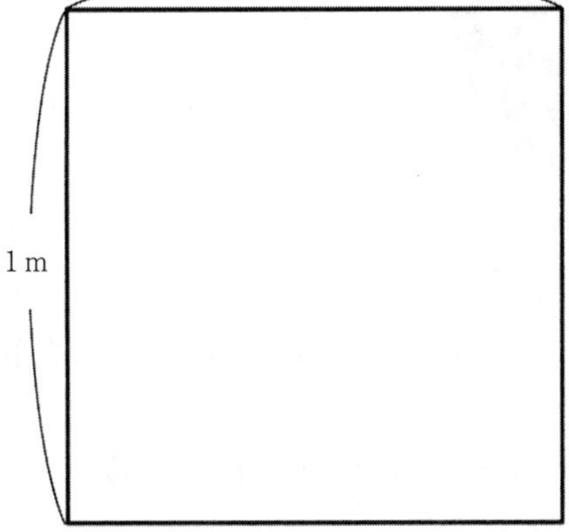

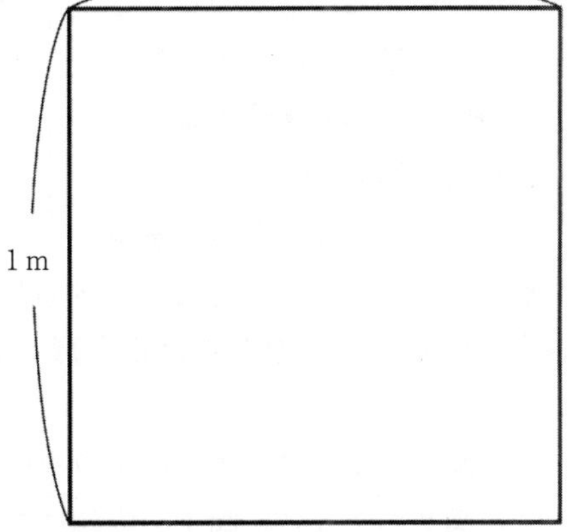

5　下の図のように，直線上で三角形ABCと三角形ECDが並んでいます。このとき，下の２つの三角形の合計の面積と等しい面積の三角形を正確に作図しなさい。(作図した図がもとの図と重なってかまいません)

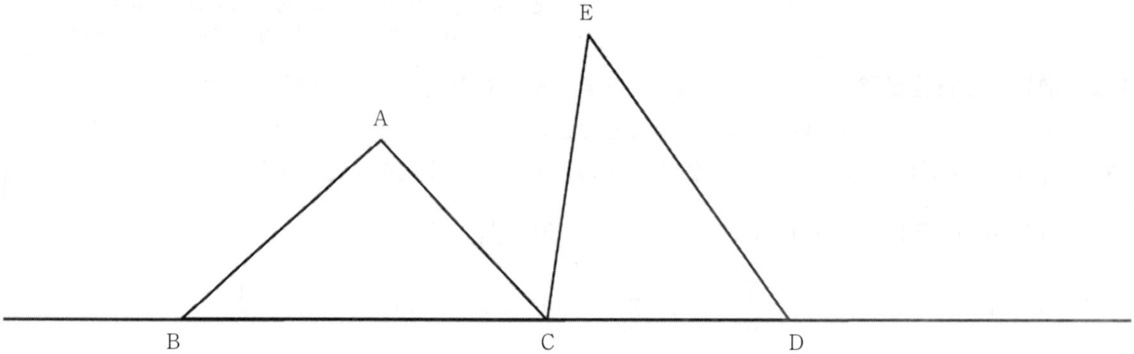

〈編集部注：編集上の都合により原図の70％に縮小してあります。〉

6　右のシンボルマークは，皆さんもよく知っている東京2020パラリンピック競技大会の公式エンブレムです。美術家である**野老朝雄**《ところあさお》氏の作品『**組市松紋**《くみいちまつもん》』で，「多様性と調和」というメッセージが込《こ》められています。その一方で，実は数学的な図形の面白さも秘められています。これから，このエンブレムに秘められた数学的な図形の側面を解き明かしていきましょう。

まずは，このエンブレムをよく見てください。すると，中心を通る縦の線で折り返すとぴったりと重なるという線対称性を持っていることや，エンブレムの四角形どうしがつながってできていることが発見できますね。しかし，このエンブレムには一見するだけではわからない数学的な図形の性質も秘められています。たとえば，エンブレムの外枠《そとわく》に着目してみると，**図Ａ**のように正十二角形になっていることが発見できます。実は，この正十二角形(**図Ｂ**)を**一辺の半分の長さのひし形**で埋めていくことで，エンブレムの元となる『基本形』を作ることができるのです(ひし形とは４辺の長さがすべて等しい四辺形のこと。内角がすべて90°であるひし形は正方形である)。それでは，『基本形』を作る手順①から⑤を解説していきます。

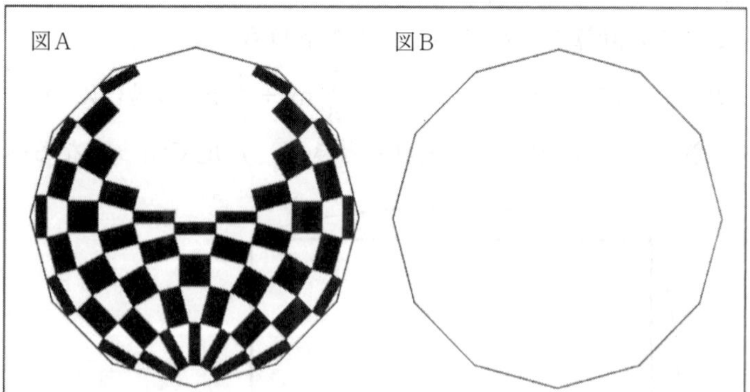

①　**図１**のように，各辺の中点を取り，正十二角形の内側にひし形を12個作図する。

②　**図２**のように，**図１**の内側にひし形を12個作図する。

③　**図3**のように，**図2**の内側にひし形を12個作図する。

④　**図4**のように，**図3**の内側にひし形を12個作図する。

⑤　**図5**のように，**図4**の内側にひし形を12個作図する。

これで正十二角形全体が**一辺の半分の長さのひし形**で埋《う》まりましたね。**図5**が，東京2020パラリンピックエンブレムの元となる『基本形』です。この『基本形』から，エンブレムを作っていきましょう。

図1

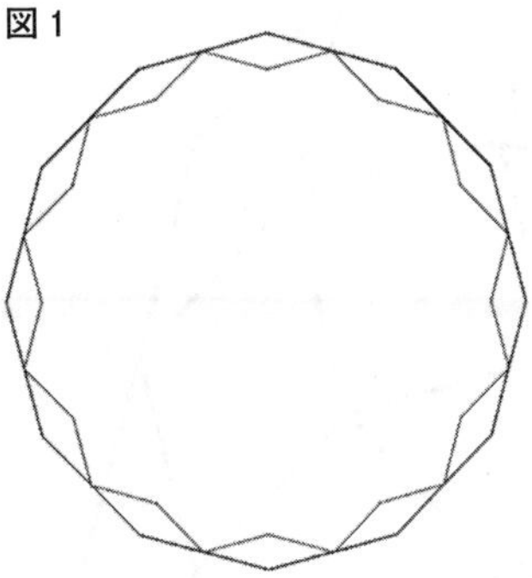

図2

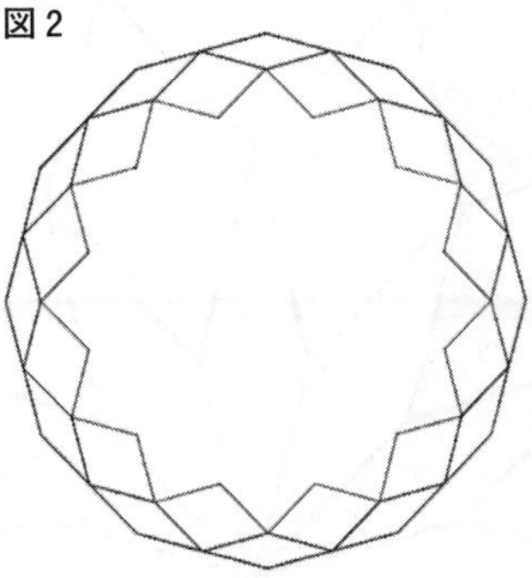

図3

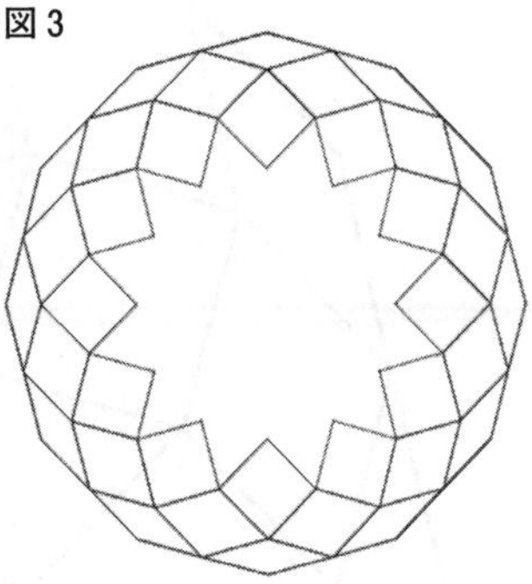

図4

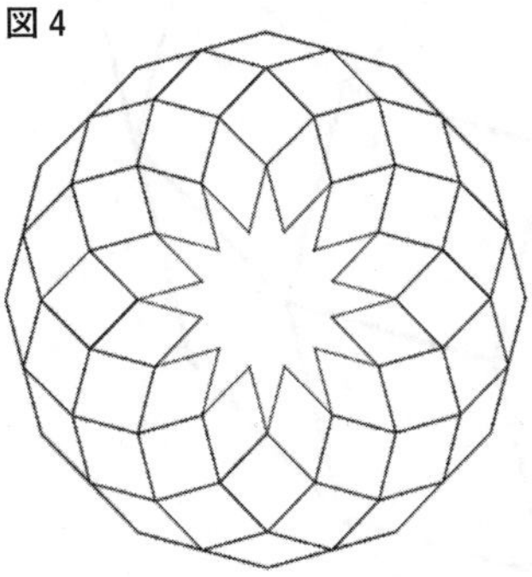

図5

さて，以下の問いに答えなさい。

(1) エンブレムの元となる『基本形』を作る手順①から⑤で作図したそれぞれのひし形について，下図のア・イ・ウ・エ・オの角の大きさがそれぞれ何度なのかを答えなさい。

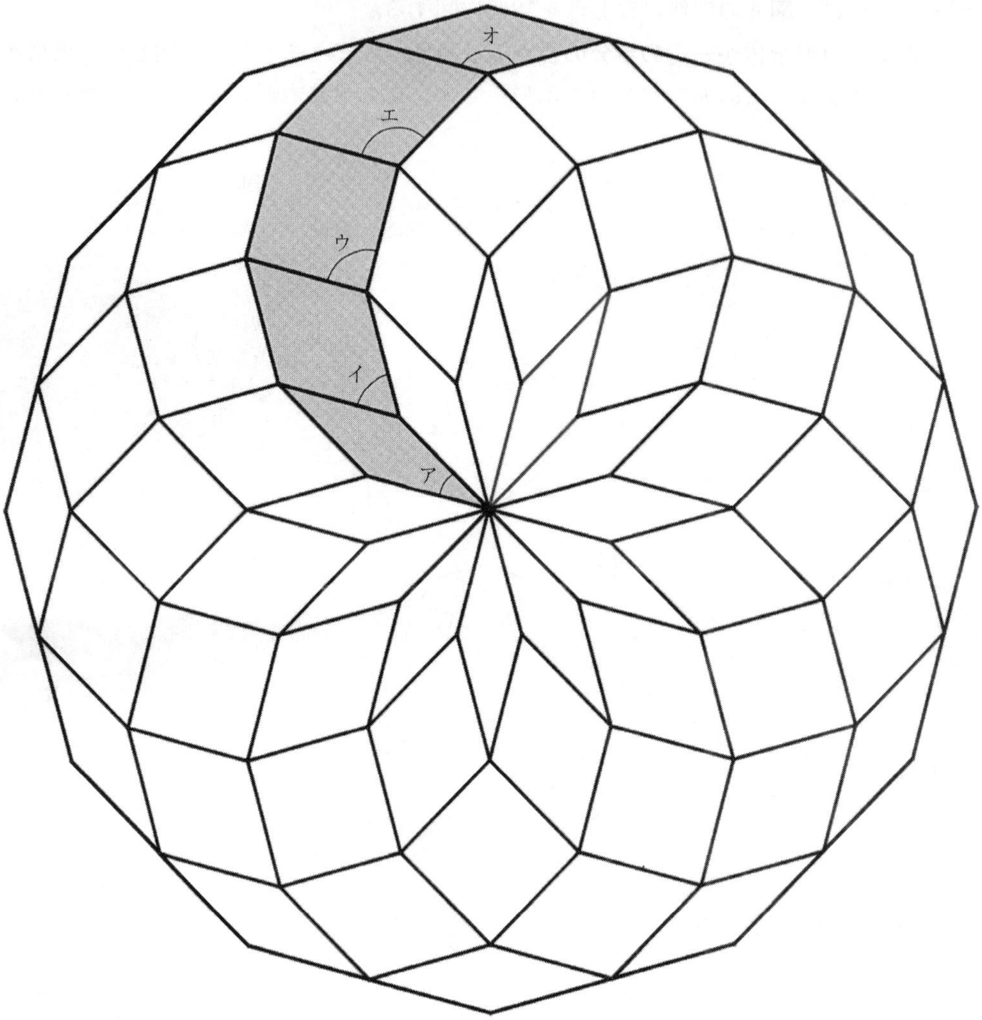

(2) 『基本形』を作る手順①から⑤で作図したそれぞれのひし形について，(1)の結果から気がついたことをすべて答えなさい。

(3) これからエンブレムを『基本形』から作ってもらいます。まずは**図6**のように，『基本形』のひし形の辺の中点どうしを結んでできた四角形を塗《ぬ》りつぶします。

エンブレムと**図6**を見比べてください。**図6**の上の部分の正十二角形は必要ないので，**図7**のように取り除きます。今度は，エンブレムと**図7**を見比べてください。**図7**の下の部分の正十二角形が違っているので，**図8**のように内部を消します。

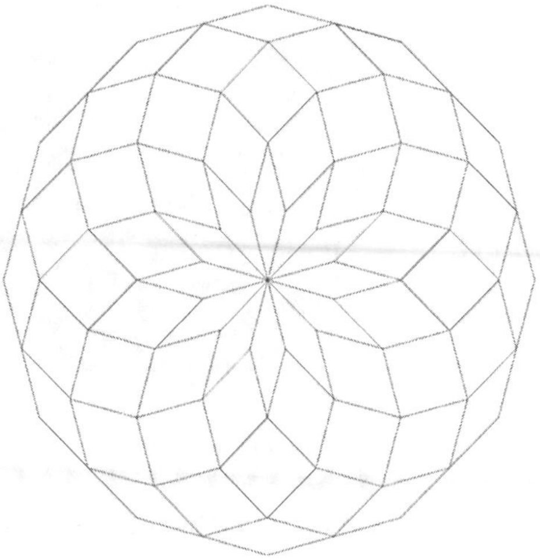

図６

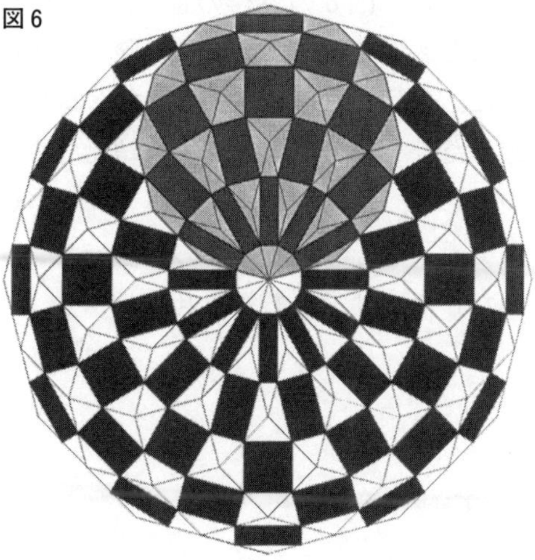

TOKYO 2020
PARALYMPIC GAMES

図７

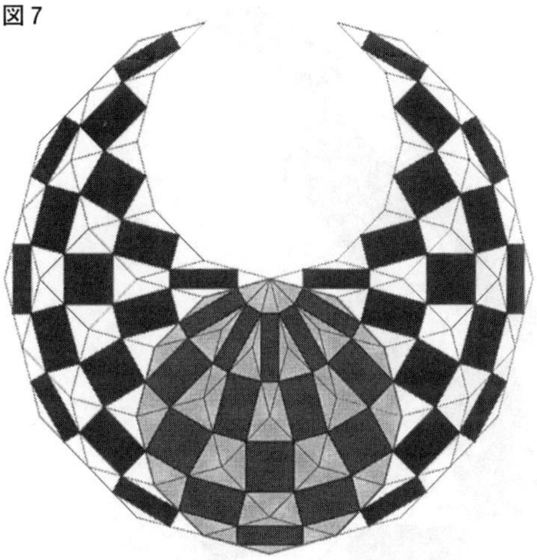

図８

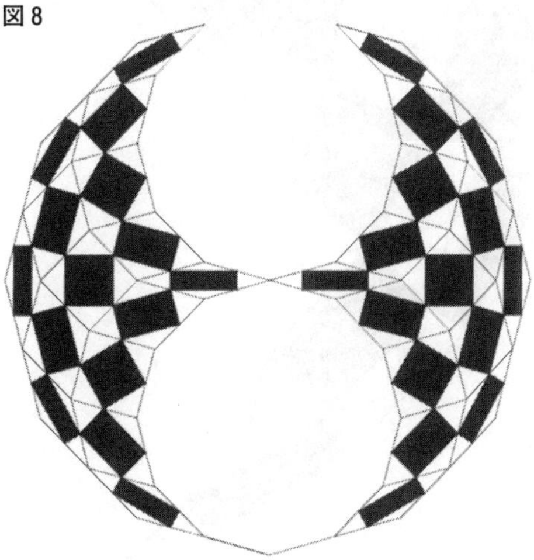

下の図は，**図８**の外枠の正十二角形の一辺を４cmに拡大したものです。さて，取り除いた下の正十二角形の部分に，一辺が２cmのひし形を作図しなさい。また，作図したひし形の中点どうしを結んでできる四角形を塗りつぶして，エンブレムを完成させなさい。

※美術家の野老氏は，この方法でエンブレムをつくりだしたわけではありません。

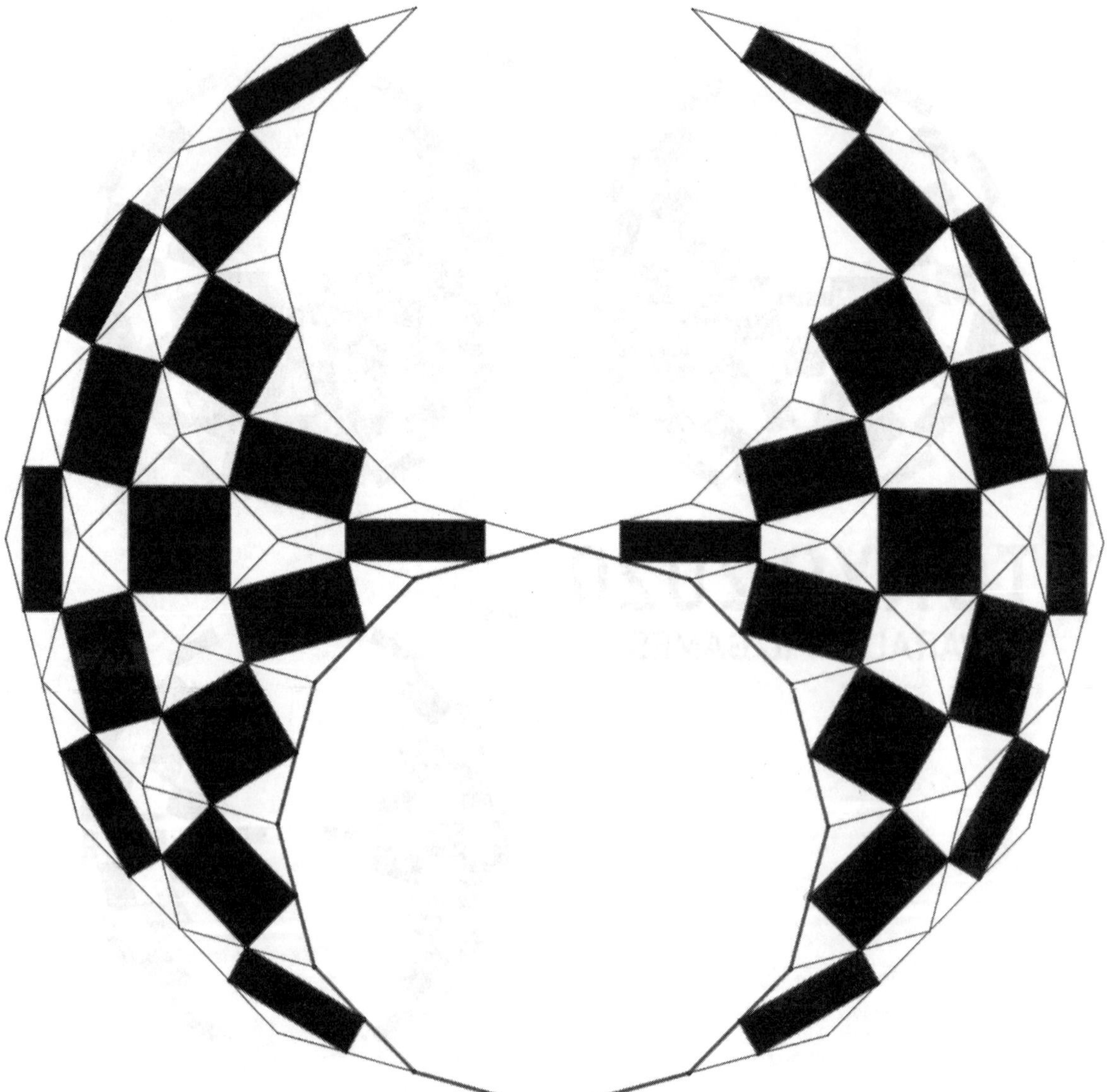

【社　会】〈Ｂ日程試験〉（30分）〈満点：50点〉

1　次の文章を読み，あとの問いに答えなさい。

> (A)2020年は，新型コロナウイルス(COVID-19)の感染拡大により，私たちは様々な困難に直面してきた。一方で，予測できない危機が全世界で起きたことにより，国をこえて世界中の人たちが連帯していく必要があることを，改めて私たちに気づかせることにもなった。たとえば，(B)2020年のノーベル平和賞には，「飢餓との闘いに努め，紛争の影響下にある地域で和平のための状況改善に向けて貢献した」国連機関が選ばれた。また，(C)世界50の国や地域が同意したことにより，2021年１月22日に，核兵器を全面禁止する初めての条約も発効されることとなった。
>
> 　世界には，さまざまな歴史，文化，思想などを持つ人々がいるが，(D)お互いの違いを尊重しつつ，どうすれば地球規模で取り組むべき問題を共に手を取り合って解決していくことができるかを考えられるきっかけともしたい。

問１　下線部(A)について，世界中の人たちが新型コロナウイルス危機で不安を感じるなか，さまざまな対立も激化した。

(1)　アメリカでは，５月に起きたある事件をきっかけに抗議デモが全米に広がった。何に対する抗議デモだったのか，答えなさい。

(2)　(1)のデモが11月の大統領選にも影響を与えたと言われているが，アメリカの新しい大統領は誰か，名前を答えなさい。

問２　下線部(B)について，ノーベル平和賞を受賞した国連機関はどれか。次の中から選び，記号で答えなさい。

ア．国連世界食糧計画(WFP)　　イ．世界保健機関(WHO)

ウ．国連児童基金(UNICEF)

問３　下線部(C)について，

(1)　核兵器を全面禁止する条約の名前はどれか。次の中から選び，記号で答えなさい。

ア．核不拡散条約　　イ．核兵器禁止条約

ウ．クラスター爆弾禁止条約

(2)　2020年は，日本に原爆が投下されて75年の大切な節目の年だったが，原爆が投下された都道府県名をすべて答えなさい。

問４　下線部(D)について，今，もっとも世界中の人たちが共に手を取り合って解決していくべき問題は何だと思うか，あなたの考えを述べなさい。

2　２人の会話を読んで，あとの問いに答えなさい。

明　く　ん「2020年は新型コロナウイルス感染症で，人々の生活の仕方は変化し，みんなが経験したことのない１年になったね。」

星子さん「私たちにとっては初めてのことでも，感染症が広がることは，歴史上いままでもあったことだったって，先生が言っていたよ。」

明　く　ん「そうだね。(A)昔から人々は病気や感染症に悩まされていたことが分かっているよ。」

星子さん「奈良時代には天然痘《てんねんとう》という病気が流行したとテレビで見たよ。その番組では大仏と関係があるとかいっていたけど…。」

明 く ん「当時の年表を見てみよう。」

星子さん「『変』とか『乱』というのはなに？」

明 く ん「政変や内乱のことだ。政権争いで，ときの権力者が自殺に追いこまれたり戦いになったりしたんだ。」

星子さん「(B)外国とも交流をしていたようね。」

明 く ん「うん。当時は九州の[あ]を窓口に外国と交流していたんだ。当時の中国のすすんだ制度を学ぶには，中国に行く必要があったし，仏教の教えを研究するための経典《きょうてん》や珍しい工芸品を得ることもできたんだ。」

＜奈良時代の年表＞

729年	長屋王の変
735年	新羅の使節が来日・遣唐使が唐人やペルシャ人を連れて帰国する
737年	藤原氏の４兄弟が相次いで病死
739年	藤原広嗣の乱
	聖武天皇は都を移すことを決める
741年	全国に国分寺をつくるように命じる
743年	大仏をつくることを命じる

星子さん「テレビでは外国から天然痘が持ちこまれたんじゃないかといっていたな。」

明 く ん「たしかに当時の記録によると，流行の始まりは九州北部であったと記録されているね。天然痘はその後，奈良の都の[い]でも大流行した。当時政治の中心にいた藤原氏の４人の兄弟も３か月の間で相次いで亡くなったよ。」

星子さん「大変な時代ね。」

明 く ん「天然痘は死亡率も高い病気だし，皮《ひ》膚《ふ》には『あばた』，つまりブツブツができて，病気が治っても体にあとが残ってしまうこともあって，おそれられた。」

星子さん「(C)そんな時代にあの大仏はつくられたのね。」

明 く ん「外国から入ってきたと思われる感染症が広がったのは古代にかぎった話ではない。江戸時代にはコレラが流行したんだ。」

東大寺の大仏の高さは14.7m。約10年かけてのべ260万人もの人々が工事に参加してつくったという。

星子さん「江戸時代？　日本は鎖国して外国と関わりがなかったはずじゃない？」

明 く ん「『鎖国』といっても完全に外国をしめだしていたわけじゃないよ。コレラはもともとインドで流行した病気だったけれど，江戸時代には日本でもしばしば流行した。オランダとの貿易の窓口である[う]から入ってきたという説や，朝鮮との窓口となった対馬を通って入ってきたという説がある。」

星子さん「そういえば蘭学《らんがく》や洋学によって新たな文化や芸術が生まれたって習ったわ。」

明 く ん「その後，黒船に乗って浦賀に[え]が来航すると日本は欧米各国と条約を結んで開国した。近代化をすすめるために，外国から多くのことを学んだんだ。しかし，一方で明治時代になってもコレラの流行は起こってしまった。」

星子さん「当時の政府は外国から病気を持ち込ませない工夫をしなかったの？」

明 く ん「もちろんしていたよ。外国から来た船が病原菌《びょうげんきん》など持ち込んでいないか，一定のあいだ船を停泊させる取り決めをした。しかし外国の船のなかにはそういった取り決めを守らない国もあった。当時の日本人は，『(D)諸外国と結ばれていた条約が不平等だから国民の安全も守れないではないか』と不満に思って，より近代化して条約を対等なものに改正しようと考えた。」

星子さん「そうなのね。考えてみると日本は外国から病気を持ち込まれてばかりじゃない？　今回の新型コロナウイルスの感染拡大を見ても思ったけれど，日本は外国との交流を今後少なくしていくべきなんじゃない？」

明くん「まあ…。今のように新型コロナウイルス感染症が広がっている状況では仕方ない部分もあるけれど，(E)外国との交流を通していい影響を受けたりした面もあるんじゃないかな。」

問１　空欄［あ］～［え］に当てはまる言葉を以下の【語群】の中から選び，記号で答えなさい。

【語群】

ア　長崎　　イ　鹿児島　　ウ　大宰府　　エ　兵庫　　オ　平城京
カ　平安京　　キ　藤原京　　ク　ハリス　　ケ　ペリー　　コ　レザノフ

問２　下線部(A)について，文字のない時代のことを知るには，遺跡を調べることが重要です。【資料①】は北海道の遺跡でみつかった化石人骨のようすです。星子さんはこの化石人骨のことをさらに知るため，遺跡がつくられた時代について調べて【資料②】のメモにまとめました。

【資料①】　北海道・入江貝塚の化石人骨のようす

- ひざと腰をおり曲げ，ていねいに埋められていた。
- 正確な性別は分からないが20歳くらいの人骨。
- 頭の骨や背骨は正常だが，手足の骨は極端に細かった。
- ポリオウイルスによる病気の影響で十数年にわたって手足がマヒして寝たきりであった可能性が高い。

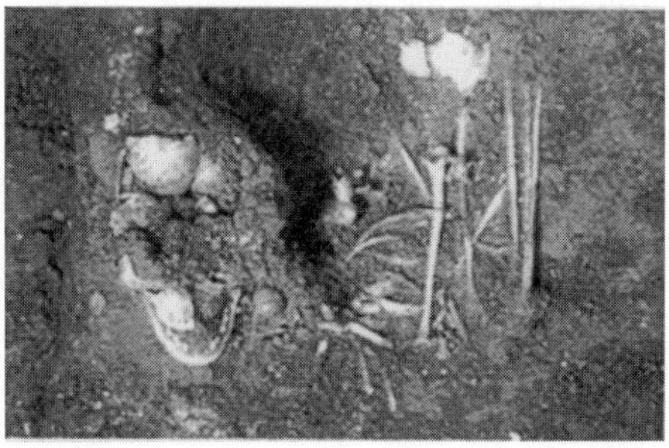

【資料②】　遺跡ができた時代について　星子さんのメモ

- 人々は狩りをしたり，木の実をとったりしながら生活していた。
- 独特のかたちの土器や，縄目のもようがついた土器がつくられた。
- 病気や気候の変化による食料不足などで赤ん坊のうちに死んでしまうこともあった。
- 40歳以上の人の骨はわずかしか出てこない。

(1)　この遺跡ができた時代は何時代か答えなさい。

(2)　入江貝塚の化石人骨は，人骨のようすから「あること」が分かるため，注目されました。【資料①】【資料②】を参考にして「この時代は～(な)のに…ということが分かるから。」というかたちで注目された理由を説明しなさい。

問３　下線部(B)について，右の写真は，聖武天皇の時代に外国との交流で得られた工芸品などをおさめた建物である。この建物の名前を答えなさい。

問４　下線部(C)について，天然痘が流行したこの時代に東大寺の大仏をつくった目的はなんだったのか。２人の会話を参考にして，あなたの考えを書きなさい。

問５　下線部(D)について，当時の日本が外国と結んでいた条約はどのような点で不平等だったのか，説明しなさい。

問６　下線部(E)について，明くんは現在にいたるまでの日本の歴史を考えても，外国との交流を通して良い影響を受けたことだってあるのではないかと考えたようです。どんなことがあるでしょうか。具体例をあげて説明しなさい。

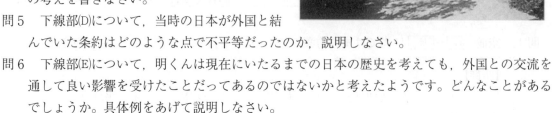

【理　科】〈**Ｂ日程試験**〉（30分）〈満点：50点〉

1　以下の問に答えなさい。

問１　私たちが食べた食べ物は，少しずつ消化され，体内に吸収されていき，残ったものが便としてこう門から出されます。右の(図１)は，ヒトの体内で，食べ物の消化に関わっている消化管などをかんたんにえがいたものです。図の中の**ア**は口を，**ク**はこう門を表しています。この図についての(1)～(3)の問に答えなさい。

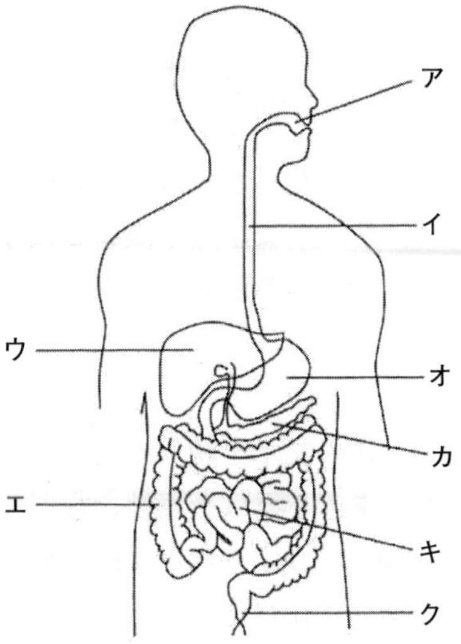

(図１)

(1)　(図１)の中の**ウ**，**エ**，**オ**，**キ**が示しているものは何ですか。その名前を書きなさい。

(2)　口から入った食べ物が，こう門まで通っていく順序が以下のようになっているとき，番号の１～４に当てはまるものは何でしょうか。図の中の**イ**～**キ**から一つずつ選んで記号で書きなさい。

ア(口)→１→２→３→４→**ク**(こう門)

(3)　でんぷんにヨウ素液をつけると，ヨウ素液は青むらさき色に変化します。口の中に出されるだ液によって，でんぷんのこの性質はどのように変化しますか。かんたんに説明しなさい。

問２　同じかん電池と同じ豆電球を使って，いろいろな回路を作り電流の流れ方について調べました。まずかん電池を１個と豆電球１個を使って，右の図のような**回路１**を作り，豆電球が光ることを確認しました。

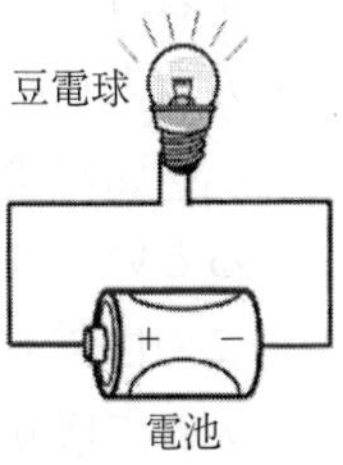

回路１

次にかん電池２個と豆電球１個を使って，下の図①～④のような回路を作りました。それぞれの回路で豆電球の光り方はどのようになりますか。下の**ア**～**オ**からそれぞれ１つずつ選び，記号で答えなさい。

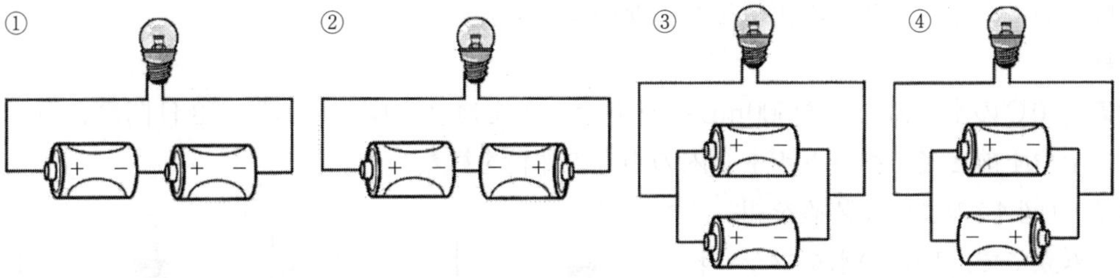

ア　**回路１**のときと同じ明るさで光る。
イ　**回路１**のときよりも明るく光る。
ウ　**回路１**のときよりも暗く光る。
エ　電池から電流が流れず，光らない。
オ　光らないが，電池からたくさんの電流が流れ，導線が危険なほど熱くなる。

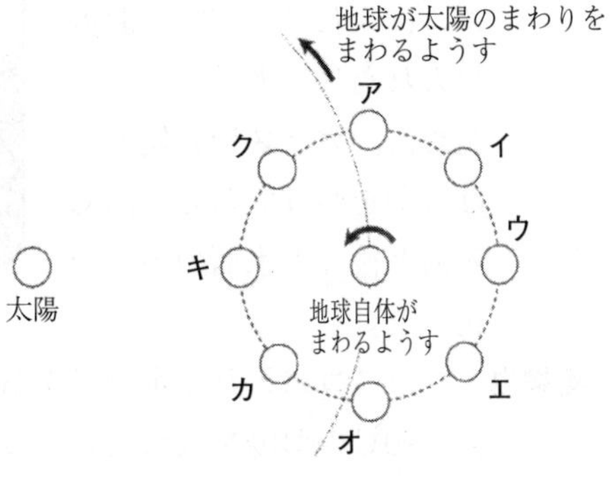

(図２)

問３　右の(図２)は，太陽のまわりをまわる地球と，地球のまわりをまわる月のようすを北極の上空からみたものです。このとき，月は図の**ア**～**ク**の場所のうち，どこかにあるものとします。

(1)　地球が太陽のまわりをまわることを何といいますか。漢字２文字で答えなさい。

(2)　地球は太陽のまわりをまわるだけではなく，地球自体も回転しています。このことを何といいますか。漢字２文字で答えなさい。

(3)　地球から太陽を見たとき，太陽の一部または全てがかくれて暗くなる現象のことを何といいますか。漢字２文字で答えなさい。

(4)　(3)の現象が起きているときの月の位置を，図の中の**ア**～**ク**から一つ選び，記号で答えなさい。

2　次の文章を読み，文のあとの問に答えなさい。

あきら君は金属製の容器に入ったジャムと，プラスチック製の容器に入ったマーガリンを，10℃に設定された冷蔵庫の中から取り出しました。２つの容器の温度を測ってみると，どちらも同じ10℃でした。しかし，それぞれの容器に手でふれたところ，(ア)金属製の容器はプラスチック製の容器よりも冷たく感じました。

ジャムの入った金属製のふたはきつく閉まっていて，あきらくんの力では開けることができませんでした。ふたを開けやすくするための方法をおばあちゃんにたずねると，(図３)のように，熱いお湯の中にふたの部分を入れるという方法を教えてもらいました。金属は，(イ)状態が変わらなくても，温度が変わると体積も変わるという性質を利用しているようです。例えば，電車のレールのつなぎめにすきまがあるのは，この性質でレールが曲がることを防いでいるからです。ふたの部分をしばらく熱いお湯の中に入れて取り出すと，簡単に開けることができました。

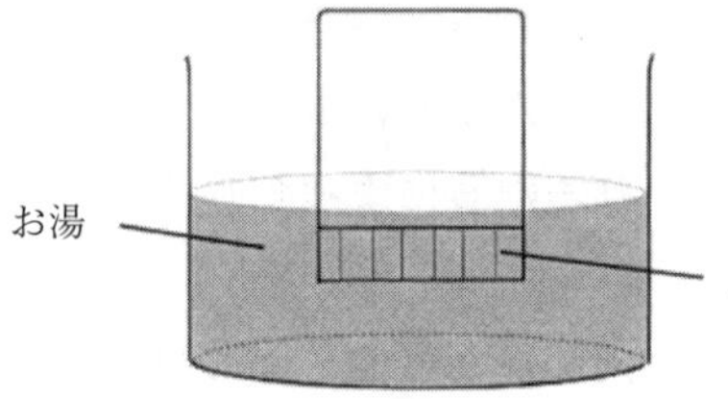

(図３)

あきら君は，この性質が水や空気にもあてはまるのか疑問に思いました。そこで疑問について確かめるために，３つの実験をおこないました。

≪実験≫

実験ア　10℃の水で満たした500mLペットボトルを冷とう庫(－20℃)で３日間冷きゃくして，冷やす前と後でペットボトル内の中身の体積を観察した。

実験イ　(図４)のような装置を組み立てて，10℃の水をフラスコに入れて，90℃のお湯を入れたビーカーにつけて温めた。ガラス管の側面には目印をつけており，温める前と後での水面の高さを比べた。

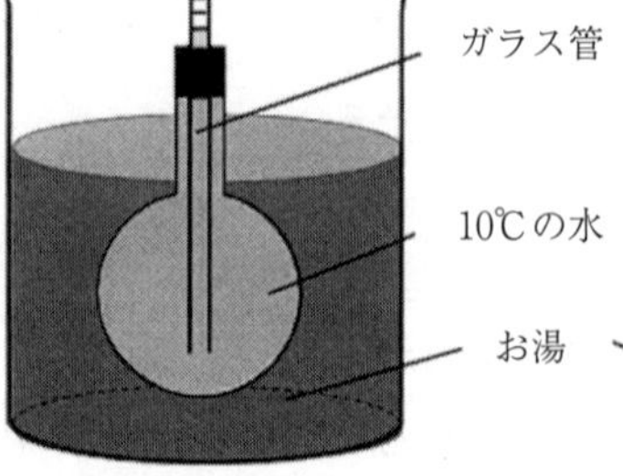

(図４)

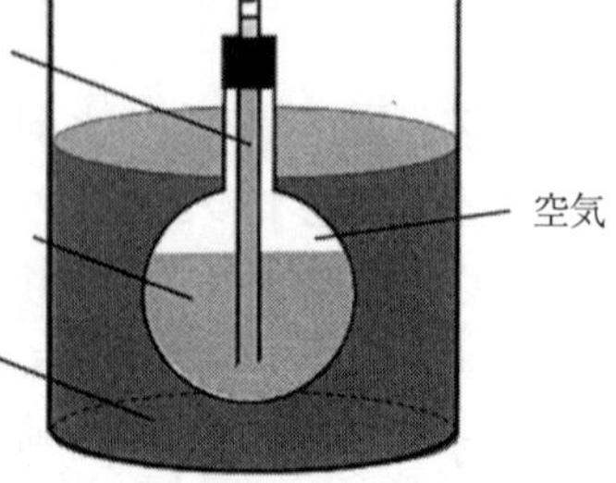

(図５)

実験ウ　フラスコに入れる水の量を減らし，代わりに空気を入れた(図５)。そして**実験イ**と同様に，90℃のお湯を入れたビーカーにつけて温めて，温める前と後での水面の高さを比べた。

≪実験結果≫

実験ア　下線部(イ)の性質を確かめることが出来なかった。

実験イ　温める前と比べて，水面が目盛り１つ分だけ高くなった。

実験ウ　（空らん１）

(1)　あきら君の手のひらの温度は約36℃でした。あきら君が下線部(ア)のように感じたのは，金属がプラスチックに比べてどのような性質をもっていたからだと考えられますか，答えなさい。

(2)　あたためられた金属製のふたは，下線部(イ)の性質によって体積が変化しました。

(a)　変化後のふたのようすを，図に書き入れなさい。解答らんには，変化前のふたの円周を点線，ふたの直径を実線で書いています。

(b)　このような体積の変化を何といいますか，答えなさい。

(3)　**実験ア**では，なぜ下線部(イ)の性質を確かめることが出来なかったのでしょうか，答えなさい。

(4)　**実験イ**や**実験ウ**の結果を観察しやすくするために，ガラス管の太さを変えたいと思います。

(a)　太さをどうすればよいでしょうか。**太くする**方がよいか，**細くする**方がよいかのどちらかで答えなさい。

(b)　そのように答えた理由を，書きなさい。

(5)　（空らん１）には，**実験ウ**の結果が入ります。

(a)　温める前と比べて，水面はどれだけ高くなったでしょうか。目盛り１つ分よりも**大きい**か，**小さい**か，**同じ**かのいずれかで答えなさい。

(b)　そのように答えた理由を，書きなさい。

いずれをとるか迷うこと。

＊風潮…時代の推移に伴って変わる世の中のありさま。

＊突出…突き破って出ること。他に比べて一段と目立つこと。

＊濃淡…色や味などの濃《こ》いことと、うすいこと。

問一 ――①「ああ、そうなんだ」という言い方は本来どんな意味で使われる言葉だと筆者は考えていますか。

問二 ――②「という噂《うわさ》もある」という言い方は何を避《さ》けてこのような表現をすると筆者は考えていますか。漢字二字で答えなさい。

問三 [A]～[D]にあてはまるものは何ですか。

ア だから　イ しかし

ウ たしかに　エ おそらく

問四 ――③「自分を棚《たな》に上げたような」とありますが、「棚に上げる」とはどんな意味ですか。説明しなさい。

問五 ――④「僕はなぜか『いじめ』の問題を考えていた」とありますが、以前はどんな考えになったとき「いじめ」がなくなったと書かれていますか。その考えを表す最も適切な部分を本文から六字で探し、書き抜《ぬ》きなさい。

問六 ――⑤「中くらい指向」とありますが、ここでの「中くらい」とほぼ同じ意味で使われている三字の言葉を探し、書き抜きなさい。

問七 ――⑥「アカルイ人間でいるということ」とありますが、ここでいう「アカルイ」とはどういう意味か。二〇字以上、四〇字以内で書きなさい。

急におかしくなった。明確な理由も自覚もなく「僕だけじゃないよ、みんないじめているんだもん」というのは、小学生の論理である。

僕らの時代にも、[C] いじめはあった。ただし、それは小学校までだった。それまでの集団依存《いぞん》型の思考から、自分は自分だという自覚を持ったとき、いじめは自然になくなったということだろう。

僕の甥たちもそうだが、今の若い人たちは一般に「気くばり人間」的なところがある。優しいと感じさせるのは、何よりもそのせいに違いない。それは結構なことだが、対立を避《さ》けよう気まずくなるまいと自分を殺していたとしたら、いったいどこで自分が自分になれるのかと思う。

僕らの場合、親にも教師にも言えない心の*葛藤《かっとう》やストレスは、ほとんど友だちとダべったり遊んだりすることで発散させてきた。人は、自由に気ままに振舞《ふるま》える社会があって、はじめて自分が自分になれるのであって、一人になったとき自分になれるというのは、自分になれないというのと同じである。

尾山奈々《おやまなな》さんは、世間の*風潮《ふうちょう》に合わせて明るくひょうきんに生きることで、中年のようにストレスがたまったと書いているが、そんな若い人は決して少なくないと思う。その奈々さんは、こうも書いている。

「勉強は、中くらいするのが一番いいです。わるければバカにされるし、良ければねたまれるし、中くらいが一番らくなんではないでしょうか」

三年間担任だった教師によれば、中一のときの彼女の成績はクラスでトップ、学年でも一番だったという。が、以後彼女は「憎《にく》まれて上位にいるより、中くらいで好かれたい」と、あまり勉強をしなくなる。偏差値《へんさち》ですべてが評価されてしまう受験体制《たいせい》下の学生は、こと成績に関してはそんなことは言っていられない。しかし、その他の面では驚《おどろ》くほど「⑤中くらい指向」が強いようだ。

仲間として居心地《いごこち》よくいるためには、あまり*突出《とっしゅつ》してしまってはいけない。逆に言えば、それぞれが妬《ねた》みのセンサーを張りめぐらして、突出を許さないわけである。そこで、小さなところで差をつけて、ファッションや気分のオシャレを競う。

[D] アイドルにしても、突出した美しさやキャラクターを持った存在はダメで、フツーよりちょっとかわいい程度が好まれる。今の若者の共通感覚には、そんな均質化という条件もついているようだ。

こう見てきて感じることは、⑥アカルイ人間でいるということは、何と演技的(意識的)な、何と心の負担の大きいものかということだ。さらに言うなら、そこまで他を意識してアカルク振舞っている若者の心は、ずいぶんクライなあと思うのである。

尾山奈々さんは、「いつの間にか〝人から見た自分〟にとらわれすぎて、自分がわからなくなってしまいました」と書いているが、これは正直だと思う。

言うまでもないが、その人にとって一番明るい生きかたというのは、自分の個性、自分の考えかたがすなおに表現できる生きかただろう。だが今の明るさは、みなが意識しあってつくっているひとつのパターンしかない。

人の性格は、単に明るい暗いではなく、白から黒の間にさまざまな*濃淡《のうたん》があるように、みな違う。その違いを、あたりまえと認めあわない社会というのは異常と言うほかない。

（小林道雄『若いやつは失礼』）

〈注〉 *頻発…短期間に集中して、同じことが何度も起こること。

*希薄…液体や気体などの濃度・密度がうすいこと。物事に向かう気持ち・意欲などの弱いこと。

*葛藤…心の中に相反する動機・欲求・感情などが存在し、その

もない時に使う〝つなぎ〟の言葉で、ほとんど意味のない相槌《あいづち》みたいなものだとのことだった。

それを聞いて思い出したのは、これはもはや社会人一年生になっている甥《おい》が、一時期「②という噂《うわさ》もある」という言いかたを＊頻発《ひんぱつ》していたことだった。

事実としてそんな噂もあったのかもしれない。だが、ひとつの意見に対して、こういう見方もあるというとき、「僕はこう思う」と言うと面倒《めんどう》なので、自分の意見をも「……という噂もある」として表現しているのではないか、僕にはそう思えたものだった。

なぜそんなことが気になるかといえば、僕の耳に入ってくる学生たちの会話には、およそ対立というものがないからである。

人格に関わることは言わないにしても、その他の知識や情報には、「そうかなあ?」「それは違《ちが》うぞ」という言葉があって当然だと思うのだが、そんな言いあいはまず聞いたことがない。僕にはそれが気味が悪いのだ。

だがその疑問に、そんなことはあたりまえという感じでE子は答えた。

「みんな傷つきたくないのよね、優しいから。だから、自分の言うことに反対されて傷つくのいやだから、相手の言うことにも反対しないわけ」

（中略）

ふり返ってみれば僕らの場合は、何人の仲間としゃべっていたとしても、それぞれの「自分」がAなりBなりという「相手」としゃべっていたと思う。むろん、場の雰囲気《ふんいき》を考えないわけではないが、話はあくまで個人対個人だったと言えるだろう。

A 今の若者たちの場合は、それぞれが「その場にいる自分」として、「その場」に向かってしゃべっているように思える。つまり、その場の共通感覚こそが主人公だということだ。だから③自分を棚《たな》に上げたような「いいんでないの」という言いかたが出てくる。

B、自分の言動が仲間にどう映るかを何より優先して考えるから、そうなるのだろう。それに関連して、E子は信じられないようなことを言った。

「だから、みんながトイレに行こうと言ったら、出たくなくても行っちゃうのよね」

男のツレションというのはあるが、女のツレションというのは初めて聞いた。が、出たくもないのにお尻《しり》をまくるとは、これほどバカバカしい話はない。僕は意地悪く訊《き》いた。

「出なかったら、かえっておかしいだろう」

「水を流すから、わかんない」

僕としては、それこそ「ああ、そうなんだ」であった。もちろん、E子もそれでいいとは思っていない。

「意気地《いくじ》がないのは自覚してるんだけど、それでも孤立《こりつ》したくないのよね」

と言うのである。それを聞きながら、④僕はなぜか「いじめ」の問題を考えていた。いじめられる子というのは、要するに場の共通感覚に適合していかれない子なのではないかということだ。

この場合、目立つ、なまいき、トロイ、不潔といったことで「むかつく」となることもあるだろうが、みなに合わせようと変にジタバタして、「なにげでないよ」「ダサイよ」と嫌《きら》われることもあるのではないか。

ともあれ、集団の共通感覚がその子を排除《はいじょ》するわけだから、個人が個人をいじめている自覚は＊希薄《きはく》になる。そこまで考えてきて、僕は少し間を置いてから返事があった。

「それは、とても大切だからだよ。なくしたくない気持ちが強すぎて、恐くなるんだ。お父さんもこの一年、ずっとそうだった」

「うん」

他の誰でもない、お父さんの言葉だからうなずけた。病院に意見書を提出すると決めてから、まわりの人たちの多くは変わってしまったのだろう。仲がいいと思っていた人にも、心ない態度を取られた。

「でもな、自分は自分で精一杯《せいいっぱい》、誠実にやっていくしかないんだ。フミもだぞ。おまえが優しさや思いやりを持っていれば、必ず気づいてくれる人がいる。応えてくれる人がいる。それは信じていいぞ。お父さんが言うんだからな、まちがいない。大丈夫《だいじょうぶ》だ。恐くない。恐くても、投げ出すな。お父さんも投げ出さない。おまえも投げ出すな」

初めての引っ越しで、初めてできた友だち。今、一番大事な友だち。信じろと、父は言わなかった。人の気持ちは人の気持ちだ。自分ではどうにもならない。自分自身の気持ちをなんとかするしかない。

少しでも、誠実に。思いやりを忘れずに。ぼくにとっての佐丸ではなく、佐丸にとってのぼくは、どんなクラスメイトだっただろう。

（大崎　梢「海に吠える」）

〈注〉＊憤り…腹を立てること

＊顛末…始めから終わりまでのいきさつ

＊陥れる…だまして苦しい立場に追いやること

＊肩をそびやかす…肩を高い位置におき、威勢《いせい》のよさそうな態度を取ること

問一　［A］～［E］のいずれかには、「正しいことをしても、それが認められなければ『正しい』にはならない。」という一文が入ります。どこに入るのが適切ですか。記号で答えなさい。

問二　——①「父が自分の進退を賭《か》けて起こした内部告発」とはどんな内容なのか。その内容を指す一文を本文から探し、はじめの五文字を書きなさい。

問三　——②「曲《ま》げない」とありますが、主語はだれですか。答えなさい。

問四　——③「もしかしてという疑いがぼくのすべてを凍《こお》り付かせる」とありますが、具体的にはどのようなことを疑っていますか。「～かもしれない。」につながるように三つ書きなさい。

問五　——④「逃げられる」とありますが、ここでの「逃げる」と同じような意味を表す言葉をここより後から四字で探し、抜《ぬ》き出しなさい。

問六　お父さんの言葉から、ぼくはどんなことに気づきましたか。当てはまらないものを一つ選びなさい。

ア　自分自身の気持ちをなんとかするしかない。

イ　少しでも、誠実に。思いやりを忘れずに。

ウ　今、一番大事な友だちを信じろ。

エ　人の気持ちは人の気持ちだ。

四　次の文章を読み、あとの問いに答えなさい。

つい最近、電車の中で変に耳に残る言葉を聞いた。話していたのは高校三年と思われる女子学生二人なのだが、その一人が相手の言うことに「①ああ、そうなんだ」「ああ、そうなんだ」と言うのである。

と書くと、いかにも相手の言っていることに何かを発見したり確認しているようにとれるが、言葉の調子にはそんな響《ひび》きはまったくない。ちょっとうなずくようにしながら、実に単調に言うのである。

どうもその子だけの癖《くせ》ではないように思えたので、僕《ぼく》は、現在大学一年になっている姪《めい》のE子に訊《き》いてみた。彼女によれば、それは相手の言っていることを必ずしもそうだとは思わないが、反対するほどで

「お父さんはここに来る前に亡くなった?」

D 宮本はぼくと上村の顔を見比べながらうなずいた。

それ以上、訊《き》けなかった。今にも佐丸が現れそうで、恐くてたまらない。上村の話が大嘘かもしれないのに、あのおばさんがまさかと思うのに、③もしかしてという疑いがぼくのすべてを凍《こお》り付かせる。足元に大きな穴が空いているようだ。じっと立っているつもりが、吸い込《こ》まれるように落ちていく。

気がついたら駆け出していた。廊下を走り、階段を下りて、靴《くつ》を履《は》き替え、学校から飛び出す。地面を蹴《け》って蹴って蹴って、呼吸が間に合わず苦しい。心臓も肺も胃袋《いぶくろ》も吐《は》き出してしまいそうだ。

外川の集落を抜《ぬ》け、電車の駅を通り越《こ》し、やみくもに進んでいると次の駅である犬吠《いぬぼう》駅のホームが見えてきた。手前で曲がって海に向かう。家には帰れない。宮本や川口が訪ねてくるかもしれない。ぼくに真実を告げるかもしれない。

佐丸がほんとうはぼくを嫌《きら》ってるっていうこと。ちっとも友だちじゃないこと。陥れようとしていること。

ちがうかもしれない。すべてが上村の嘘で、佐丸も佐丸のおばさんも、ぼくの思っている通りの人かもしれない。

どちらかだ。マルかバツか。右か左か。黒か白か。

コインを投げるように簡単。「かもしれない」がすべてなくなる。

裏か表か、答えはひとつ。すぐに決着がつく。

ぼくはそれを知りたくなかった。佐丸の本心を知りたくない。決着なんかいらない。

黙々《もくもく》と足を動かしていると横風が強くなる。マリンパークの前を行きすぎると白い灯台が見えてくる。ここも佐丸と一緒に行った。銚子はやつとの想い出だらけだ。逃《に》げたくても逃げられない。想い出が追いかけてくる。ぼくを絡《から》め取ろうとする。

初めて登った「地球の丸く見える丘《おか》展望館」から眺《なが》めた海が、一足ごとに近くなる。灯台のまわりはがらんとしている。誰かにすぐみつかりそうで、岩場に巡《めぐ》らされた遊歩道へと下りることにした。急な階段をたどっていると波音が大きくなる。西の空に雲が広がり、夕陽はほとんど隠れてしまった。あたりに人影《かげ》はなく、暗くて寒い。

E ちょうどよかった。ぼくは誰にも気づかれそうもない岩場の窪《くぼ》みをみつけ、遊歩道から離《はな》れたそこに身を寄せた。しゃがんで膝《ひざ》を抱《かか》え、背中を丸めて目をつぶる。やっと息がつける。震《ふる》えが治まりそうだ。④逃げられる気がした。このままじっとしていよう。してるから、いっそ岩にしてほしい。義経を思いながら鳴き続け、岩になった若丸のように。

どれくらいそうしていただろうか。指先が痛いほど冷えたところで、上着のポケットの振動《しんどう》に気づいた。携帯《けいたい》電話が鳴っていた。取り出してもたもたしている間に止まってしまう。父からだった。何かあったのだろうか。容体が急変した患者さんがいたのか。夕飯までに間に合わないという連絡《れんらく》か。

ディスプレイをみつめているとまたかかってきた。

「もしもし」

「フミか。フミなんだな。今、どこにいる?」

なんだろう。すごくあわてている。

「どうかした?」

「どうかしたじゃない。心配したぞ。今、どこにいる? お父さん、すぐに行くから。今いるところを言いなさい」

学校から連絡が行ったのか。宮本や川口の顔が浮《う》かんだ。

「もしもし、フミ、聞こえるか?」

「お父さん、ぼく、友だちのことが信じられないよ。すごくだいじで、すごく大切な友だちなのに、信じることができないんだ」

「悪くないなら、なんで外川《とがわ》に来たの。こんなド田舎《いなか》。東京にいられなくなったから来たんでしょ」

B ここに来るまでの間にさんざん思い知った現実だ。ベテランの先生が当直を抜《ぬ》け出してどこかに行ってしまい、ひとりきりの研修医が急変した患者《かんじゃ》と運び込まれた急患《きゅうかん》にあたふたし、投薬ミスを犯した。これが事実なら、責められるべきははっきりしている。でも病院はすべてをうやむやにしようとした。

父は、医者の個人的なミスに白黒つけたかったわけじゃない。事実を重く受け止めつつ、事故の起きない体制作りに尽力《じんりょく》すべきだと主張した。目に余ることは今までに何度もあったらしい。見過ごすことがもうできなかったのだ。父だけでなく、声をあげた人は他にもいる。外科医がひとりと、看護師が三人、事務員がひとり。このうち内科医の父と外科医は飛ばされ、看護師のひとりは退職した。他の人たちがどうなったのかはわからない。病院のその後も聞こえてこない。

①父が自分の進退を賭《か》けて起こした内部告発は、不運なことにぼくらの家族全員を巻きこんだ。母方の祖父は製薬メーカーの重役だった。病院長と旧知の間柄《あいだがら》であり、伯父《おじ》も同様だ。父を説得するよう病院長直々《じきじき》に頼《たの》まれ、祖父はふたつ返事で引き受けた。説き伏《ふ》せる自信があったのだろう。それまでは従順な婿《むこ》だった。甘《あま》く見ていたところ、父はどんな説得にも応じなかった。脅《おど》されても屈《くっ》しない。板挟《いたばさ》みになった母が体調を崩《くず》し、家族を犠牲《ぎせい》にするのかとなじられても②曲《ま》げない。ぼくや妹や母を自宅の居間に集め、事の＊顚末《てんまつ》を語ると同時に、一緒《いっしょ》に銚子《ちょうし》に行ってほしいと訴《うった》えた。

「悪いことはしてない。でも人を＊陥《おとしい》れるやつはいるんだ。くだらない噂話を流しているやつに、おれだって言いたいことがある。お父さんだって黙ってない。誰だよ。教えろ」

「いろんな人よ」

「だから誰。言うまで帰さない」

C ドアの前で足に力を入れて＊肩《かた》をそびやかすと、上村は顔を歪《ゆが》めてべそをかいた。知らないとか、わからないとかごまかそうとするので、腹が立って今にも殴《なぐ》りそうになった。拳《こぶし》を握《にぎ》りしめると、上村は身をすくめ泣きわめくようにして言った。

「佐丸よ。佐丸のお母さん」

え？

「病院で働いてるの。知らない？ 聞いてない？ 佐丸のお母さんがしゃべってたんだよ」

嘘《うそ》だ。何それ。病院勤めっていうのも聞いてない。働いているのは知っていたけれど。

「佐丸んちはこっちに引っ越してくる少し前に、お父さんが死んじゃったの。だから、お母さんも佐丸も、お父さんと一緒に引っ越してきた平山くんのことが羨《うらや》ましいんだよ。それで、わざと噂を流しているんだよ。ほんとうだよ」

まさか。体中が冷たくなってうまく動かない。握った拳が人の手みたいだ。

そのとき廊下《ろうか》に話し声がした。立ち尽《つ》くしている間にも近づいてきて、ドアからひょいと顔がのぞく。宮本と川口だ。

「あ、平山。いたんだ。もう帰ったかと思った」

「よかった。今日の社会の宿題……」

言いかけて、ふたりはぼくと上村のただならぬ雰囲気《ふんいき》に気づいて息を飲んだ。

「どうかした？」

眉《まゆ》をひそめる宮本にぼくは尋《たず》ねた。

「佐丸のお母さんって、銚子さくら病院で働いてるの？」

「うん」

Myojo

二〇二一年度
明星学園中学校

【国語】 〈B日程試験〉（五〇分）〈満点：二科受験者は一〇〇点、四科受験者は五〇点〉

一 次の――部を漢字に直しなさい。

(1) 砂糖と塩をまぜてしまった。
(2) 前の人の背が高く、しかいがさえぎられる。
(3) しんしゅん初売りセール。
(4) 親こうこうな青年。
(5) 今日は近所のせんとうに行く。
(6) 小さなきぼの保育園。
(7) 山のいただきに登る。
(8) 今日はかいせいである。
(9) よくきく薬。
(10) 店を新しくかいそうする。

二 下記の意味に合う慣用句になるように（　）に漢字一字を入れなさい。

(1) （　）を割ったような性格…〈意味〉気性がまっすぐ
(2) 立て板に（　）…〈意味〉すらすらとよどみがない様子
(3) 役者が（　）枚上…〈意味〉人柄《がら》やかけ引きが他の者よりも上である
(4) 有（　）の美を飾《かざ》る…〈意味〉最後に立派な成果を上げておわる
(5) （　）りてきた猫《ねこ》…〈意味〉普段《ふだん》と違《ちが》いおとなしい様子

三 次の文章を読み、あとの問いに答えなさい。

父と二人、東京から千葉に引っ越《こ》してきたぼく。佐丸《さまる》君と友達になり、徐々《じょじょ》に千葉に慣れてきた。ある日、クラスの女子、上村に呼び出され、ぼくの父が千葉へ来た理由について、ある噂《うわさ》を聞く。

「大人は言ってる。東京の病院で、医療《いりょう》ミスをしたからって」
さすがにさらりと言いのけたわけではない。上村の声は強《こわ》ばり、ところどころ溜《た》めながらの、それゆえ鬼気迫《ききせま》る告発だった。
「誰《だれ》がそう言ってる？」
「え？」
「言えよ。誰がその、でたらめな噂を流している？」

A

ぼくの頭は真っ白になった。リセットボタンを押したように、ごちゃごちゃ渦巻《うずま》いていたものがすっと消える。
上村は摑《つか》んでいた手を離し、体を後ろに引いた。
「答えろってば。おまえは誰からその噂を聞いたんだ。家の人？　大人だって言ったな。そうなのか？」
「ちがう。なによ、でたらめって」
「ミスを犯したのは別の医者だ。病院はそれを隠《かく》そうとした。お父さんは明らかにすべきだと意見して、病院の偉《えら》い人たちを怒《おこ》らせ、こっちに飛ばされたんだ。まだかよ。ここに来ても、まだ悪く言われるのか。いいかげんにしろ」
口惜《くや》しさと＊憤《いきどお》りでぼくの頭は再びごちゃごちゃになった。恐《こわ》くて震《ふる》えるのではなく、赤黒いものが体中を駆《か》けめぐり、じっとしていられない。
「黙《だま》ってないで何か言え。噂を流しているのはおまえんちのお父さんか、お母さんか」

2021年度

明星学園中学校 ▶解説と解答

算　数　＜Ｂ日程試験＞（50分）＜満点：２科受験者は100点，４科受験者は50点＞

解　答

1　(1)　19.841　(2)　17.5　(3)　$\frac{17}{24}$　(4)　2021　(5)　$3\frac{1}{2}$　(6)　58.1　2　約1.3倍　3　約2.9倍　4　(1)　$\frac{8}{15}$　(2)（例）解説を参照のこと。　5（例）解説の図２を参照のこと。　6　(1)　**ア**…30度，**イ**…60度，**ウ**…90度，**エ**…120度，**オ**…150度　(2)（例）解説を参照のこと。　(3)　解説の図Ⅳを参照のこと。

解　説

1　四則計算

(1)　13.26＋6.581＝19.841

(2)　8.75÷0.5＝17.5

(3)　$\frac{7}{12}+\frac{3}{8}-\frac{1}{4}=\frac{14}{24}+\frac{9}{24}-\frac{6}{24}=\frac{17}{24}$

(4)　40×10.75×4.7＝430×4.7＝2021

(5)　$\frac{7}{15}\times 6.3\div\frac{21}{25}=\frac{7}{15}\times\frac{63}{10}\times\frac{25}{21}=\frac{7}{2}=3\frac{1}{2}$

(6)　$50.7+(14-4\times 1.6)-\frac{1}{5}=50.7+(14-6.4)-0.2=50.7+7.6-0.2=58.3-0.2=58.1$

2　割合

54.4÷41.1＝1.32…より，小数第２位以下を切り捨てると，2020年の世界の最高気温は日本の最高気温の約1.3倍と求められる。

3　割合

１京は１兆の１万倍，つまり，10000兆だから，44京は440000兆，14京は140000兆である。よって，44京2010兆回は442010兆回，14京8600兆回は148600兆回だから，442010÷148600＝2.97…より，小数第２位以下を切り捨てると，『富岳』の計算速度は『サミット』の計算速度の約2.9倍と求められる。

4　四則計算

(1)　$\frac{1}{3}+\frac{1}{5}=\frac{5}{15}+\frac{3}{15}=\frac{8}{15}$

図１

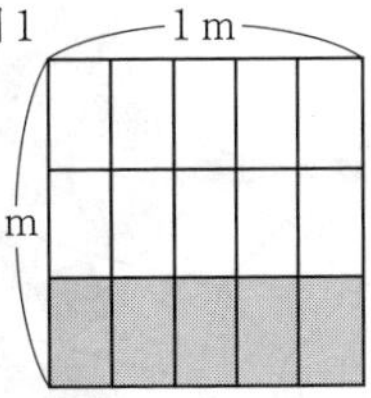

図２

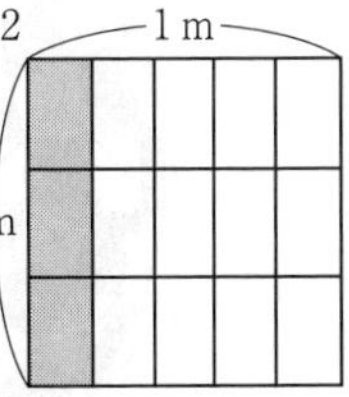

(2)　右の図１の色のついた部分の面積は$\frac{1}{3}m^2$，図２の色のついた部分の面積は$\frac{1}{5}m^2$である。また，図１の色のついた部分は，一辺が１ｍの正方形を15等分したうちの５個分，図２の色のついた部分は，一辺が１ｍの正方形を15等分したうちの３個分である。よって，$\frac{1}{3}m^2+\frac{1}{5}m^2$は，一辺が１ｍの正方形を15等分したうちの，５＋３＝８（個分）の面積だから，$\frac{1}{3}$＋

$\frac{1}{5}=\frac{8}{15}$(m^2)とわかる。

5 平面図形—面積

図1

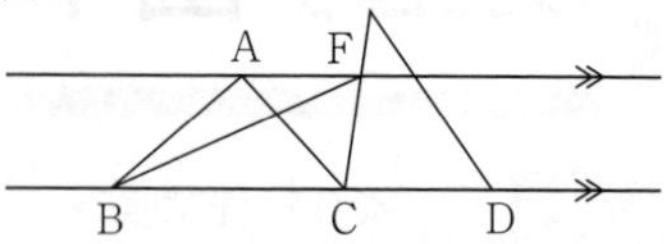

図2

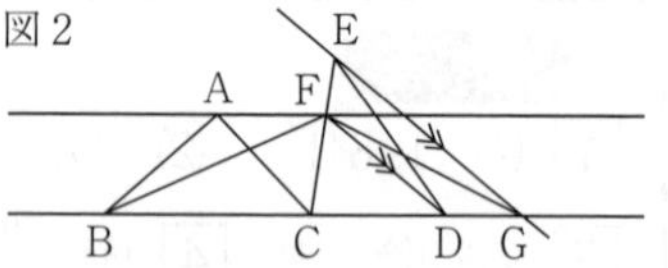

右の図1のように，まず，点Aを通り，BCと平行な直線を引き，CEと交わる点をFとしてBとFを結ぶ。すると，三角形ABCと三角形BCFは，底辺をBCとしたときの高さが等しくなるので，面積は等しい。また，右下の図2のように，FとDを結んで，点Eを通り，FDと平行な直線を引く。そして，B，C，Dを通る直線と交わる点をGとし，FとGを結ぶ。すると，三角形DEFと三角形FDGは，底辺をFDとしたときの高さが等しくなるので，面積は等しい。よって，三角形ECDと三角形FCGは面積が等しいから，三角形BCFと三角形FCGを合わせた三角形FBGは，三角形ABCと三角形ECDの面積の合計と等しい面積の三角形となる。

6 平面図形—角度，構成

図Ⅰ

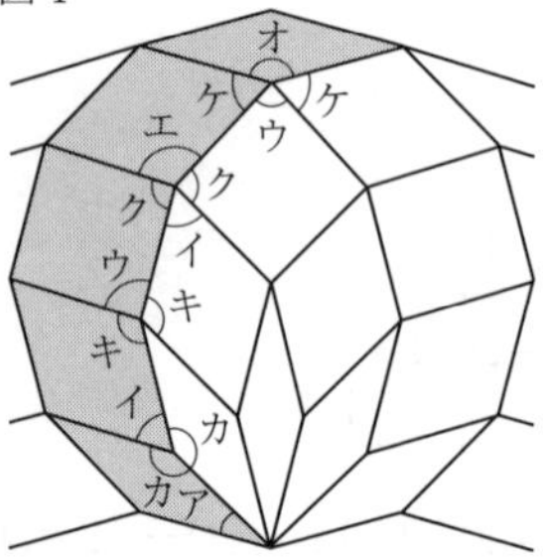

図Ⅱ

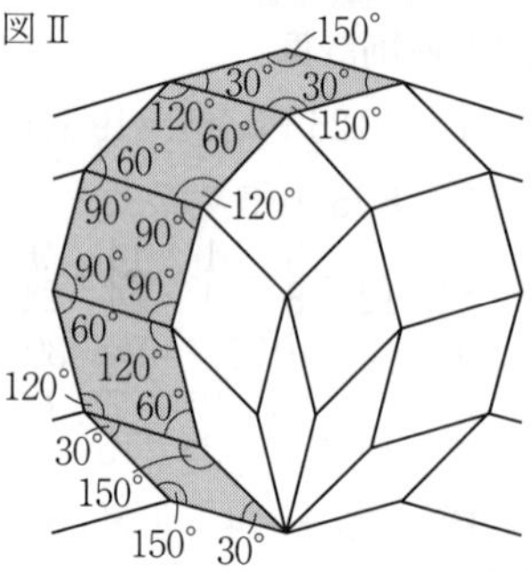

(1) 「基本形」の真ん中の部分に，アの角と同じ大きさの角が12個集まっているので，アの角の大きさは，360÷12＝30(度)である。また，右の図Ⅰで，ひし形の向かい合う角の大きさは等しく，内角の和は360度なので，カの角の大きさは，(360－30×２)÷２＝150(度)となる。よって，イの角の大きさは，360－150×２＝60(度)とわかる。同様に考えていくと，キの角の大きさは，(360－60×２)÷２＝120(度)だから，ウの角の大きさは，360－(120×２＋30)＝90(度)，クの角の大きさは，(360－90×２)÷２＝90(度)だから，エの角の大きさは，360－(90×２＋60)＝120(度)，ケの角の大きさは，(360－120×２)÷２＝60(度)だから，オの角の大きさは，360－(60×２＋90)＝150(度)となる。

(2) 右上の図Ⅱのように角度を書きこむと，手順①と手順⑤，手順②と手順④で作図したひし形はそれぞれ同じひし形とわかる。また，手順③で作図した図形は正方形である。

図Ⅲ

図Ⅳ

(3)　外枠《そとわく》の正十二角形の一辺の長さが4 cmなので，「基本形」の中にあるひし形はすべて一辺の長さが，$4 \div 2 = 2$ (cm)である。よって，取り除いた下の正十二角形の一辺の長さも2 cmだから，この正十二角形と一辺の長さが同じひし形を作図していくことになる。このとき，ひし形を作図した後に塗《ぬ》りつぶしてできる四角形の形や向きがエンブレムと同じになるようにする必要があるので，作図するひし形は上の図Ⅲのようになる。そして，ひし形の辺の中点（真ん中の点）どうしを結んでできる四角形を塗りつぶすと，上の図Ⅳのようになり，エンブレムが完成する。

社　会　＜Ｂ日程試験＞（30分）＜満点：50点＞

解　答

1　**問1**　(1)（例）黒人差別に対する抗議　(2)　ジョー・バイデン　**問2**　ア　**問3**　(1)　イ　(2)　広島県，長崎県　**問4**（例）私が今，世界中の人たちと共に解決していくべきだと思う問題は，海洋プラスチックの問題である。すでに海の生態系に大きな影響を与えていることがわかっているが，海はつながっているので，ひとつの国だけでは改善できない。プラスチックは，私たちの生活に欠かせないものではあるが，これ以上，悪化させないために，リサイクルやプラスチックの使用をどう減らしていくのかなどを考えていくことが大切だと思う。

2　**問1**　**あ**　ウ　**い**　オ　**う**　ア　**え**　ケ　**問2**　(1)　縄文時代　(2)（例）狩りや採取をしなければならない時代だったのに寝たきりの人が生きていたことが分かるから。
問3　正倉院　**問4**（例）病気の広がりを仏教の力でおさえようとした。　**問5**（例）外国人を日本の法律で裁くことができなかったから。（関税を一方的に決める権利が日本にはなかったから。）　**問6**（例）文字や戸籍の仕組みが日本に伝わったことで，中国のようなすすんだ政治ができるようになった。

解　説

1　**新型コロナウイルス（COVID-19）を題材とした問題**

問1　(1)　2020年5月，アメリカで，黒人男性が白人警官から暴行を受け，その後死亡する事件が発生した。この事件の背景には，黒人に対する白人の人種差別があると考えられたため，この事件をきっかけに，人種差別に抗議《こうぎ》するデモがアメリカ中に広がった。　(2)　2020年11月に行われたアメリカ大統領選挙では，民主党のジョー・バイデンが，現職の大統領であった共和党のドナルド・トランプをやぶって当選した。

問2　国連世界食糧計画（WFP）は，世界各地で食糧支援《しえん》を行って飢餓《きが》との闘いに努めている国際連合の専門機関のひとつである。2020年は，新型コロナウイルス感染拡大の影響《えいきょう》で，人や物の輸送に大きな支障が出ており，食糧不足が深刻化した。このような状況《じょうきょう》のなかで，食糧や物資，さらに人道支援スタッフなどの輸送や支援を行ってきたことが評価され，同年のノーベル平和賞を受賞した。

問3　(1)　2017年に国連総会で採択《さいたく》された核兵器禁止条約は，核兵器の開発・保有・使用などを禁じている。発効に必要な国・地域数がそろったことから，2021年1月22日に発効した。しかし，アメリカなどの核保有国や，アメリカの「核の傘」に守られている日本などは，この条約に参加していない。　⑵　太平洋戦争末期の1945年８月６日，アメリカ軍によって人類史上初めて，広島に原子爆弾が投下された。３日後の９日には長崎にも投下され，多くの命が失われた。

問４　今，世界中の人たちが共に手を取り合って解決していくべき問題として，海洋プラスチックの問題や地球温暖化などの環境問題があげられる。海洋プラスチックとよばれる海中のプラスチックごみは，死んだ魚やウミガメの体内などから発見されており，海の生態系に悪影響を与《あた》えていることが明らかとなっている。プラスチックが海に捨てられると，長い間，分解されず海の中に残る。そのため，海洋プラスチックを減らす必要があるが，海はつながっているので，ひとつの国の努力だけでは海洋プラスチックを減らすことはできない。そこで，世界の人々が手を取り合って，海洋プラスチックを減らすために，リサイクルを進めるなど，プラスチックごみが捨てられる量を減らす，あるいはプラスチックの使用量そのものを減らすなどの対策を考えていくことが大切であるといえる。また，地球温暖化の原因である二酸化炭素などの温室効果ガスの削減《さくげん》は，ひとつの国だけでは達成できず，世界中の国々が協力する必要がある。しかし，温室効果ガスの削減を求める先進国と，これからの経済発展を目指し，削減に反対する発展途上国との間で対立が生じており，合意が難しい状況にある。

２　感染症《しょう》を題材とした歴史の問題

問１　**あ**　大宰府《だざいふ》は古代，九州に置かれた朝廷の出先機関で，外交や防衛，九州の支配などを担当し，「遠《とお》の朝廷《みかど》」ともよばれた。なお，奈良時代に流行した天然痘《とう》は，大陸から大宰府にもどってきた使節が持ちこんだものと考えられている。　**い**　710年，元明天皇は奈良盆地北部の平城京に都を移した。この年から，京都の長岡京に都が移される784年まで(とちゅう数年間，平城京を離れた年もある)，平城京は日本の都として栄えた。　**う**　江戸時代には幕府によって鎖国政策がとられていたが，キリスト教の布教を行わないオランダと清(中国)は，長崎を唯一《ゆいいつ》の貿易港として，幕府と貿易を行うことが認められていた。　**え**　1853年，アメリカ使節のペリーが，黒船とよばれた軍艦《ぐんかん》４隻《せき》を率いて浦賀(神奈川県)に来航し，幕府に開国を要求した。翌54年，日米和親条約が結ばれ，日本は開国した。

問２　⑴　【資料②】に「縄目のもようがついた土器がつくられた」とあるので，この遺跡は縄文土器がつくられた縄文時代のものだとわかる。　⑵　【資料②】からわかるように，縄文時代の人々は狩《か》りや漁をしたり，木の実をとったりして食料を得，それを共同体で平等に分けていたと考えられている。しかし，【資料①】にあるような，寝たきりの生活を送っていた人がいたとすれば，その人は食料の確保に貢献《こうけん》しないまま，共同体のメンバーによって世話をされていたということになる。こうしたことがうかがえるため，入江貝塚の化石人骨は注目されたのだと考えられる。

問３　写真の建物は東大寺(奈良県)にある正倉院で，三角材を組んで壁《かべ》とした校倉造《あぜくらづくり》の建物として知られる。正倉院には，聖武天皇が愛用した品物のほか，遣唐使によってもたらされた数多くの宝物がおさめられた。

問４　奈良時代には天然痘の流行のほか，貴族どうしの争いなどの社会不安があいついでいた。仏教を厚く信仰した聖武天皇は，仏教の力で国を安らかに治めようと願い，地方の国ごとに国分寺と国分尼《に》寺を建てさせた。また，都の平城京には東大寺を建て，大仏をつくらせた。

問５　1858年，江戸幕府はアメリカをはじめとする欧米５か国と修好通商条約(安政の五か国条約)を結び，貿易を始めた。これらの条約で日本は外国に領事裁判権を認めたため，日本で罪をおかした外国人を，日本の法律で裁くことができなかった。また，日本に関税自主権がなかったため，日本が輸入品にかける関税を自由に決めることができなかった。

問６　外国との交流を通して日本が受けた良い影響として，外国から新しい文化や技術が伝わり，日本の文化や社会が進歩していったことが考えられる。遣隋使，遣唐使や渡来人がもたらしたものや，平安時代から鎌倉時代にかけて中国に渡った人たちが持ち帰ったもの，江戸時代の鎖国体制の中でも交流のあった数少ない国から得たもの，明治時代以降，当時の先進国であった欧米諸国から導入した制度などを，具体的にあげるとよいだろう。

理　科　＜Ｂ日程試験＞（30分）＜満点：50点＞

解　答

1　**問１**　(1)　**ウ**　かん臓　**エ**　大腸　**オ**　胃　**キ**　小腸　(2)　**１**　イ　**２**　オ　**３**　キ　**４**　エ　(3)　（例）　ヨウ素液の色が変化しない。　**問２**　①　イ　②　エ　③　ア　④　オ　**問３**　(1)　公転　(2)　自転　(3)　日食　(4)　キ　**2**　(1)　（例）　金属はプラスチックに比べて熱を伝えやすいから。　(2)　(a)　（例）　右の図

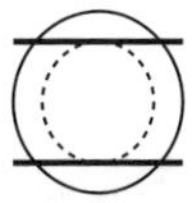

(b)　ぼう張　(3)　（例）　冷とう庫で長時間冷きゃくすると，水から氷に状態が変化してしまうから。　(4)　(a)　細くする　(b)　（例）　断面積が小さくなり，高さの変化が見やすくなるから。　(5)　(a)　大きい　(b)　（例）　水と比べて空気の方が，温度が上がったときの体積の変化が大きいから。

解　説

1　**小問集合**

問１　(1)　ウはかん臓，エは大腸，オは胃，キは小腸である。なお，イは食道，カはすい臓を示している。　(2)　口からこう門までの，食べ物が通る管を消化管という。口から入った食べ物は，食道→胃→小腸→大腸→こう門の順に通る。　(3)　だ液にふくまれる消化こう素のアミラーゼは，でんぷんを麦芽糖に分解する。ヨウ素液は麦芽糖には反応しないから，青むらさき色に変化しなくなる。なお，でんぷんに反応する前のヨウ素液の色は，うすい茶色である。

問２　豆電球の明るさは，豆電球に流れる電流の大きさが大きくなるほど明るくなる。回路１の豆電球に流れる電流の大きさを１とすると，①の豆電球には２，③の豆電球には１の電流が流れる。②では，２個のかん電池を逆向きにつないでいるため，回路全体に電流が流れない。④では，豆電球には電流が流れずに，かん電池の＋極からもう一方のかん電池の－極へと，かん電池の間だけでたくさんの電流が流れる(ショートする)ため，導線が危険なほど熱くなる。

問３　(1)　太陽のように自ら光る星が恒《こう》星，地球のように恒星のまわりをまわる星が惑《わく》星である。惑星のように，天体がほかの天体のまわりを決まった向きに回転することを公転という。　(2)　地球のようにその星自体が決まった向きに回転することを自転とよぶ。地球は，地球の北極点と南極点を結んだ軸《じく》(地軸)を中心に自転している。　(3)，(4)　地球から太陽を見たときに，太陽が月にかくれて欠けて見える現象を日食という。日食が起きるときは，太陽・月・地球の順にならび，月は新月の位置にある。

2 熱の伝わり方と状態変化についての問題

(1) 金属にふれたときに冷たく感じるのは，手から金属へ熱が移動するためである。金属とプラスチックでは，金属の方が熱を伝えやすいため，手でふれたとき，金属の方がプラスチックよりもたくさん熱が移動し，冷たく感じる。

(2) ものの体積が増えることをぼう張という。金属はあたためるとぼう張するため，変化前のふたの円周よりも変化後のふたの円周の方が大きくなる。

(3) 水を０℃よりも低い温度で冷やすと，やがて氷になる。水は氷になると体積が約1.1倍になるが，下線部(イ)にある「状態が変わらなくても」という条件にあてはまらないので，実験アでは下線部(イ)の性質を確かめることが出来ない。

(4) 水面の高さの変化が大きいほど，実験結果を観察しやすくなる。(水面の高さの変化)＝(水の体積の変化)÷(ガラス管内の断面積)なので，ガラス管内の断面積が小さいほど，水面の高さの変化が大きくなる。したがって，ガラス管の太さを細くすればよい。

(5) 水と空気を比べると，温度による体積の変化が大きいのは空気である。実験イでは水のみ，実験ウでは水と空気がフラスコに入っているから，実験ウの方が実験イよりも体積の変化は大きくなる。

国 語 ＜Ｂ日程試験＞（50分）＜満点：２科受験者は100点，４科受験者は50点＞

解 答

一 下記を参照のこと。　二 (1) 竹　(2) 水　(3) 一　(4) 終　(5) 借

三 **問1** B　**問2** ベテランの　**問3** 父　**問4** (例) 佐丸がほんとうはぼくを嫌っている(かもしれない。)／佐丸とぼくはちっとも友だちじゃない(かもしれない。)／佐丸たちがぼくを陥れようとしている(かもしれない。)　**問5** 投げ出す　**問6** ウ　四 **問1** (例) 相手の言っていることに何かを発見したり確認したりしている意味。　**問2** 対立　**問3** **A** イ　**B** エ　**C** ウ　**D** ア　**問4** (例) 問題にしないでほうっておく，あるいは知らんふりをするという意味。　**問5** 自分は自分だ　**問6** 均質化　**問7** (例) 自分の個性や考えかたをすなおに表現せず，みながつくったパターンに合わせる意味。

●漢字の書き取り

一 (1) 混(ぜ)　(2) 視界　(3) 新春　(4) 孝行　(5) 銭湯　(6) 規模　(7) 頂　(8) 快晴　(9) 効(く)　(10) 改装

解 説

一 漢字の書き取り

(1) 音読みは「コン」で，「混乱」などの熟語がある。　(2) 目で見ることのできるはん囲。　(3) 新年。正月。　(4) 親を大切にすること。　(5) 料金を取って入浴させる所。　(6) 物事の構造，仕組みなどの大きさ。　(7) 最も高い所。　(8) とても天気がよいこと。　(9) 音読みは「コウ」で，「効果」などの熟語がある。　(10) 建物の内部や外部を直すこと。

二 慣用句の完成

(1)　竹は縦に切れ目を入れるとまっすぐに割れることから,「竹を割ったような」は“気性《きしょう》がまっすぐである”という意味。　(2)「立て板に水」はすらすらと話すようす。　(3)　しばいの看板で上位から役者名が記されることから,「役者が一枚上」は“人柄《がら》やかけ引きが上である”という意味。　(4)「有終の美を飾《かざ》る」は,ものごとをやり通し,立派な終わりかたをすること。

(5)「借りてきた猫《ねこ》」は,普段《ふだん》と違《ちが》いおとなしいようす。

三　**出典は大崎《おおさき》 梢《こずえ》の『よっつ屋根の下』所収の「海に吠《ほ》える」による**。内部告発をしたことで東京の病院にいられなくなった父とともに引っ越《こ》してきた「ぼく」は,友だちになった佐丸といろいろな想《おも》い出をつくってきたが,彼《かれ》の母が自分の父のよくない噂《うわさ》を流していると聞く。

問１　空らんＢの直後に,「ここに来るまでの間にさんざん思い知った現実だ」とある。その「現実」というのが,「正しいことをしても,それが認められなければ『正しい』にはならない」ということにあたる。

問２「告発」は不正をあばいて人々に知らせること。父が,病院内で起きたどんなことについて告発したのか読み取る。空らんＢの段落にある「ベテランの先生が～投薬ミスを犯《おか》した」というのが,その内容である。

問３　ぼう線②の二つ前の文の「父はどんな説得にも応じなかった」に続けて,「脅《おど》されても屈《くっ》しない」「板挟《いたばさ》みになった母が体調を崩《くず》し,家族を犠牲《ぎせい》にするのかとなじられても曲げない」とあるので,内部告発を取り下げることをしなかった「父」が主語であるとわかる。

問４　直後の「ぼく」が駆《か》け出している場面に注目する。「ぼく」の頭の中をめぐっている「佐丸がほんとうはぼくを嫌《きら》ってるっていうこと」「ちっとも友だちじゃないこと」「陥《おとしい》れようとしていること」という三つが,「ぼくのすべてを凍《こお》り付かせ」た「もしかしてという疑い」の内容である。

問５「ぼく」は,引っ越してきて「初めてできた友だち」であり「一番大事な友だち」である佐丸が自分を裏切っているのかもしれないと知ってショックを受け,目の前のことから逃《に》げたいという気持ちになっている。本文最後の父の言葉に「恐《こわ》くても,投げ出すな」とある。この「投げ出す」と「逃げる」が同じような意味だと考えられる。

問６　最後の父の言葉を聞いた後の部分に注目する。ア,イ,エの内容はすべて「ぼく」が考えたこととして書かれている。友だちのことを「信じろと,父は言わなかった」とあるので,ウがあてはまらない。

四　**出典は小林《こばやし》 道雄《みちお》の『若いやつは失礼』による**。筆者は,今の若者たちの会話を聞いて,気くばりをしすぎて自分というものがわからなくなっているのではないかと感じている。そして,一人ひとりの違いをあたりまえと認めあわない社会は異常だと述べている。

問１　直後の部分に注目する。「いかにも相手の言っていることに何かを発見したり確認《かくにん》しているようにとれる」とあるので,「ああ,そうなんだ」という言いかたは本来そのような意味で使われると筆者が考えていることがわかる。

問２　女子学生の「ああ,そうなんだ」という言葉を聞いて,甥《おい》の使っていた「という噂《うわさ》もある」との言い回しを思い出したとある。筆者は,若者のこのような言いかたが気になるのは,「およそ対立というものがないから」だと述べている。

問３　Ａ　筆者たちの場合は「話はあくまで個人対個人だった」のに対して,「今の若者たちの場合は～『その場』に向かってしゃべっているように思える」と述べているので,前のことがらを受けて，それに反する内容を述べるときに用いる「しかし」があてはまる。　**B**　「今の若者たち」の会話について「その場の共通感覚こそが主人公だということだ」と述べた後でその原因を「自分の言動が仲間にどう映るかを何より優先して考えるから，そうなるのだろう」と推測しているので，「おそらく」がふさわしい。　**C**　筆者の時代にも「いじめはあった」と認めながらも，「ただし，それは小学校まで」で「自分は自分だという自覚を持ったとき，いじめは自然になくなった」と続けているので，「たしかに」が合う。　**D**　「仲間として居心地《いごこち》よくいるためには，あまり突出《とっしゅつ》してしまってはいけない」し，「それぞれが妬《ねた》みのセンサーを張りめぐらして，突出を許さない」ので，アイドルにしても「フツーよりちょっとかわいい程度が好まれる」という文脈である。よって，前のことがらを理由・原因として後にその結果をつなげるときに用いる「だから」があてはまる。

問4　「棚《たな》に上げる」は，知らん顔をして問題にしないというような意味である。ここでは，今の若者たちが会話において自分の言いたいことを言わないようすを表している。

問5　空らんCと同じ段落に，筆者の時代にも「いじめはあった」が，「集団依存《いぞん》型の思考から，自分は自分だという自覚を持ったとき，いじめは自然になくなった」と述べられている。ここから，「自分は自分だ」という部分がぬき出せる。

問6　ぼう線⑤直後の段落で，今の若者が「仲間として居心地よくいるために」自分が突出しないように気をつける感覚を説明している。さらに次の段落ではこれを「均質化」と述べている。

問7　最後から二番目の段落に「その人にとって一番明るい生きかたというのは，自分の個性，自分の考えかたがすなおに表現できる生きかただろう」とある。これが本来の「明るさ」であるが，「今の明るさは，みなが意識しあってつくっているひとつのパターンしかない」と述べられているので，「自分の個性や考えかたをすなおに表現せず，みながつくったパターンにはまるという意味」のようにまとめることができる。

Myojo　2020年度　明星学園中学校

〔電　話〕　(0422) 43－２１９６
〔所在地〕　〒181-0001　東京都三鷹市井の頭５－７－７
〔交　通〕　JR中央線―「吉祥寺駅」より徒歩15分またはバス
京王井の頭線―「井の頭公園駅」より徒歩10分

【算　数】〈Ａ日程試験〉(50分)〈満点：100点〉

(注意)　コンパス・三角定規を必ず持参してください。

1　次の計算をしなさい。(答えが約分できるときには必ず約分すること)

(1)　$2020-1999.9$

(2)　$\frac{2}{3}-\frac{1}{6}-\frac{4}{9}$

(3)　1.5×82.3

(4)　$1.35\div0.9$

(5)　$1.4\div\frac{35}{51}\times2.5$

(6)　$101\times(23-12\div5)-60.6$

2　昨年の５月７日，陸上のサニブラウン・ハキーム選手が全米大学選手権男子100m決勝で，9.97秒の日本新記録を出しました。このとき，サニブラウン選手が100mを走った平均速度は秒速約何mだったでしょうか。小数第３位以下を切り捨てて，小数第２位までで答えなさい。

3　２種類の紙ＡとＢがあります。Ａの紙の方は150枚で600ｇ，Ｂの紙の方は50枚で304ｇです。さて，Ａの紙とＢの紙１枚ずつではどちらの方が何ｇ重いですか。

4　新１年生に貸し出すなわとびを担当学年の先生たちで手作りすることになりました。ためしに50mのロープを１本買って来て，一人分の2.1mずつに切り分けることにしました。さて，50mのロープから最大で何本のなわとびを作れて，ロープは何m余るのかを説明しなさい。

5　下の図の四角形と同じ面積の二等辺三角形を作図しなさい。図が下の図と重なってかまいません。

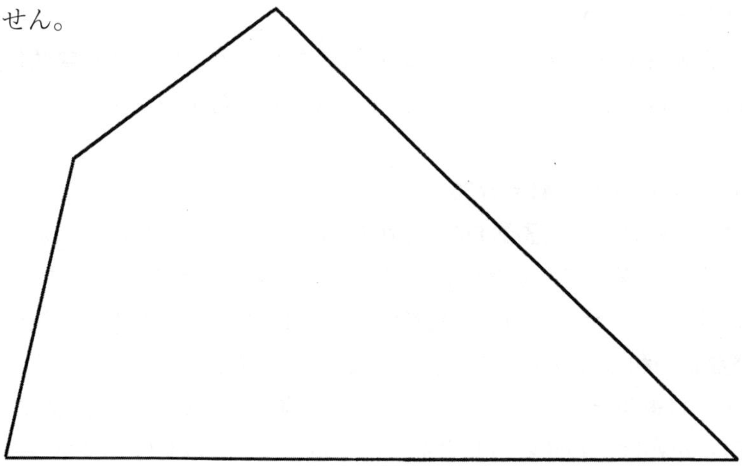

6　まだ解決されていない数学の問題に『オスターリ・マッサー予想』と呼ばれるものがあります。これは，フランスのジョゼフ・オスターリ博士とスイスのデイヴィッド・マッサー教授が1980年代に発表したものです。数学における「予想」とは「**まだだれも証明できないけど，成り立つような気がする**」という主張です。ここ数年，この予想が京都大学の望月新一教授によって証明されたのではないかと話題になっています。

さて，『オスターリ・マッサー予想』とはどのような予想なのでしょうか。これから，例をあげて説明していきます。まずは無限にある整数１，２，３，……の中から２つの整数**A**と**B**を選ぶのですが，どの２つを選んでもよい訳ではありません。選んでよいのは「８と33」や「11と50」などで，２つの数をそれぞれ積の姿に分解してみるとわかります。

まずは「８と33」をそれぞれ積の姿に分解してみましょう。８は $8=2\times4=2\times2\times2$ となります。このとき，$8=2\times4$ で止めずに整数の値で分解できなくなるまで分解した姿の $8=2\times2\times2$ にします。同様にして，33は $33=3\times11$ という具合です。８と33の積の姿を見比べてください。それぞれの積の姿に共通の値はありません。数学では積の姿にした時の一つ一つの値(ただし１以外の整数)を**因数**《いんすう》といい，共通の因数を持たない８と33は「たがいに素」といいます。11と50は「たがいに素」でしょうか。それぞれの整数の値で分解できなくなるまで分解した積の姿にしてみましょう。11は $11=11\times1$ としか表せないので，11の因数は『11』だけです。50は $50=2\times25=2\times5\times5$ となり，50の因数は『２』と『５』です。この結果，11と50も共通の因数を持たないので「たがいに素」です。それに対して，「８と50」や「11と33」は「たがいに素」ではありません。なぜなら，「８と50」は共通の因数『２』を持っていますし，「11と33」は共通の因数『11』を持っているからです。このように，「たがいに素」ではない２つの整数**A**と**B**は選びません。

『オスターリ・マッサー予想』は，無限にある整数１，２，３，……の中から「たがいに素」である２つの整数**A**と**B**を選んだときに，以下のことが成り立つような気がするという予想です。「８と33」の場合，まずはこの２つの数の**和C**を求めます。$8+33=41$ から，２つの数の**和C**は『**41**』です。次に，選んだ「８と33」とその和である『**41**』をかけ合わせるのですが，ただかけ合わせるだけではないので注意してください。$8\times33\times41$ をかけ合わせる前に，８と33と41をそれぞれ積の姿に書きかえます。このとき，整数の値で分解できなくなるまで分解した姿にします。

$$8\times33\times41=(2\times2\times2)\times(3\times11)\times41$$

この分解した姿 $(2\times2\times2)\times(3\times11)\times41$ から，異なる因数だけをかけ合わせた**整数D**を求めます。つまり，異なる因数だけをかけ合わせるので，２と３と11と41を一つずつかけ合わせることになります。

$$(2\times2\times2)\times(3\times11)\times41\rightarrow2\times3\times11\times41=2706$$

よって，異なる因数だけをかけ合わせた**整数D**は『**2706**』です。最後に，異なる因数だけをかけ合わせた**整数D**と「たがいに素」である２つの整数ＡとＢの**和C**の値を比べます。「８と33」の場合，異なる因数だけをかけ合わせた整数『**2706**』は，和『**41**』よりも大きい値になりました。「11と50」でも**整数D**が**和C**よりも大きい値になるのかを確認してみましょう。まず，２つの数の**和C**を求めます。$11+50=61$ から，この２つの数の**和C**は『**61**』です。次に，「11と50」とその和である『**61**』をかけ合わせるのですが，ただかけ合わせるだけではないので注意しましょう。$11\times50\times61$ をかけ合わせる前に，11と50と61をそれぞれ積の姿にします。このとき，整数の値で分解できなくなるまで分解した姿にします。

$$11\times50\times61=11\times(2\times5\times5)\times61$$

この分解した姿 $11\times(2\times5\times5)\times61$ から，異なる因数だけをかけ合わせた**整数D**を求めます。このとき，11と２と５と61を一つずつかけ合わせることに注意しましょう。

$$11\times(2\times5\times5)\times61 \rightarrow 11\times2\times5\times61=6710$$

よって，異なる因数だけをかけ合わせた**整数D**は『**6710**』ですから，「たがいに素」である「11と50」の**和C**である『**61**』よりも大きい値になりました。今回も，**整数Dは和Cよりも大きくなりました**。

すなわち『オスターリ・マッサー予想』とは，無限にある整数１，２，３，……の中から「たがいに素」である２つの整数**A**と**B**において「**たいていの場合，整数Dは和Cよりも大きくなるだろう**」という予想のことです。

さて，次の「たがいに素」である２つの整数AとBについて，『オスターリ・マッサー予想』の２つの整数AとBの**和C**と整数AとBと**和C**の異なる因数だけをかけ合わせた**整数D**では，どちらが大きい値ですか。**和C**と**整数D**の値を計算して求め，**和C**または**整数D**で答えなさい。(計算はすべてをかいておくこと)

(1) 「６と49」

(2) 「５と27」

(3) 「53と72」

ヒグマなどを救うヒントが、きっとそこにあるはずだからです。

英語のたいせつさはいうまでもありません。英語がニガ手だと一人前の獣医《じゅうい》にも飼育係にもなれません。というのも、動物学の論文はほとんど英語で書かれているからです。読むだけではなく、実際に英語の論文を書くことも必要になります。

動物園で働きはじめたころは、一日四時間ぐらいしか寝ないで必死になって勉強しました。日本語で書いてある文献《ぶんけん》はもちろん、日本語に翻訳《ほんやく》されていない本を読まないとわからないことも、山ほどありました。

もうおわかりでしょう。勉強は全科目やらないとダメだということです。えー、そんなの無理だよー、という声が聞こえてきそうですが、でも、ぼくはこう思うのです。

いま勉強していることのひとつひとつは、小さな石ころかもしれません。[C]、それがたくさん集まれば、高いピラミッドをつくることができます。だから、いまはちっちゃい石でもいいから、とにかくたくさん集めましょう。

いろいろな勉強をするということは、自分の中に多様性を持つということになります。いくら角が大きくてカッコよくても、オオツノシカのように多様性を失うと、環境の変化に対応できなくなるのとおなじようで、人間だって狭《せま》い知識しか持っていないと、人生のいろいろな場面に対応できなくなってしまいます。内面を磨くということは、つまり、いつ、どんな場面にも対応できる多様性を身につけるということなのです。

(小菅正夫『ペンギンの教え』)

(注)
・植生《しょくせい》…ある場所に生育している植物の集団。
・天敵《てんてき》…ある生物に対して寄生者や捕食者《ほしょくしゃ》となる他の生物。
・羨望《せんぼう》…うらやましく思うこと。
・多様性…いろいろな種類や傾向のものがあること。変化に富んでいること。

問一 ===ア「生息」、イ「費(やす)」、ウ「放置」の漢字の読みをそれぞれ答えなさい。

問二 《Ⅰ》に当てはまる語として最も適当なものを、次の中から選び、記号で答えなさい。

ア 縮小化《しゅくしょうか》　イ 平凡化《へいぼんか》　ウ 単純化《たんじゅんか》　エ 肥大化《ひだいか》

問三 ——①「環境の変化」とありますが、オオツノシカの場合は、どのような環境の変化によって絶滅してしまったのですか、三十字以上、五十字以内で説明しなさい。ただし、句読点も字数に含《ふく》む。

問四 ——②「内面を磨くこと」は、最終的にどのようなことにつながると筆者は述べていますか。本文より二十九字で探し、はじめの五字を答えなさい。ただし、句読点も字数に含む。

問五 《Ⅱ》には中学生や高校生の質問に対する筆者の返答の言葉が入る。本文全体をよく読んだ上でその言葉の内容を考え、あなたの予想を答えなさい。

問六 [A]～[C]に当てはまる語として適切なものを次の中から選び、それぞれ記号で答えなさい。

ア たとえば　イ でも　ウ つまり

問七 次のア～エについて、本文で述べられているものに○、述べられていないものには×と答えなさい。

ア 数学は、動物舎を設計するために必要である。
イ 国語の能力は、お客様に敬語を使うために必要である。
ウ 工作の能力は、サルを退屈させないためにも必要である。
エ 英語は、外国からの観光客にも説明するために必要である。

い段階《だんかい》で自分の進路を一直線に突き進んでいる人は、「文学部志望の私には、理数系の科目はまったく必要ない。だから数学は勉強しなくていい」などとまちがった判断をしがちなのです。

中学生や高校生からよく、こういう質問を受けます。

「将来動物園の飼育係になりたいのですが、どんな勉強をすればいいでしょうか」

ぼくはそんなとき、

「《　Ⅱ　》」

と答えることにしています。

まず、飼育係というのは生き物が好きでなければダメです。でも、ただ好きなだけではダメで、生物学の勉強がぜったいに必要になります。また、生き物の体の中では常に化学反応が起きているし、物理的な変化も発生するので、そう考えると、理科全般《ぜんぱん》をしっかりと勉強しておかなければなりませんね。

数学も必要です。自分が担当する動物に与えるエサの量を決めるときには、栄養価の計算をしなければなりませんし、動物舎を設計するときにも数学は必要になります。三角関数を知らなかったら、サル山の設計図は描けません。壁《かべ》の高さは、助走の速度とジャンプ力から計算して割り出しているのですから。

旭山《あさひやま》動物園の飼育係にとってだいじな仕事のひとつに、動物のすごさをお客さんにしっかりと伝える、ということがあります。飼育係の手書きポップはすっかり有名になりましたが、わかりやすい文章を書く能力、作文や漢字の国語の力が必要です。ポップの内容をわかりやすくするため、たくさんのイラストが添《そ》えられていますが、絵を描く能力もあったほうがいいですね。

旭山動物園の名物企画《きかく》に、飼育係が動物舎の前にその動物の魅力《みりょく》を紹介《しょうかい》する「ワンポイントガイド」がありますが、動物のエサの作り方を見せるんだと、テレビの料理番組のように、ホッキョクグマに与える馬肉の切り方や、キジに食べさせる白菜の切り方を紹介した飼育係がいました。これは家庭科ですね。音楽好きの男は、ギター片手に「さる山の歌」とか「トナカイの歌」をうたっていましたが、音楽の能力もあったほうがいいなあ。

動物の動きをよく見てもらうために、飼育係はいろいろな小道具をつくります。[A]「さる山」の担当者は、サルの学習能力を見てもらうために、木箱を転がすと中の固形飼料が出てくる「コロコロ」をつくったり、お参りのときに鳴らす仏具(鰐口《わにぐち》)のような木箱で、揺《ゆ》するとエサが出てくる仕掛《しか》けをつくったりしました。

サルは活動の半分をエサ探しにイ費やすのですが、これらはサルに退屈《たいくつ》させないための道具であると同時に、行動展示のための小道具でもあります。そうです、動物園では工作の能力も必要なんです。

社会科もおろそかにできません。動物を理解するためには、どんな地理的条件の中で育ってきたのかを知る必要があります。動物地理学という学問さえあるぐらいなのです。

また、人間は動物に対して、過去に何をしてきたのかを知る必要もあります。[B]歴史です。ぼくは動物園の仕事を始めてから、学生時代に歴史をちゃんと勉強してこなかったことをとても後悔《こうかい》しました。いま世界中でいろいろな動物が絶滅しているわけですが、そのことを知るたび、「なんでこうなるまでウ放置したんだ。知らなかった」と悔《くや》しい思いを抱《いだ》いたからです。

人間が歴史を学ぶことのたいせつさはそこにあります。進むべき未来は、過去を知らなければ見えてきません。過去を振《ふ》り返って、なぜエゾオオカミやトキが日本で絶滅したのかを見つめ直してみてください。いま絶滅の危険にさらされているシマフクロウ、ニホンイヌワシ、

問一　――①「無茶な難題」とは何ですか。説明しなさい。

問二　――②「寛容」とは「心が広い」という意味ですが、彼のどのような行動が「寛容」だと感じられるのですか。説明しなさい。

問三　――③「業を煮やした」とはどういう意味ですか。説明しなさい。

問四　――④「不幸中の幸い」とありますが、救護室へ連れて行かれたことがなぜ「不幸中の幸い」なのですか。

問五　――⑤「いったいなにが起こったのか?」とありますが、「私」は何が起きたと推測しましたか。

問六　[Ⅰ]に入るのに最も適切な語を後から選び、記号で答えなさい。

ア　保存　　イ　解放　　ウ　排除《はいじょ》　　エ　攻撃《こうげき》

四　次の文章を読み、後の問いに答えなさい。

野生動物が絶滅《ぜつめつ》するのはどんなときでしょう?

―中略―

答えを発表する前に、氷河期にユーラシア大陸や日本列島などに生息していた、オオツノシカの話をしたいと思います。

オオツノシカは、体高は二メートルほどですが、横幅《よこはば》が二メートル以上もあるとても大きな角を持っていました。こんなアンバランスな体型だと、頭が重くて動きづらかったと思います。ではなぜ、そのような致命的《ちめいてき》な悪条件を抱えていながら、オオツノシカは地球上にア生息できたのでしょうか。

オオツノシカが生きていた氷河期という時代は、緯度《いど》によって差はありますが、気温がいまよりも五～十度ぐらい低く、広い草原には草が豊富《ほうふ》にあって、角が大きいシカでも生きやすい環境だったのです。

しかし氷河期が終わり、地球の温暖化《おんだんか》が始まると、(注)植生《しょくせい》が変化し始め、森林と沼地《ぬまち》の面積が急激《きゅうげき》に増加していきます。森林面積が広がるということは、たとえばオオツノシカが(注)天敵《てんてき》の動物に追われたとき、森の中に逃げこもうとしても、大きな角がじゃまになって行く手を阻《はば》まれる、ということを意味します。沼地に逃げこんでも、足をとられると、頭の重さがじゃまをしてなかなか自力で抜けだせない、ということを意味します。草原が減り森林面積が増えると、草地を探して、何キロも移動しなくてはならず、そのときも重くて大きな角がじゃまになるのです。

過去には、大きな角が役立ったこともあるでしょう。オオツノシカは強そうだし、凛々《りり》しいし、牝鹿《めじか》からは「ああ、なんてカッコいい牡《お》鹿《じか》なんでしょう」と(注)羨望《せんぼう》の目を向けられたにちがいありません。イケメン好きのメスは、カッコいいオスと交尾をしたがります。その娘も孫娘も、角が大きくてカッコいいオスを追い求めつづけた結果、オオツノシカは角だけがますます大きくなっていったのだろうと、推《すい》測《そく》されているのです。

そんなオオツノシカは、温暖化という環境の変化に対応できずに絶滅してしまいました。対照的に、環境の変化に対応して生き残ったのが、中型、小型の動物たちでした。

さて、冒頭《ぼうとう》の質問の答えはわかりましたか?

「あるひとつの特徴《とくちょう》だけが《 I 》したとき、野生動物は①環境の変化に対応する力が弱まり、絶滅しやすくなる」

これが正解です。

人間でも、女性も男性も、外見を美しく見せることばかりに気をとられて、②内面を磨《みが》くことをおこたると、人間としての(注)多様性を失い、時代の変化に対応できなくなりますよ。なんていうことを、オオツノシカがたどった運命は、警告《けいこく》していると思いませんか。

内面を磨く努力をしている人にも、用心が必要です。「将来、自分はこの職業につくんだ」「自分の道はこれでキマリ!」と、人生の早

しい。

「最後までファイト！　レッツゴー二組！」

博多くんの涙声《なみだごえ》を合図に、整列し直した横一文字で、三十一脚がまた走りだす。

半分やけくその「いち、に、いち、に」。

スタンドからの哀《あわ》れみの拍手。

ゴール地点で待つ真梨江先生の悲壮《ひそう》な声援《せいえん》。

④不幸中の幸いは、ゴール後、ひざから血を流していた私を保健係が救護室へ連れて行ってくれたことだ。抱《だ》き合って泣く子。地べたにうずくまる子。無言で肩《かた》を上下させる子。いたたまれないその場から立ち去ることはできても、しかし、決勝進出の夢を絶たれたみんなの盛大な嘆《なげ》きは、救護室で消毒を受けているあいだも私を苛《さいな》みつづけた。どんな顔をすればいいのか。どう償《つぐな》えばいいのか。いっそ転校してしまいたい。ところが——。

約二十分後、ひざこぞうにガーゼを貼《は》りつけた私がスタンドの一角へもどったときには、なぜだか空気が一変していた。

⑤いったいなにが起こったのか？

さっきまでの(注)慟哭《どうこく》が嘘《うそ》のように、六年二組の面々はけろりといつものみんなにもどっていたのだ。もはやそこに湿気《しっけ》はなく、むしろ「楽しかった」「やるだけやった」「いい思い出ができた」などと、こぞってポジティブなことを言いあっている。私の失態はなかったことになっているのか、だれもそこには触《ふ》れようとしない。まるであの転倒場面だけがみんなの記憶《きおく》からポイント消去されたかのように。

「飯田さん、お疲《つか》れさま。すてきな思い出をありがとう」

真梨江先生がそう言って握手《あくしゅ》を求めてきたとき、この人だ、と私は直感した。

私がいないあいだ、彼女がみんなに言いふくめたのだ。

飯田さんを責めないこと。

飯田さんの失敗は忘れて「いい思い出」にすること。

私は自分の手を背中に隠《かく》したまま、真梨江先生から顔をそむけた。

正直なところ、転倒のことをみんなから責められていたら、気の弱い私はかなりの確率で不登校になっていたことだろう。が、当時の私はいじけた気分で、いっそ責めてくれればいいのにと思った。六年二組の「いい思い出」を守るため、私というマイナス要素を［Ⅰ］する。記憶から閉め出してふたをするという真梨江先生のやり方に、みんなの嘘っぽい明るさに傷ついていた。

唯一《ゆいいつ》、あの転倒が夢幻《ゆめまぼろし》ではなかったことを証していたのは、皮肉にも、急に変わった奥山くんの態度だった。

ラスト三週間の練習中、いつも二人で三脚だった。左の足と右の足を常につないでいた。私が転べば助けてくれた。励《はげ》ましの言葉をくれた。なのに、最後の最後で、彼は私を突きはなした——。

のみならず、予選を敗退したその日以来、彼はほかのだれにも気づかれないくらいのさりげなさで、私を避《さ》けるようになった。目が合えばそらす。私が近づけば背をむける。まじめな子どもにありがちなかたくなさで、奥山くんは私を彼の視界からしめだすことにしたのだ。

結局、まともに口をきくこともないまま、私たちは小学校を卒業した。

クラスメイトたちの多くが進学する地元の公立を避け、知った顔のいない私立の中学校へ入学したとき、私はようやく二脚の足で再び歩き出せる思いがした。

（森　絵都「出会いなおし」）

（注）・言下《げんか》に一蹴《いっしゅう》…言い終わるか終わらないかのうちに断ること。

・慟哭《どうこく》…悲しみの余り、声を上げて泣くこと。

額とあごのラインが指し示すように、どこか観音《かんのん》めいた心根の持ち主だった。だれにたいしても親切で、みんなのいやがる仕事も快く引きうけ、イメージ映像としては「いつもゴミ箱を焼却炉《しょうきゃくろ》へ運んでいる」。そんな彼だからこそ、真梨江先生は①無茶な難題を突きつけ、そして、そんな彼だからこそ、内心はともあれ、文句も言わずに私の世話役を引きうけたのだ。

　真梨江先生の戦略は吉《きち》と出た。日に何度かは必ず横の子に引きずられて転び、練習を中断させていた私は、奥山くんの横になって以来、ひざこぞうをすりむく回数が減った。彼が巧《たく》みに足の運びを合わせてくれたからだ。それでも尚《なお》かつ私が転んだときには、まるで自分が蹴《け》倒《たお》しでもしたみたいに、いともすまなそうな目をして「ごめんね」と助けおこしてくれる。

「よっ。奥山、熱いぞ！」

「お姫《ひめ》さまだっこしてやれ！」

幼稚《ようち》な男子たちにひやかされても、奥山くんはひるまない。私が転倒するたび、あたかも彼の責任であるように、みんなが「なんだよ、奥山」「ダーリン、しっかりしろ」とブーイングをするようになっても、奥山くんは怒らない。度重なるにつけ、そんな彼の善良さが、私には逆に心苦しくなっていった。

　だれよりも速く走れるはずの奥山くんに、自分がブレーキをかけていること。練習のたびにいやな思いをさせていること。彼が②寛容《かんよう》であるほどに、情けなさがひざこぞうにしみてくる。

　一度だけ、意を決して真梨江先生に辞退を申し入れたことがある。予選で勝つために私を外し、代わりにほかのクラスから助っ人を入れてください、と。

　(注)言下《げんか》に一蹴《いっしゅう》された。

「これは、六年二組の思い出づくりなのよ。だれか一人でも欠けたら、それはもう二組の思い出じゃないでしょう」

　そんな思い出、私はいらない。一度もほしいと思ったことはない。胸《むね》のうちで抗《あらが》いながらも、私はそれを大人にぶつけられるほど強い子どもではなかった。

　練習を放棄《ほうき》する度胸もなかった私は、結局、その後も足手まといなラインの右端でありつづけた。早く予選が終わりますように。過熱しつづけるみんなのなかで、一人、それだけを日々祈《いの》っていた。

　（中略：本番の日。私は途中《とちゅう》で足が動かなくなり、転んでしまう）

　グラウンドに転がる私を見すえる奥山くんの顔には表情がなかった。いつもの優しいまなざしも、「ごめんね」とさしだされる手もない。彼はただ影《かげ》のようにのっぺりと立ちつくしていた。なにも言わない。動かない。その不動に、その沈黙《ちんもく》に責められている気がして、私はますます動転した。

　消えたい。この世界からいなくなってしまいたい。

　しかし、それは許《ゆる》されなかった。バッテリーが切れたような奥山くんに代わって、③業《ごう》を煮《に》やしたみんなが騒《さわ》ぎ出したのだ。

「琴《こと》ちん、立とう」

「起きろよ、飯田」

「最後までがんばろう」

「ファイト！」

　もはや勝ち目はない。決勝進出の望みは絶《た》たれた。テレビ出演も水の泡《あわ》。それでも、せめてゴールをしようというみんなの声を無視できるわけもなく、私はごま粒《つぶ》ほどの余力をふりしぼり、地中深くへ埋《う》め込まれたような下半身を起こした。

　みんなの声にはじかれるように、奥山くんもはたと動きを再開し、ぎくしゃくした手つきで私たちの足に紐《ひも》をまわした。

　もう一度、合体。再び組み合わせた腕《うで》は、しかし、どこかよそよそ

Myojo

二〇二〇年度 明星学園中学校

【国語】〈A日程試験〉（五〇分）〈満点：一〇〇点〉

一 次の——部を漢字に直しなさい。

① 手紙の返事がほしい。
② 状況をかんたんに説明する。
③ 会社につとめる。
④ じこくは十一時です。
⑤ 私の父はとてもきびしい。
⑥ 解答用紙をかいしゅうする。
⑦ 実力がひょうかされる。
⑧ 荷物をとどける。
⑨ 旅行のじゅんびをする。
⑩ プロ野球がかいまくする。

二 意味をよく読み、（A）（B）の中にそれぞれ漢字一字ずつを入れ、四字熟語を完成させなさい。

① 一（A）一（B）…意味：わずかな期間。
② 起（A）回（B）…意味：絶望的な状態を立て直すこと。
③ 大（A）小（B）…意味：違いはわずかで、だいたい同じであること。
④ （A）我（B）中…意味：そのことだけに心が奪《うば》われ、他のことは全く考えないこと。
⑤ （A）名（B）実…意味：名ばかりで内容をともなわないこと。

三 「私」のクラスでは、「三十人三十一脚《きゃく》」で、テレビ番組への出演を目指すことになった。次の文章を読み、後の問いに答えなさい。

三十人で横列を組むとき、足の速い者と遅《おそ》い者を交互《こうご》に配置する。真梨江《まりえ》先生がそんな戦略を立てたのは、地方予選の本番までいよいよ三週間を切ったころだった。

練習中、みんなの足がそろっていないと、走行中に一文字であるべきラインがVの字にくぼんだり、Wの字にゆがんでしまったりする。悪くすると、ラインがバラけて崩壊《ほうかい》する。俊足《しゅんそく》と鈍足《どんそく》をとなりあわせることにより、極端《きょくたん》な速度の差異が生じるのを防ぎ、全体のスピードを均《なら》そうという試みだった。

「みんな、一人だけ速く走ろうとしないで、横の子と合わせることを、まずは一番に考えてちょうだい。全員が横の子と合わせて走ったら、列は絶対にくずれないでしょう。それが勝負の鍵《かぎ》よ。三十一脚、きっちりそろって走りぬいたチームが最終的には好記録を叩《たた》きだすの。突出した一人はいらないのよ」

その持論のもと、真梨江先生はクラスいち足の速い奥山《おくやま》くんを、クラスいち足の遅い私の横につけた。さらに、常に列をへこませていた私を一番右端《はし》に配することで、ライン崩壊のリスクを下げた。それによって私は右半身の自由を手に入れ、多少なりとも楽に走れるようになったのだから、狙《ねら》いは悪くなかったと思う。

気の毒なのは、面倒なお荷物を押しつけられた奥山くんだ。

「奥山くん、できるだけ飯田《いいだ》さんのこと、引っぱってあげてね。転びそうになったら助けてあげて。奥山くんと飯田さんは二人で三脚、つまり、一心同体ってことよ」

どんくさい女子と一心同体だなんて冗談《じょうだん》じゃない。と、ふつうの男子ならば、大いに反発していたところだろう。が、奥山くんはその

2020年度

明星学園中学校 ▶解　答

※　編集上の都合により，Ａ日程試験の解説は省略させていただきました。

算　数　＜Ａ日程試験＞（50分）＜満点：100点＞

解　答

1 (1) 20.1　(2) $\frac{1}{18}$　(3) 123.45　(4) 1.5　(5) 5.1　(6) 2020　2 秒速約10.03ｍ　3 紙Ｂの方が2.08ｇ重い　4（例） 50÷2.1＝23あまり1.7より，50ｍのロープを2.1ｍずつ切り分けると23人分作れて，ロープは1.7ｍ余る。　5（例） 右の図　6 (1) 整数Ｄの値が大きい　(2) 和Ｃの値が大きい　(3) 整数Ｄの値が大きい

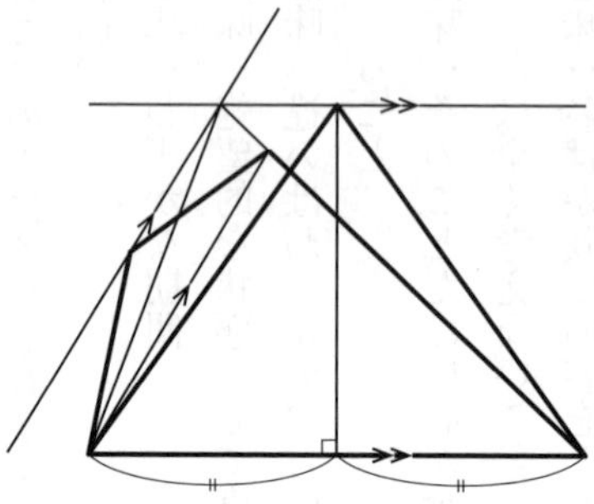

国　語　＜Ａ日程試験＞（50分）＜満点：100点＞

解　答

一 下記を参照のこと。　二 ① Ａ 朝　Ｂ 夕　② Ａ 死　Ｂ 生　③ Ａ 同　Ｂ 異　④ Ａ 無　Ｂ 夢　⑤ Ａ 有　Ｂ 無　三 **問１**（例） クラスいち足の遅い「私」を横につけ，「私」が転びそうになったら助けてあげること。　**問２**（例） クラスの幼稚な男子にひやかされても，ブーイングされても，速く走れなくても，怒らずに「私」を助けてくれること。　**問３**（例） 待ちきれなくなったという意味。　**問４**（例） 自分が転んだために決勝に進めなかったという「不幸」の中で，みんなが嘆く場から立ち去ることができたのは「幸い」だったから。　**問５**（例） 自分がいない間に，真梨江先生が「『私』を責めず，転んだ話をせず，いい思い出にする」ことをみんなに言いふくめたこと。　**問６** ウ　四 **問１** ア せいそく　イ つい(やす)　ウ ほうち　**問２** エ　**問３**（例） 地球の温暖化が始まり，植生が変化し始め，森林と沼地の面積が急激に増加していったという変化。　**問４** いつ，どん　**問５**（例） いろんな勉強をしなくてはいけないよ　**問６** Ａ ア　Ｂ ウ　Ｃ イ　**問７** ア ○　イ ×　ウ ○　エ ×

●漢字の書き取り

一 ① 欲(しい)　② 簡単　③ 勤(める)　④ 時刻　⑤ 厳(しい)　⑥ 回収　⑦ 評価　⑧ 届(ける)　⑨ 準備　⑩ 開幕

Myojo　2020年度　明星学園中学校

〔電　話〕(0422) 43－２１９６
〔所在地〕〒181-0001　東京都三鷹市井の頭５－７－７
〔交　通〕JR中央線―「吉祥寺駅」より徒歩15分またはバス
京王井の頭線―「井の頭公園駅」より徒歩10分

【算　数】〈Ｂ日程試験〉(50分)〈満点：２科受験者は100点，４科受験者は50点〉

(注意) コンパス・三角定規を必ず持参してください。

1　次の計算をしなさい。(答えが約分できるときには必ず約分すること)

(1)　$18-6.34$

(2)　161.6×12.5

(3)　$\frac{5}{12}\times\frac{3}{8}$

(4)　$249.48\div3.5$

(5)　$23.6\div\frac{2}{5}$

(6)　$13.1\times(4+5)-8.6$

2　去年の６月20日に行われた米プロバスケットボール協会(NBA)のドラフトで，八村塁選手が日本人として初めて９番目に指名されて話題になりました。指名したのはワシントン・ウィザーズというチームです。７月１日，八村選手はこのチームと正式に契約しました。八村選手の年俸は約450万ドルと言われています。ところで，この日は１ドルが約108円で取引されていたのですが，450万ドルは約何億何万円になりますか。

3　毎年正月に行われている箱根駅伝は，217.1kmの距離を10区間に分けて10人でたすきリレーをしています。今年総合優勝した青山学院大学は合計タイムが10時間45分23秒という大会新記録を出しました。さらに今大会では，７つの区間で区間新記録も出ました。MVP(最優秀選手)に選ばれたのは，２区間目で11年ぶりに記録更新をした東洋大学の相澤選手でした。相澤選手は23.1kmの距離を65分57秒というタイムで走りました。さて，相澤選手のタイムを約66分として，この区間記録の平均の速さが分速約何mかを求めなさい。

4　$\frac{1}{2}m^2$の面積と$\frac{2}{3}m^2$の面積ではどちらの方が何m^2大きいかを確かめたい。次の問いに答えなさい。

(1)　計算によって，どちらの方が何m^2大きいか求めなさい。

(2)　(1)の結果が正しいことを，$\frac{1}{2}m^2$と$\frac{2}{3}m^2$とかいてある正方形の図を使って説明しなさい。ただし，定規を使ってなるべく正確に線を引くこと。

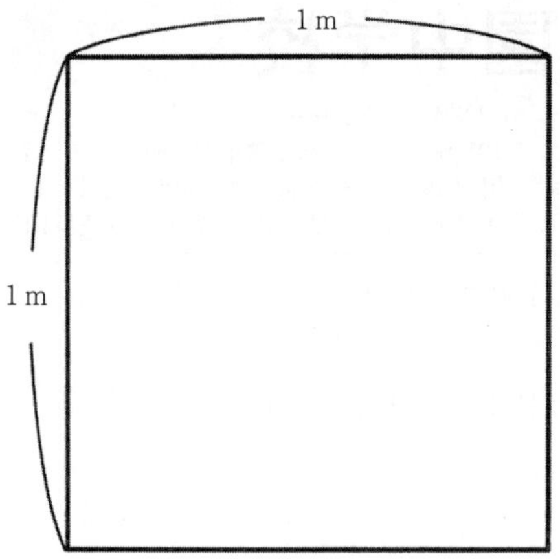

$\frac{1}{2}\ m^2$

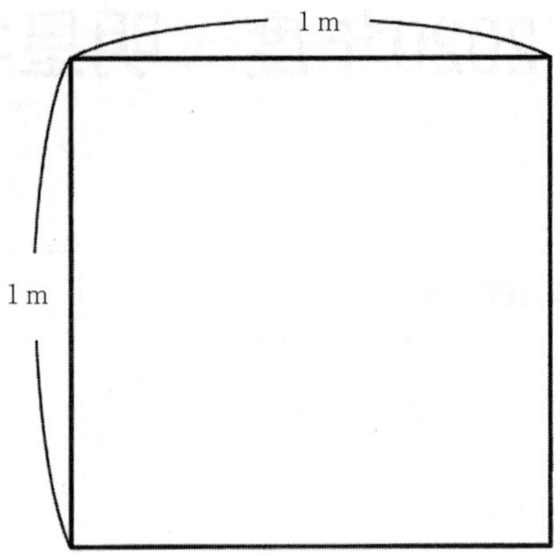

$\frac{2}{3}\ m^2$

5 下の2つの四角形AとBは，どちらも周の長さが同じです。さて，面積はどちらの方が大きいか答えなさい。また，その理由を説明しなさい。このとき，面積を求めるために必要な線や定規で測った長さは，すべて四角形にかきこみなさい。また，長さを測るときに定規のmmの目盛りにぴったり合わないときには，近いと思った方の目盛りの値を使ってよいことにします。例えば，4.2cmと4.3cmのほぼ真ん中に思えたときには，どちらの値を使ってもかまいません。

A

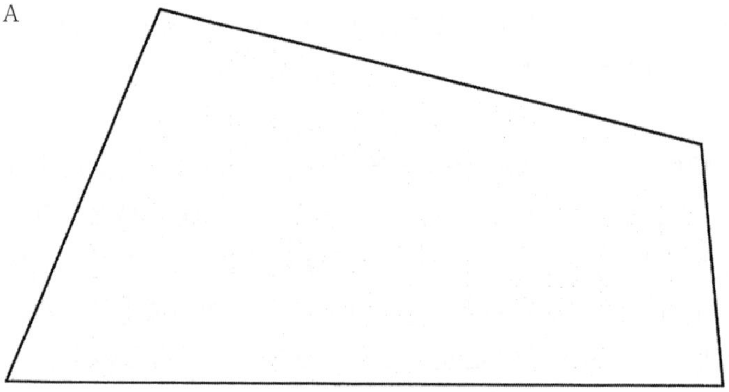

B

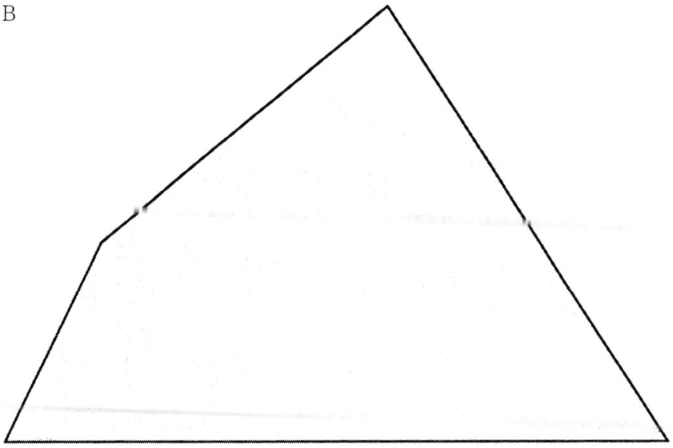

6 インドの数学者カプレカが発見した『カプレカ数』について紹介《しょうかい》します。

カプレカ数とは，次のような条件を満たす整数のことです。例えば，2桁《けた》の数「45」について説明します。まず，45×45のように，2回同じ数をかけ合わせます。すると45×45＝2025となります。次に，この4桁の数「2025」を，前の2桁と後ろの2桁に半分ずつ分けます。すると，「20」と「25」という数が現れます。そして，これらを足し合わせます。20＋25＝45となりますから，元の数である「45」と等しくなりました。この条件を満たす数のことを「カプレカ数」といいます。

次に，3桁の数「123」がカプレカ数かどうかを確かめてみましょう。123×123＝15129となります。かけ算の結果が5桁になってしまいましたから，上の例のように半分に分けることができません。このような場合は，前は2桁，後ろは3桁に分けて足し合わせます。このように，奇数桁の値を2つに分ける時には，後ろの方の数が1桁多くなるようにします。「15129」を「15」と「129」に分けて足し合わせると15＋129＝144となり，「123」と一致しないので123はカプレカ数ではないといえます。

最後に，「2223」がカプレカ数かどうか確かめてみましょう。2223×2223＝4941729となります。今回もかけ算の結果が奇数桁になったので，3桁と4桁に分けて足し合わせます。494＋1729＝2223となりますから，「2223」はカプレカ数であるといえます。

さて，次の数がカプレカ数かどうかを答えなさい。(計算は全て書いておくこと。)

(1) 55

(2) 297

(3) 325

【社　会】〈B日程試験〉（30分）〈満点：50点〉

1　次の文章を読み，あとの問いに答えなさい。

> 毎年9月に開かれる国連総会では，加盟国の大統領や首相らが集まり，世界の様々な問題を話し合っている。2019年は，(A)持続可能な開発目標に関するサミットなどさまざまな会議が開かれたが，(B)なかでも注目されたのは，「気候行動サミット」だった。ここ数年，(C)世界中で自然災害の発生率が増加傾向にあり，その原因の多くは，気候変動による環境の変化にあると言われている。日本も例外ではなく，2019年も大雨や台風などの災害によって，各地で被害が出た。
>
> また，今年，(D)東京で開催される東京オリンピック・パラリンピックでも「持続可能な開発目標」に貢献《こうけん》すると宣言されている。

問1　下線部(A)について，「持続可能な開発目標」とは，2015年の国連サミットで採択された17のゴール・169のターゲットから構成されている国際目標のことだが，略して何と言われているか。次の中から選び，記号で答えなさい。

ア．IPCC	イ．MDGs	ウ．COP	エ．SDGs	オ．IOC

問2　下線部(B)について，2019年の「気候行動サミット」では，スウェーデンの高校生環境活動家が演説をしたことでも注目を浴びた。次の①②に答えなさい。

①　その演説を行った高校生の名前を答えなさい。

②　また，その高校生環境活動家はどのようなことを訴えたのか，かんたんに説明しなさい。

問3　下線部(C)について，2019年は森林火災にも注目が集まったが，世界最大の熱帯雨林が広がる地域名を答えなさい。

問4　下線部(D)について，オリンピック開催に向けて，「持続可能性」のために具体的にどのような取り組みをしているのか，ひとつ挙げなさい。

2　次の2人の会話を読み，あとの問いに答えなさい。

星子さん「2019年は，消費税が［　あ　］%から［　い　］%に上がったりと大きな変化がたくさんあった1年となったね。」

明 く ん「そうだね。新しい天皇が即位したことで，元号も［　う　］から［　え　］に変わったしね。」

星子さん「そういえば，(A)大阪府にある「百舌鳥・古市古墳群―古代日本の墳墓群―」が新たに世界遺産に登録されたし，2019年は天皇家に関わるニュースも多かったかも。」

明 く ん「そうだね。ところで，元号って，天皇が代わると一緒に変わるものなんだね。江戸時代を勉強した時に享保の改革や天保の改革という元号が使われる出来事がたくさん出てきた気がするけど…。」

星子さん「そう言われてみればそうだね。元禄文化や化政文化など，文化の名前についているのも元号だって習った気がする。」

明 く ん「江戸時代は，天皇がしょっちゅう代わっていたということなのかな。」

星子さん「どうやら，天皇が代わる時に元号を変えようと決まったのは，江戸時代の次の

[お]時代になってからみたいだよ。」

明くん「そうなんだ。たしかに江戸時代にいた天皇の名前，覚えていないなぁ。」

星子さん「言われてみれば。江戸幕府を開いたのは，[か]。その前の安土桃山時代は，織田信長や[き]が天下統一をしようとしたと習ったけれど，あまり天皇の名前は出てきていないかも。」

明くん「[お]時代より前の時代，天皇は何をしていたのだろう。」

星子さん「言われてみれば，何をしていたのかしら。(B)[お]時代に[く]憲法が定められて，天皇がどんなことをするのかがはっきりしたようだけど。」

明くん「[お]時代は，本当にいろいろなことが変わったんだね。」

星子さん「(C)そうだね。[お]天皇自身も生まれ育った京都から今の皇居に引っ越してきて，新しい環境に慣れるのに大変だったかもしれない。」

明くん「そうそう，その[お]天皇といえば，面白いんだよ。1872年から1885年の間に，全部で6回も全国各地に長期間出かけているんだよ。」

星子さん「まだ新しい政府になって間もないころだよね？」

明くん「そうなんだよ。どうしてそんな時期から何度も全国各地に出かけていたのかな。」

星子さん「(D)明くん，[お]天皇が出かけた図を見ると，ある特ちょうがあると思わない？」

明くん「あ！　本当だ。」

星子さん「(E)なんとなく，[お]天皇が忙しい時にあちこち出かけていた理由がわかってきた気がする！」

問1　文中の[あ]から[く]にあてはまる言葉を次の【語群】ア～タから選び，記号で答えなさい。ただし，同じ記号は使わないこと。

【語群】

ア．大正	イ．平成	ウ．明治	エ．令和
オ．昭和	カ．6	キ．8	ク．10
ケ．12	コ．徳川家康	サ．明智光秀	シ．坂本龍馬
ス．豊臣秀吉	セ．東洋大日本国	ソ．日本国	タ．大日本帝国

問2　下線部(A)について，次の①②に答えなさい。

①　右の古墳は墳長486m，日本で最大のものである。このような形の古墳を何というか，答えなさい。

②　また，なぜこのような巨大な古墳を作ったと考えられるか。理由を答えなさい。

問3　下線部(B)について，次の①②に答えなさい。

①　この憲法では，2つの議会から成る国会の設置も盛り込まれたが，そのうち，選挙によって選ばれた議員で構成されるのは「◯議院」だった。空欄にあてはまる漢字1文字を答えなさい。

②　現在，投票する権利があるのはどのような人たちか，次のア～ウからあてはまるものを1つ選んで，記号で答えなさい。

ア．18歳以上のすべての男女
イ．20歳以上のすべての男女
ウ．25歳以上のすべての男子

問4　下線部(C)に関連して，次の2枚の写真は，［お］天皇である。左の写真は1872年に，右の写真は1873年に撮影されたものである。下の①②に答えなさい。

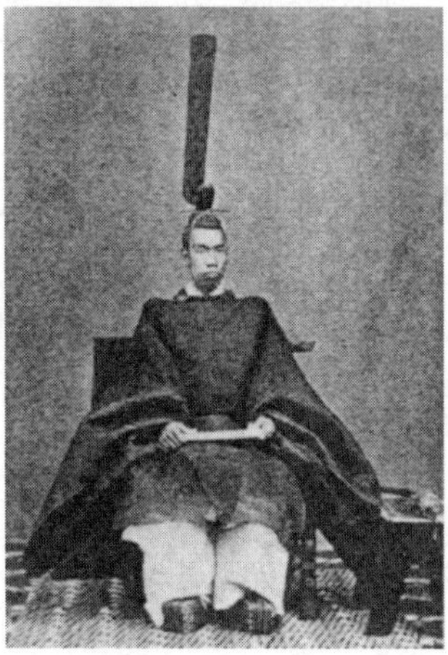

①　左と右の写真を比べて，変わった点を3つ答えなさい。

②　また，なぜ1年でこのように変化したのか，考えられる理由を説明しなさい。

問5　下線部(D)について，右の資料が，［お］天皇が出かけた時の図である。どのような特ちょうが読み取れるか，図から読み取れることを2つ答えなさい。

問6　下線部(E)について，天皇の長期間旅行は「何のために」「何を目的として」行われたのか，問5で読み取ったことをふまえて，あなたの考えを説明しなさい。

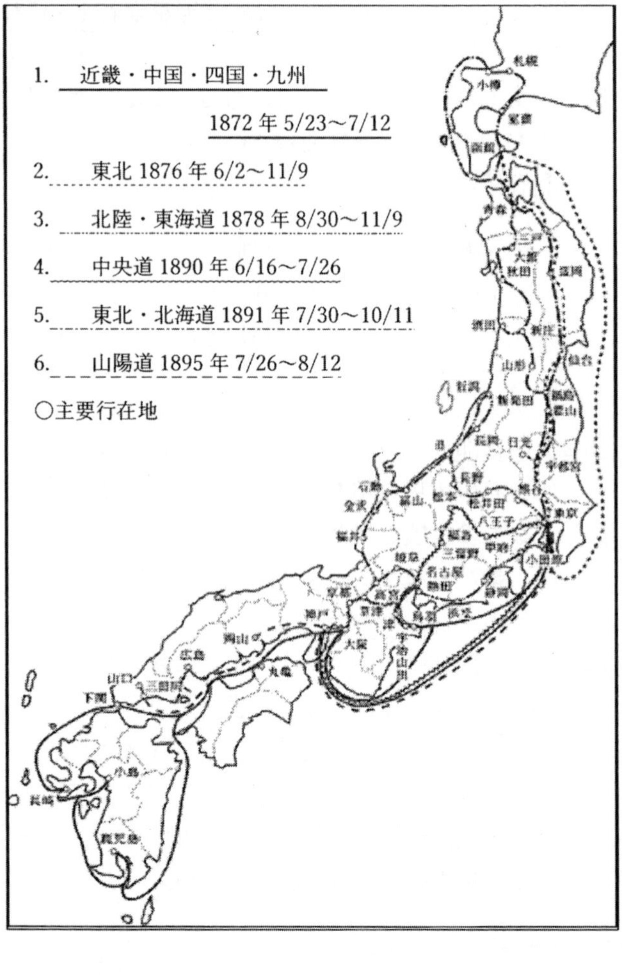

【理　科】〈**Ｂ日程試験**〉(30分)〈満点：50点〉

1　以下の問に答えなさい。

問１　図のようなモノコードを使って，音の高さを比べてみました。モノコードは，木の箱に金属《きんぞく》の弦《げん》をはって，弦を指ではじくことで音が出ます。弦を次のように変えたとき，変える前と比べて音が高くなる場合は○，そうでない場合は×で答えなさい。

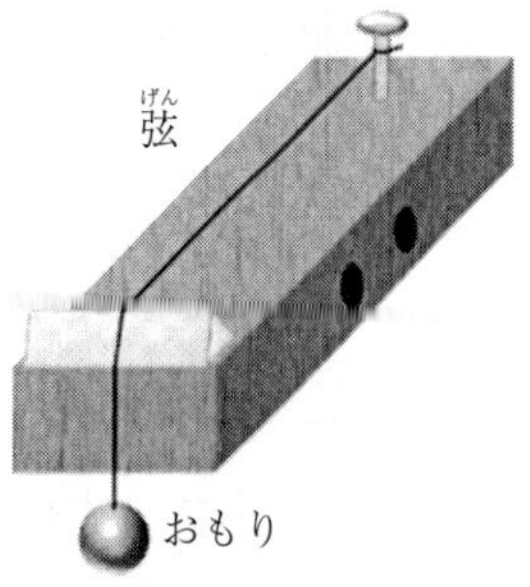

(1)　おもりを重いものに変える。

(2)　弦の長さを短くする。

(3)　弦のはじき方を強くする。

(4)　弦を太いものに取り変える。

問２　水よう液は，酸性・中性・アルカリ性の３つの性質に区別することができます。この水よう液の性質によって，リトマス紙の色がどのように変わるかを下の表にまとめました。以下の問に答えなさい。

	赤色のリトマス紙	青色のリトマス紙	水よう液
酸性	赤色→(①)	青色→(④)	(⑦)
中性	赤色→(②)	青色→(⑤)	(⑧)
アルカリ性	赤色→(③)	青色→(⑥)	(⑨)

(1)　赤色のリトマス紙に，酸性・中性・アルカリ性の水よう液をそれぞれたらしました。表の①～③にあてはまるものを，赤色か青色かのどちらかで答えなさい。

(2)　青色のリトマス紙に，酸性・中性・アルカリ性の水よう液をそれぞれたらしました。表の④～⑥にあてはまるものを，赤色か青色かのどちらかで答えなさい。

(3)　酸性・中性・アルカリ性の水よう液には，それぞれどのようなものがありますか。例として表の⑦～⑨にあてはまるものを，下のア～ウから一つずつ選び，記号で答えなさい。

ア　食塩水　　イ　水酸化ナトリウム水よう液　　ウ　塩酸

問３　がけなどの断面に，積み重なった岩石や土が層となっているものを見かけることがあります。これを[　1　]といいます。[　1　]は川の水の流れによって運ばれたれきや砂，どろなどが積み重なってできたものです。そのようなれきや砂，どろなどが海や湖の底にたまり，それらが長い時間の中で岩石となるものがあります。こうした岩石を[　2　]といいます。[　2　]の中でも，主にれきからできた岩石は[　3　]，主に砂からできた岩石は[　4　]，どろからできた岩石は[　5　]といいます。

(1)　上の文の空らん[1]にあてはまることばを答えなさい。

(2)　上の文の空らん[2]～[5]にあてはまることばとして最も適当なものはどれでしょうか。下の《語群》の中から一つずつ選び記号で答えなさい。

《語群》　ア．火成《かせい》岩　　イ．変成《へんせい》岩　　ウ．堆積《たいせき》岩　　エ．泥《でい》岩　　オ．花崗《かこう》岩
　　　　　カ．れき岩　　キ．玄武《げんぶ》岩　　ク．砂《さ》岩　　ケ．安山《あんざん》岩

(3)　上の文の下線部に関して。この現象を再現するためにビーカーに水，れき，砂，どろをよく混ぜたものを，水の入ったメスシリンダーに流し込んでみました。すると，れき，砂，どろが層になり，次ページの図の右のように積み重なりました。図の①～③に見られるも

のの組み合わせとして，最も適当なものはどれでしょうか。ア～カから一つ選び，記号で答えなさい。

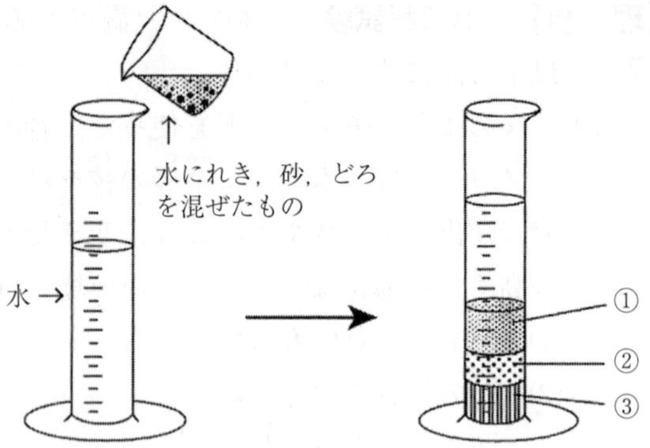

	①	②	③
ア	どろ	れき	砂
イ	どろ	砂	れき
ウ	砂	どろ	れき
エ	砂	れき	どろ
オ	れき	砂	どろ
カ	れき	どろ	砂

2　次の文章を読み，文のあとの問に答えなさい。

アキラ君は，４月のはじめに近所の公園で葉っぱに産み付けられたモンシロチョウの卵を見つけ，持ち帰って育てることにしました。しばらく日がたつと卵はかえって成長し，１か月後にはモンシロチョウは飛び立っていきました(図１)。再び公園の葉を見ると，新たなモンシロチョウの卵があります。アキラ君は「この卵も１か月後には羽化し，飛び立つのだろう」と思いました。

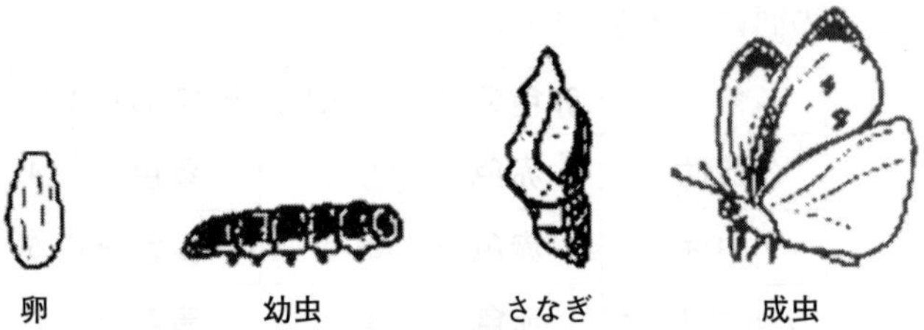

図１　モンシロチョウの卵から成虫まで

ここでアキラ君は，「春や夏の間はモンシロチョウの飛ぶすがたをよく見かけるのに，冬のあいだはそのすがたを見かけない。成虫は１か月だって生きられないのだから，冬の間に全て死んでしまっているはずなのに，春になるとどこからかまた出てくるのはなぜだろう」と疑問に思いました。そこで昆虫《こんちゅう》図鑑で調べてみると次のように書いてありました。

【(ア)冬の間，多くの昆虫は活発な活動をせず，じっと何もしない“休眠《きゅうみん》”という状態になります。モンシロチョウの場合はさなぎのすがたで休眠します。このさなぎは“冬越《ふゆこ》しさなぎ”といい，普通《ふつう》のさなぎとはちがい茶色く(図２)，11月から３月の春先まで羽化することはありません。】

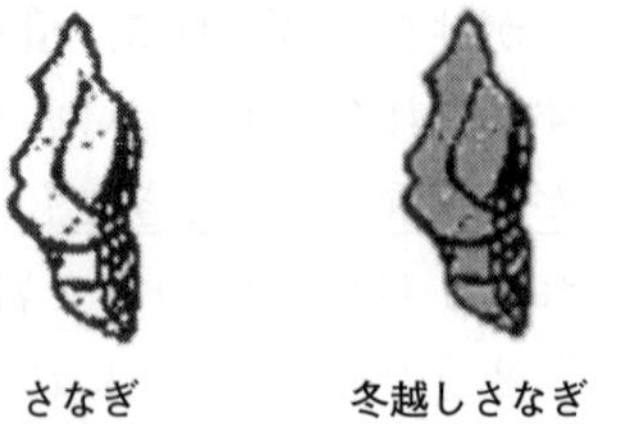

図２　モンシロチョウのさなぎと冬越しさなぎ

アキラ君は(イ)「幼虫がどのようにして冬の訪れを知り，冬越しさなぎになるのか」と疑問に思いました。

日本では，冬になると気温が低くなるだけではなく，太陽が出ていて陽があたる時間が短くなってきます。１年の中で最も太陽が出ている時間が長い日はおよそ14時間半の間陽があたります。この日は“夏至《げし》”と呼ばれ，毎年６月21～22日ごろです。ここから冬にかけて少しずつ太陽の出ている時間は短くなり，毎年９月22～23日ごろの“秋分《しゅうぶん》の日”には，昼と夜の長さがおよそ半分ずつとなります。さらに陽は短くなり，毎年12月21～22日ごろの“冬至《とうじ》”の日では，陽があたる時間が９時間40分ほどと，１年で最も短くなります。ここから春にかけて陽のあたる時間は再び増え始めます。毎年３月20～21日ごろの“春分《しゅんぶん》の日”では，昼と夜の長さがおよそ半分ずつとなり，次の夏至に向けて陽のあたる時間は少しずつ増えていくのです。

アキラ君は下線部(イ)の疑問について，２つの予想がありました。

＜予想１＞　幼虫は気温が下がってきたことを感じて，冬越しさなぎになるのではないか。

＜予想２＞　幼虫は陽が短くなってきたことを感じて，冬越しさなぎになるのではないか。

そこでアキラ君は10月に産み付けられた卵を育ててみることにしました。アキラ君はこの２つの予想のどちらが正しいのかを確かめるため，育てる状況《じょうきょう》を変えて次の４つの実験をおこないました。

≪実験≫

実験ア　飼育かごを屋外に置いた。温度も，陽のあたる時間も自然と同じ状況で５匹《ひき》の幼虫を育てた。

実験イ　飼育かごを屋外に置き，ライトで一日中照らし続けた。温度は自然と同じ状況，光はあたり続けるなかで，５匹の幼虫を育てた。

実験ウ　飼育かごを部屋の中の窓際《まどぎわ》に置いた。温度は外よりも温かい25℃に保ち，陽のあたる時間が自然と同じ状況のなかで５匹の幼虫を育てた。

実験エ　飼育かごを部屋の中に置き，ライトで一日中照らし続けた。温度は外よりも温かい25℃に保ち，光もあたり続けるなかで，５匹の幼虫を育てた。

４つの実験の結果は次のようになりました。

≪実験結果≫

実験アの結果　５匹中５匹が冬越しさなぎになった。

実験イの結果　５匹中冬越しさなぎになったのは０匹だった。

実験ウの結果　５匹中５匹が冬越しさなぎになった。

実験エの結果　５匹中冬越しさなぎになったのは０匹だった。

(1)　下線部(ア)について。なぜ冬の間，昆虫は活発な活動をしないのでしょうか。

(2)　４つの実験ア～エの結果から，＜予想１＞＜予想２＞のどちらが正しいといえるでしょうか。解答欄のどちらかに○をつけ答えなさい。

(3)　４つの実験ア～エの結果から，モンシロチョウの幼虫が冬の訪れを知る方法についてどのようなことがわかりますか，説明しなさい。

(4)　モンシロチョウの幼虫は，なぜ(3)のような方法を利用するのでしょうか。あなたの考えを書きなさい。

創りだしたものなのである。

　私たちは自動車や電化製品が古くなるように、歳《とし》を取れば、体中の器官が古くなってガタが来るのは当たり前だと思っている。ただし、考えてみれば、私たちの体の細胞《さいぼう》は常に更新されて新しくなっている。肌《はだ》も古い細胞は垢《あか》となって、常に新しい細胞が生まれている。たとえ、百歳の身体であっても、私たちの体は日々生まれ変わり、赤ちゃんと変わらない肌をしていても何らおかしくないのである。しかし、私たちの体はいつまでも赤ちゃんのような肌ではいられない。私たちは確実に老いていく。それは、私たちの体が、自ら老いていくようにプログラムされているからである。私たちの体の細胞には、自ら死ぬためのプログラムが組み込まれている。体の細胞数を一定に保つために、一定の細胞分裂を行うと死滅《しめつ》するようになっているのである。

—中略—

「形ある物はいつかは滅《ほろ》ぶ」と言われるように、この世に永遠であり続けることのできるものはいない。何千年も生き続ければ、その間にさまざまな故障もあることだろう。そこで生命は永遠であり続けるために、自らを壊《こわ》し、新しく作り直すことを考えた。[Ⅲ]、生命は一定期間で死に、その代わりに新しい生命を宿すのである。

　また、時代の変化に合わせて、自らを変えていく必要もある。進化を考えれば、元の個体を増殖《ぞうしょく》し続けるよりも、古い個体を壊して、新しい個体を作っていった方が良い。

　そこで、生命は死と再生を繰《く》り返し、世代を進めることで命をリレーしていく仕組みを創りだした。そして、変化し続けることによって、永遠であろうとしたのである。

　生命は死ぬことによって、永遠であり続ける。そして、生物は限られた命を全うするために、全力で生き抜くのである。

　命の輝きを保つために、生命は限りある命に価値を見出したのである。

（稲垣栄洋『植物はなぜ動かないのか』）

（注）・マントル対流…地球内部にある、大陸を動かす流れのこと。
・三角州…河水の運んできた土砂が河口付近に積もってできた地形。
・虫媒花…虫、主として昆虫を媒介《ばいかい》して受粉を行う花のこと。
・木本性…「木」の形をとる。
・草本性…「草」形をとる。

問一　[Ⅰ]～[Ⅲ]に当てはまる語として最も適当なものを、次のア～エの中から選び、記号で答えなさい。

ア　つまり　　イ　しかし　　ウ　さらには　　エ　なぜなら

問二　[a]に当てはまる語を一字で答えなさい。

問三　——①「草」とありますが、木が巨大化できなくなり、草が増えたのはなぜですか。そのきっかけとなったそもそもの最初の出来事を答えなさい。

問四　——②「木本性の植物」とありますが、昔、木が大木になったのはなぜですか。本文の内容に沿ってその理由を二つ挙げ、説明しなさい。

問五　——③「どうして植物は、進化の結果、短い命を選択したのだろうか。」とありますが、その理由を、マラソンの例を使い、本文の内容に沿って説明しなさい。

問六　本文を読んだ後で出た意見として、本文の内容と合っているものをア～エの中から全て選び、記号で答えなさい。

ア　巨大な恐竜は皆、小さな草ばかりを食べていたんだね。
イ　生物は進化したら、元の状態には戻らないんだなあ。
ウ　木から進化した草は、寿命が短いものになっているね。
エ　寿命があるということは、大きな歴史の流れの中で見ると意味があるんだね。

し、［ Ⅰ ］首まで長くしていった。こうして植物と恐竜が競い合って、巨大化を進めていったのである。

ところが、白亜紀の終わりごろ、それまで地球上に一つしかなかった大陸は、(注)マントル対流によって分裂《ぶんれつ》し、移動を始めた。そして、分裂した大陸同士が衝突《しょうとつ》すると、ぶつかった歪《ゆが》みが盛り上がって、山脈を作る。すると山脈にぶつかった風は雲となり、雨を降らせる。こうして地殻《ちかく》変動が起こることによって、気候も変動し、不安定になっていったのである。

山に降った雨は、川となり、やがて下流で(注)三角州《さんかくす》を築いていく。草が誕生をしたのは、まさにこの三角州であったと考えられている。三角州の環境《かんきょう》は不安定である。いつ大雨が降り、洪水《こうずい》が起こるかわからない。そんな環境ではゆっくりと大木になっている余裕《よゆう》がない。そこで、短い期間に成長して花を咲《さ》かせ、種子を残して世代更新《こうしん》する「草」が発達していったのである。その後、目まぐるしく変化する環境に対応して、草は、爆発的《ばくはつてき》な進化を遂《と》げた。陸上の哺乳類《ほにゅうるい》が、再び海に戻《もど》ってクジラになったように、環境に適応して、草から再び［ ａ ］に戻ったものもいる。昆虫《こんちゅう》の少ない環境では、(注)虫媒花《ちゅうばいか》から再び、風が花粉を運ぶ風媒花に進化したものもいる。こうして、地球上のあちらこちらで、多様な植物が進化を遂げていったのである。

こうして、植物は、木から①草へと進化していった。

［ Ⅱ ］、考えてみると不思議である。

木になる②(注)木本性《もくほんせい》の植物は、何十年も何百年も生きることができる。なかには屋久島の縄文杉《すぎ》のように、樹齢《じゅれい》が何千年に及ぶようなものさえある。一方、(注)草本性《そうほんせい》の植物の寿命《じゅみょう》は一年以内か、長くてもせいぜい数年である。

その気になれば、数千年も生きることの出来る植物が、わざわざ進化を遂げて、寿命が短くなっているのである。

すべての生物は死にたくないと思っている。少しでも長生きしたいと思っている。千年、生きられるのであれば、千年、死なずにいたいと誰《だれ》もが思うことだろう。それなのに、③どうして植物は、進化の結果、短い命を選択《せんたく》したのだろうか。

長い距離《きょり》のマラソンレースを走り抜くことは大変である。さらに障害物レースだったとしたら、どうだろう。四二．一九五キロ先のゴールにたどり着くことは、簡単ではない。

しかし、それが一〇〇メートルだったら、どうだろう。全力で走り抜くことができる。もし、多少の障害が待ち構えていたとしても、全力で障害を乗り越《こ》えられるはずだ。テレビ番組の企画《きかく》で、マラソン選手と一〇〇メートルずつバトンリレーする小学生の対決が行われるが、マラソン選手も、全力疾走《しっそう》する小学生のバトンリレーにはかなわない。

植物も同じである。千年の寿命を生き抜くことは難しい。途中《とちゅう》で障害があれば、枯《か》れてしまうかもしれない。これに対して、一年の寿命を生き抜《ぬ》く方が、天命を全うできる可能性が高いだろう。だから、植物は寿命を短くし、一〇〇メートルを走り切ってバトンを渡《わた》すように、次々に世代を更新していく方を選んだのである。特に、植物は世代を経ることで変化したり、進化を進めたりすることができる。そのため、世代を進めることで、変化する環境や時代の移り変わりに対応することも可能になるのである。

仏教では「老いること」や「死ぬこと」は苦であるとされている。すべての生き物が「死にたくない」と思っている。それでも、すべての生き物は、老いさらばえて、最後には必ず死を迎《むか》える。それは生きとし生けるものの逆らえない宿命である。

しかし、である。すべての生き物は死ぬことなど望んでいないはずなのに、「老いて死ぬ」という行為《こうい》自体が、生物が進化の過程《かてい》で自ら一呼吸置き、芳恵は視線を周囲に滑《すべ》らせる。釣《つ》られて紀子もあたりを見回した。

この図書館に、一体幾《いく》つの本があるのだろう。何度も来ているけれど、紀子にはまだ読んでいない本が山ほどある。新刊《しんかん》コーナーには毎月新しい本が並ぶし、書架《しょか》には古い本がぎっしりあるのだろう。それらを合計すると何冊ぐらいになるのか、紀子には見当もつかない。

芳恵は言葉をつないだ。

「物語は一つじゃないの。たくさんあるの。その分だけ、主人公が必要なのよ。のんちゃんの人生では、のんちゃんだけが主人公なんだよ」

私が、主人公？

紀子は自分が主人公の絵本を思い描《えが》いた。タイトルは『紀子物語』あるいは『のんちゃんの一生』か。どちらにしてもひどくつまらない物語のような気がする。でも、確かにそこには紀子のストーリーがあるのだろう。紛《まぎ》れもなく、その物語の主人公は紀子自身なのだ。

芳恵は紀子の瞳《ひとみ》を覗《のぞ》き込《こ》み、満面の笑みを見せた。

「大丈夫。あなたなら出来る。きっとうまくいくよ」

（吉田康弘『バースデーカード』）

※ 問題作成にあたって、一部内容を改めました。

（注）・畏怖《いふ》の念…圧倒《あっとう》され、恐怖を感じる気持ち。
・処世術《しょせいじゅつ》…世の中でうまく生きていくための方法。

問一 ――①「チーム高橋による見事な連係プレー」とありますが、それによって、どのような結果を作り出そうとしていますか。答えなさい。

問二 ――②「胸騒ぎを覚える」とありますが、紀子はどうして胸騒ぎを覚えていると考えられますか。説明しなさい。

問三 ――③「記憶していた」の主語はだれですか。答えなさい。

問四 ――④「それが不安で仕方なかった」とありますが、どんなことが不安なのでしょうか。説明しなさい。

問五 ――⑤「目の色が変わった」とありますが、これは、どのような思いがあるからですか。説明しなさい。

問六 次のア～エについて、本文と合っているものには○、合っていないものには×と答えなさい。

ア ふれあいフェスタで開催されるクラス対抗のクイズ大会の代表になったのは地域の方々と高橋麗子だったが、賛同というよりは明らかに疑問の眼差しが多かった。

イ 紀子は社会の県庁所在地のテストが全問正解だったため、増井由美がクイズの代表者に推薦したが、まさかこんな形でそれを発表されるとは思いもよらなかった。

ウ 女子たちは互いにけん制しあってクラスの代表に誰も手を挙げないので先生が推薦したが、紀子は「代表なんてとんでもない、自分以外のものであれば誰でもいい」と考えていた。

エ クイズの代表者になるということは、チーム高橋とクイズ大会で戦わなければならなくなってしまうので、どうやったらクイズ大会にでなくていいか紀子は考えている。

四 次の文章を読み、後の問いに答えなさい。

草が誕生したのは、白亜紀《はくあき》の終わりごろであると言われている。恐竜《きょうりゅう》映画などを見ると、巨大な植物たちが森を作っている。その時代の植物は、とにかくでかかった。恐竜が繁栄《はんえい》した時代は、気温も高く、光合成に必要な二酸化炭素濃度《のうど》も高かった。そのため、植物も成長が旺盛《おうせい》で、巨大化することができたのである。

そして、その大きな木の上の葉を食べるために、恐竜たちもまた巨大化していった。すると、植物も恐竜に食べられないように、さらに巨大化する。そして、恐竜は巨大化した植物を食べるために、巨大化

そう言い放って高橋が座ると、間髪《かんはつ》を容《い》れず山崎美樹《みき》と松本萌香《もえか》が挙手する。もはや先生の進行を素っ飛ばして二人は立ち上がり、

「私は高橋さんがいいと思います」

「私もそう思います」

と言い終わるや否《いな》や、同時に拍手《はくしゅ》する。拍手しながら教室中を見回すという、過剰《かじょう》なパフォーマンスに、クラスの大半の女子は流されて、一部の男子は意味も分からず拍手する。①チーム高橋による見事な連係プレーが炸裂《さくれつ》し、鶴先生の提案はあっという間にかき消されたが、半ばこうなることを予想していたのか、鶴先生はすかさず反論《はんろん》した。

「でも高橋は創作ダンスのメンバーだし練習が大変だろ？」

「私、平気です」

自発的に起立して、発言し、着席する高橋。そして拍手がまた沸《わ》き起こる。一連の動作によどみはなく、まるで『笑っていいとも！』のタモリさんのようだな、と紀子は高橋の背中を見つめながら、(注)畏《い》怖《ふ》の念すら抱いた。

「鈴木はどう思う？」

突然、問われて紀子は戸惑《とまど》った。自分より前の席の数人の男子と、高橋が振《ふ》り返ったのを視界に捉《とら》えながら、紀子は重たい口を開いた。

「私は……高橋さんがいいと思います」

消え入りそうな声でそう答え、「じゃあ高橋で決まり」という鶴の一声を待ちわびた。クラスの代表なんてとんでもない。正直いうと、高橋でも山崎でも松本でもよかった。誰でもいい、自分以外の者であれば。早く話題を変えてほしいと紀子は願った。次の瞬間《しゅんかん》、紀子の後ろに座る男子、田中俊介《たなかしゅんすけ》が「はいはーい」と半立ちで手を挙げた。その溌剌《はつらつ》とした発声に、紀子は②胸騒《むなさわ》ぎを覚える。

「僕は鈴木さんがいいと思います。なぜなら鈴木さんは、社会のテストで県庁所在地が全問正解だったからで～す」

お調子者の田中の発言に、男子諸君《しょくん》が沸きあがった。「おお～すげ～」という感嘆《かんたん》と共に、女子からも「すごいね」という賛同のささやきが漏《も》れる。一昨日の四時間目の授業中に行った社会の小テストで、確かに紀子は全国の県庁所在地をすべて書き記して隣席《りんせき》の増井由美《ますいゆみ》から満点の花丸を貰《もら》っており、その解答用紙を後ろから回収した田中俊介が「マジか」と呟《つぶや》いたのは③記憶《きおく》していたが、まさかこんな形でそれを発表されるとは思いもよらなかった。どよめきが続く中、鶴先生がまとめにかかった。

「じゃあ女子は鈴木で決まりな。男子はどうする？」

言い終わると同時に男子の半数が勢いよく手を挙げた。紀子はもう顔を上げられなかった。なぜなら高橋麗子がずっと振り返ったまま、こちらを睨《にら》みつけているのが分かっていたから。どうやってこの状況を打開《だかい》するか、紀子は思案を始めた。後で先生に辞退を申し出ようか。だが、先生からの推薦だったことを考えると、受け入れられそうにない。最終的には「お腹が痛い」作戦しかないだろう。だけどママにはきっとばれる。紀子は深いため息をひとつ吐《は》いた。

（中略　その後、数日して、母の芳恵《よしえ》と紀子は図書館で会う）

紀子は、昨晩ベッドの中で考えていたある想いを芳恵にぶつけてみることにした。

「あのね……物語には、主人公と悪者と脇役《わきやく》がいるでしょ？　私、悪者は嫌《いや》だけど、脇役でいい」

それは九年と三カ月という紀子の人生の中で芽生えたある種の哲学《てつがく》だった。紀子なりの(注)処世術《しょせいじゅつ》といってもいい。今度のクイズ大会で、クラスの代表を自分が務《つと》めるということは、この処世術に反するのだ。紀子は④それが不安で仕方なかった。

紀子の言葉に、芳恵の⑤目の色が変わった。

「のんちゃん。ここにどれだけの本があると思う？」

Myojo

二〇二〇年度 明星学園中学校

【国　語】〈B日程試験〉（五〇分）〈満点：二科受験者は一〇〇点、四科受験者は五〇点〉

一　次の――部を漢字に直しなさい。

① おんに着せる。
② やさしい問題を解く。
③ たんぽぽのわたげ。
④ 明るいひょうじょうになる。
⑤ 解決のしゅだんを考える。
⑥ 使用のきょかを出す。
⑦ りんじで参加する。
⑧ パーティにしょうたいされる。
⑨ 飛行機のもけい。
⑩ 白菜を使ったりょうり。

二　（　）の中に漢字を一字入れて慣用句を完成させなさい。

① 弱（　　）を吐《は》く。
② 肩《かた》で（　　）をする。
③ （　　）にタコができる。
④ （　　）の根も乾《かわ》かぬうちに。
⑤ （　　）折り数える。

三　次の文章を読み、後の問いに答えなさい。

「鈴木《すずき》はいつも本を読んでいるからクイズが得意だろ」
まさに鶴《つる》の一声だった。鶴と言っても、人間のことで、諏訪《すわ》市立《しりつ》高野台小学校三年四組の担任教師、鶴祐也《ゆうや》のことである。少し薄毛《うすげ》の、でも優しい鶴先生がホームルームの時間を利用して議題に上げたのは、来週の日曜日に開催《かいさい》されるふれあいフェスタでの出し物について。題目は既《すで》にクラス対抗《たいこう》のクイズ大会に決まっているが、その代表を男女一人ずつ選出する必要があった。まずは女子の代表から決めることになり、鶴先生が立候補を促《うなが》したが、思春期の入口に差し掛《か》かった三年四組の女子は互《たが》いにけん制して誰《だれ》も手を挙げない。それならば先生から推薦《すいせん》したい人がいると言って黒板に書いた名前が『鈴木紀子《のりこ》』だったのだ。

私が、クラスの代表？

クラス全員の視線が紀子に注がれる。賛同というよりは明らかに疑問の眼差《まなざ》しが多い。紀子は身じろぎ一つ出来ず、顔を真っ赤にした。耳たぶがじんじんと痺《しび》れてくる。

ふれあいフェスタは毎年秋に開催され、保護者だけではなく地域《ちいき》の方々にも広く来てもらう学校行事である。運動場にはテントが並び、高学年の児童たちが焼きソバやホットドッグを売る。保護者の有志がバザーも開く。各教室には美術の作品が並び、体育館の舞台《ぶたい》では劇《げき》や創作《そうさく》ダンスが行われる。三年生によるクラス対抗のクイズ大会もその舞台で行われることになっていた。

「はい！」

静寂《せいじゃく》を切り裂《さ》いて、学級委員長の高橋麗子《たかはしれいこ》が勢い良く手を挙げた。「はい高橋」と鶴先生の指名を受けるのと同時に、高橋は机に両手を突いて立ち上がった。

「鈴木さんより、山崎《やまさき》さんか松本さんがいいと思います」

2020年度

明星学園中学校

▶解説と解答

算　数　＜Ｂ日程試験＞（50分）＜満点：２科受験者は100点，４科受験者は50点＞

解　答

1 (1)　11.66　　(2)　2020　　(3)　$\frac{5}{32}$　　(4)　71.28　　(5)　59　　(6)　109.3　　2 約４億8600万円　　3 分速約350m　　4 (1)　$\frac{2}{3}$m²の面積の方が$\frac{1}{6}$m²大きい　　(2)　(例)　解説を参照のこと。　　5 Ａ／**説明**…(例)　解説を参照のこと。　　6 (1)　カプレカ数である　　(2)　カプレカ数である　　(3)　カプレカ数でない

解　説

1 四則計算

(1)　右の筆算１より，18－6.34＝11.66

(2)　右の筆算２より，161.6×12.5＝2020

(3)　$\frac{5}{12}\times\frac{3}{8}=\frac{5}{32}$

(4)　右の筆算３より，249.48÷3.5＝71.28

(5)　$23.6\div\frac{2}{5}=23\frac{3}{5}\times\frac{5}{2}=\frac{118}{5}\times\frac{5}{2}=59$

(6)　13.1×（４＋５）－8.6＝13.1×９－8.6＝117.9－8.6＝109.3

筆算１
```
  18.00
－ 6.34
───────
  11.66
```

筆算２
```
    161.6
×    12.5
─────────
    8080
   3232
  1616
─────────
  2020.00
```

筆算３
```
           71.28
      ─────────
3,5 ) 249,4.8
      245
      ───
        44
        35
        ──
         98
         70
         ───
         280
         280
         ───
           0
```

2 単位の計算

１ドルが約108円で，450万ドルだから，八村選手の年俸は約，108×450万＝48600万(円)，つまり，約４億8600万円である。

3 速さ

１km＝1000ｍより，23.1kmは，23.1×1000＝23100(ｍ)である。相澤選手はこの距離《きょり》を約66分で走ったので，この区間記録の平均の速さは分速約，23100÷66＝350(ｍ)と求められる。

4 四則計算，分数の性質

(1)　$\frac{1}{2}$m²＝$\frac{3}{6}$m²，$\frac{2}{3}$m²＝$\frac{4}{6}$m²だから，$\frac{4}{6}-\frac{3}{6}=\frac{1}{6}$(m²)より，$\frac{2}{3}$m²の面積の方が$\frac{1}{6}$m²大きいとわかる。

(2)　下の図１の斜線《しゃせん》部を比べると，$\frac{2}{3}$m²の面積の方が$\frac{1}{6}$m²大きいとわかる。

図１

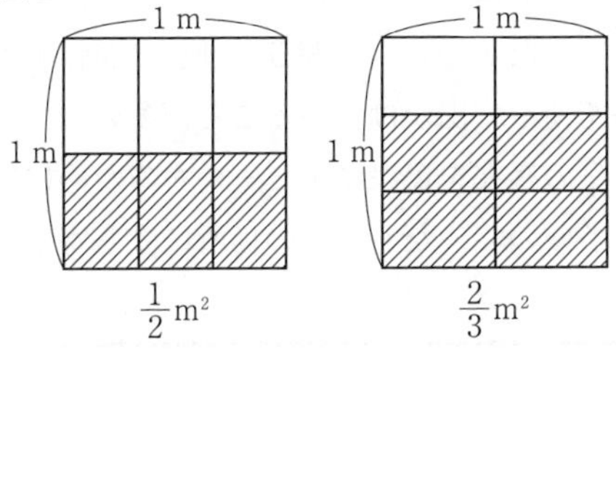

図２

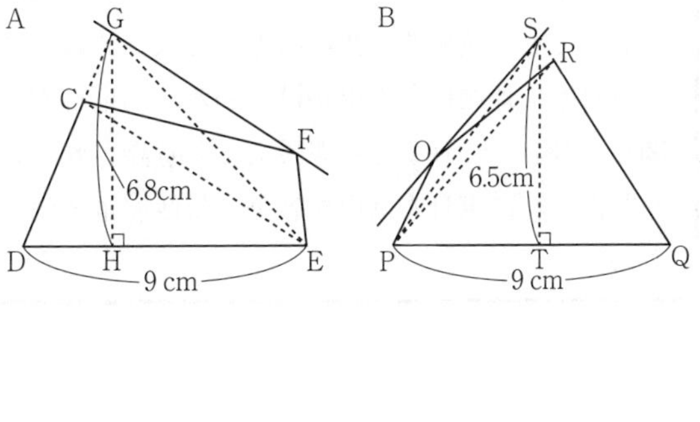

5 平面図形─面積，構成，作図

上の図２の四角形Ａで，Ｆを通るCEに平行な線とDCの延長線との交点をＧとすると，三角形FCEと三角形GCEは底辺と高さが等しい三角形なので面積は等しくなり，四角形Ａの面積と三角形GDEの面積も等しくなる。同様に，図２の四角形Ｂで，Ｏを通るPRに平行な線とQRの延長線との交点をＳとすると，三角形OPRの面積と三角形SPRの面積は等しいから，四角形Ｂの面積と三角形SPQの面積も等しくなる。よって，三角形GDEと三角形SPQの面積を比べればよい。三角形GDEは底辺DEが９cm，高さGHが6.8cmで，三角形SPQは底辺PQが９cm，高さSTが6.5cmである。したがって，底辺は等しく，高さは三角形GDEの方が大きいから，面積が大きいのはＡとわかる。

6 整数の性質

⑴　右の筆算１より，55×55＝3025になるから，前の２桁《けた》と後ろの２桁を足し合わせると，30＋25＝55となる。よって，55はカプレカ数である。

⑵　右の筆算２より，297×297＝88209なので，前の２桁と後ろの３桁を足し合わせると，88＋209＝297になる。よって，297はカプレカ数である。

筆算１	筆算２	筆算２
55	297	325
×55	×297	×325
275	2079	1625
275	2673	650
3025	594	975
	88209	105625

⑶　右上の筆算３より，325×325＝105625だから，前の３桁と後ろの３桁を足し合わせると，105＋625＝730となる。よって，325はカプレカ数でない。

社 会 ＜Ｂ日程試験＞（30分）＜満点：50点＞

解 答

1 **問１** エ　**問２** ①　グレタ・トゥーンベリ　②（例）地球温暖化対策に真摯に取り組もうとしていないと大人たちを批判し，今，地球の温暖化が危機的状況にあること，もっと真剣に二酸化炭素削減に取り組むことを訴えた。　**問３** アマゾン　**問４**（例）選手村ビレッジプラザの建築に国産木材を使用することを目指す。（国内から集めた使用済みプラスチックを再利用して表彰台を製作するプロジェクトの実施。）（都市鉱山から入賞メダルをつくるプロジェクトの実施。）　**2** **問１** **あ** キ　**い** ク　**う** イ　**え** エ　**お** ウ　**か** コ　**き** ス　**く** タ　**問２** ①　前方後円墳　②（例）巨大な古墳をつくるには，人手と時間が必要であり，各地の首長たちが，自らの権威を誇示するため。　**問３** ①　衆（議院）　②　ア　**問４** ①（例）髪を短くした。／服装が日本の平安時代からの伝統的な服装から西洋の軍服に変わった。／座り方が，かしこまって真正面を見て座るのではなく，椅子を斜めがけにして座るように変わった。　②（例）開国して，新政府は西洋化を進めていたので，皇室においても，積極的に西洋のものを取り入れるようにしていたから。　**問５**（例）西日本より東日本の地域に多く出かけている。／東日本へは陸路を使って出かけていることが多い。
問６（例）これまで民衆にあまり意識されていない天皇の存在を民衆にアピールするために行われた。特に東日本は戊辰戦争で新政府軍と戦った藩が多いので，たくさんの場所に立ち寄ったため。

解　説

1　持続可能な開発目標についての問題

問１　2015年９月に国連総会で採択《さいたく》された持続可能な開発目標(SDGs)は，社会・経済・環境，あらゆる次元において「持続可能な開発」を目指す国際社会共通の目標である。「貧困をなくそう」「すべての人に教育と福祉《ふくし》を」「人や国の不平等をなくそう」「平和と公正をすべての人に」など，17のゴールと169のターゲットから構成されている。なお，アは気候変動に関する政府間パネル，イはミレニアム開発目標，ウは気候変動枠組《わくぐみ》条約締約《ていやく》国会議，オは国際オリンピック委員会の略称《しょう》。

問２　①，②　スウェーデンの高校生環境保護活動家グレタ・トゥーンベリは，2019年９月にアメリカ(合衆国)のニューヨークで開催《かいさい》された気候行動サミットに参加し，約60か国の代表を前に，気候変動への取り組みを強く求めるスピーチを行った。そのなかで，大人たちは経済発展のことばかり話していて地球温暖化対策に本気で取り組んでいないと非難し，今すぐ具体的な行動を取らないと若い世代は許さないと訴《うった》えた。

問３　南アメリカ大陸北部のアマゾン川流域には，世界最大の熱帯雨林が広がっている。近年は開発や農地の拡大による熱帯雨林の減少が問題となっており，2019年には大規模な森林火災が発生した。森林は地球温暖化の原因の一つである二酸化炭素を吸収するはたらきを持つため，これが減少すると地球温暖化が進行してしまう。

問４　東京オリンピックは，SDGsの考えにもとづき，選手村ビレッジプラザの建築に国産木材を使用し，オリンピック後にはその木材を公共施設《しせつ》などで再活用したり，世界的に問題となっている海洋プラスチックや使用済みのプラスチック空き容器をリサイクルし，表彰台《ひょうしょうだい》をつくったりするという取り組みが行われている。また，使われなくなった携帯《けいたい》電話やパソコンなどの小型家電を回収して金属を取り出し，金・銀・銅メダルに生まれ変わらせる「都市鉱山からつくる！みんなのメダルプロジェクト」も行われた。

2　2019年に起きたできごとや天皇についての問題

問１　**あ，い**　消費税は，竹下登《のぼる》内閣の1989年に税率３％で初めて導入された。その後，税率は橋本龍太郎《りゅうたろう》内閣の1997年に５％，安倍晋三《しんぞう》内閣の2014年に８％，同じ安倍晋三内閣の2019年10月に10％へと引き上げられた。　**う，え**　2019年４月30日をもって平成時代の天皇は退位し，上皇となった。翌５月１日には新天皇が即位《そくい》し，元号も平成から令和に改められた。　**お**　1867年，江戸幕府の第15代将軍徳川慶喜《よしのぶ》が政権を朝廷に返す大政奉還を行ったことで江戸時代は終わり，翌68年には元号が明治と改められて明治時代が始まった。このとき，天皇一代につき一つの元号を用いるという「一世一元の制」が定められた。　**か**　徳川家康は，1600年に「天下分け目の戦い」とよばれる関ヶ原の戦いで東軍を率いて石田三成らの西軍を破ると，1603年に朝廷から征夷《せいい》大将軍に任命され，江戸に幕府を開いた。　**き**　豊臣秀吉は，1582年の本能寺の変で主君の織田信長がたおされると，信長の後継者として名乗りを上げ，天下統一事業に乗り出した。そして1590年，小田原の北条氏を滅《ほろ》ぼして天下統一をはたした。　**く**　1889年，伊藤博文らが皇帝の権力が強いドイツの憲法を参考にして作成した大日本帝国憲法が発布された。この憲法で，天皇は神聖で侵《おか》してはならない存在とされ，多くの権限が与えられた。

問２　①，②　写真は大阪府堺市にある仁徳《にんとく》天皇陵《りょう》古墳(大山古墳)で，墳丘《ふんきゅう》の全長が486mある日本最大の前方後円墳である。前方後円墳は，円形の円墳と方形(四角形)の方墳を合わせた古墳で，日本独特の形といわれる。巨大な古墳をつくるには多くの人員と時間が必要となることから，古墳の大きさは，これをつくらせてほうむられた権力者の権威《けんい》の大きさを示しているといえる。

問３　①　大日本帝国憲法で置かれた国会は帝国議会とよばれ，国民から選挙された議員で構成される衆議院と，皇族・華族や天皇が任命した議員で構成される貴族院の二院制であった。　②　2015年に公職選挙法が改正され，それまで20歳《さい》以上の国民に与えられていた選挙権が18歳以上に認められることになった。

問４　①，②　明治政府は欧米に追いつくことを目標とし，欧米の知識・技術・文化を急速に取り入れて文明の西洋化をはかった。礼服も和服から洋服に変わり，天皇も洋服を着るようになったため，1873年に撮影《さつえい》された右の写真では，ちょんまげを切り落として髪を短くし，西洋式の軍服を身につけている。また，テーブルに置かれた帽子《ぼうし》や，座り方にも西洋の影響《えいきょう》が見られる。この時期の急速な文明の西洋化は，文明開化とよばれる。

問５　地図から，西日本よりも東日本の地域に多く出かけていること，また，東日本では西日本よりも陸路を多く使っていることが読み取れる。

問６　武家政権から天皇を中心とする新政府による政治に変わった明治時代の初期に，天皇がみずから全国各地に出かけたのは，民衆の間であまり認識されていなかった天皇の存在を人々に知らしめ，天皇の威厳《いげん》を示すためだったと考えられる。東日本の中でも，特に東北地方を２度にわたって長期間訪れた背景には，1868～69年にかけて旧幕府軍と明治政府軍との間で起こった戊辰《ぼしん》戦争で，東北地方の諸藩が明治政府軍と戦い，敗れたことがあると考えられる。

理　科　＜Ｂ日程試験＞（30分）＜満点：50点＞

解　答

1　**問１**　(1)　○　(2)　○　(3)　×　(4)　×　**問２**　(1)　①　赤色　②　赤色　③　青色　(2)　④　赤色　⑤　青色　⑥　青色　(3)　⑦　ウ　⑧　ア　⑨　イ　**問３**　(1)　地層　(2)　**２**　ウ　**３**　カ　**４**　ク　**５**　エ　(3)　イ　2　(1)　(例)　寒くなると体温が下がり，動けなくなるため。　(2)　＜予想２＞　(3)　(例)　幼虫は気温が下がることではなく，陽が短くなることを感じて冬越しさなぎになる。　(4)　(例)　気温はその年によって大きく変わることがあるが，陽の長さは毎年変わらないものだから。

解　説

1　音の伝わり方，水よう液の性質，地層や岩石についての問題

問１　モノコードの弦《げん》をはじいたときの音を高くするには，おもりを重くして弦の張りを強くする，弦の長さを短くする，弦を細いものに変える，の３つの方法がある。弦をはじく強さは音の大きさに関係するが，音の高さには関係しない。

問２　(1)　赤色のリトマス紙はアルカリ性の水よう液に反応して青色に変化する。中性や酸性の水よう液には赤色のままで変化しない。　(2)　青色のリトマス紙は酸性の水よう液と反応して赤色に変化する。中性やアルカリ性の水よう液には青色のままで変化しない。　(3)　それぞれ，食塩水は中性，水酸化ナトリウム水よう液はアルカリ性，塩酸は酸性の水よう液である。

問３ (1) がけなどの断面に見られる，堆積《たいせき》した土砂などがつくるしま模様《もよう》を地層という。 (2) 海底や湖底に堆積した土砂が長い時間をかけて固まってできた岩石のことを堆積岩といい，主にれきからできているものをれき岩，主に砂からできたものを砂岩，どろからできたものを泥《でい》岩という。 (3) 水と土砂を混ぜたものをメスシリンダーに流し込《こ》むと，粒《つぶ》が大きく重いものから先に底に沈《しず》んでいく。れき，砂，どろの順で粒が小さくなっていくので，メスシリンダーの底に積み重なったものは下から順にれき，砂，どろとなる。

2 冬越《こ》しさなぎについての問題

(1) 昆虫《こんちゅう》はヒトのように体温を一定に保つことができないため，気温の低い冬は気温と同じように体温が低下してしまい，活発に活動できなくなる。また，冬になって多くの植物が枯《か》れると，えさが少なくなってしまうので活発に活動しなくなる。

(2) 冬越《こ》しさなぎが０匹《ひき》だった実験イと実験エで共通することを考えてみると，どちらの実験もライトで一日中照らし続けていることがわかる。また５匹すべてが冬越しさなぎになった実験アと実験ウでは，温度は異なるが，どちらも飼育かごを自然と同じ明るさにしていることが共通している。これらのことから，モンシロチョウが冬越しさなぎになるための条件は，温度ではなく明るさによるものだといえるので，幼虫は陽が短くなってきたことを感じているという＜予想２＞が正しい。

(3) 実験の結果から，モンシロチョウの幼虫が感じているのは温度ではなく明るさだとわかったので，気温が下がることではなく，陽が短くなる（昼の長さが短くなる）ことで冬の訪れを感じていると考えられる。

(4) 陽の長さは年に関係なく，冬至《とうじ》の日（12月22日ごろ）までは減少していき，その後は増加していくが，温度の変化は寒い冬があったり暖かい冬があったりと，年ごとの変化が大きい。したがって，モンシロチョウの幼虫が冬の訪れを確実に知るためには，温度の変化よりも陽の長さの変化で判断する方が正確だといえる。

国語 ＜Ｂ日程試験＞（50分）＜満点：２科受験者は100点，４科受験者は50点＞

解答

一 下記を参照のこと。 二 ① 音 ② 息 ③ 耳 ④ 舌 ⑤ 指

三 **問１** （例） 高橋麗子をクイズ大会の代表にするという結果。 **問２** （例） 田中俊介が，高橋麗子を代表にするという流れを止めてしまい，紀子を代表に，と言い出しそうだから。 **問３** 紀子 **問４** （例） クイズ大会でクラスの代表を自分が務めるというのは，脇役がいいという処世術に反するということ。 **問５** （例） 紀子の人生の主人公は紀子であり，「脇役でいい」などというのは間違っているという思い。 **問６** ア × イ × ウ ○ エ ×

四 **問１** Ⅰ ウ Ⅱ イ Ⅲ ア **問２** 木 **問３** （例） 大陸がマントル対流によって分裂し，移動を始めたこと。 **問４** （例） 気温が高く，光合成に必要な二酸化炭素濃度も高かったから。／巨大化した動物に葉を食べられないようにしたから。 **問５** （例） マラソンを走ることは大変だが，一〇〇メートルずつのリレーなら，全力で走ることがで

きる。植物も同様に，一年の寿命を生き抜くほうが天命を全うできる可能性が高くなるから。

問６　ウ，エ

●漢字の書き取り

一 ①　恩　②　易(しい)　③　綿毛　④　表情　⑤　手段　⑥　許可
⑦　臨時　⑧　招待　⑨　模型　⑩　料理

解　説

一　漢字の書き取り

①　他人から受ける情け。　②　音読みは「イ」「エキ」で，「簡易」「貿易」などの熟語がある。　③　綿のようにやわらかい毛。　④　感情が表れた顔つき。　⑤　方法。やり方。　⑥　そのことをしてよいと許すこと。　⑦　一時の間に合わせ。　⑧　客として招くこと。　⑨　実物をまねて同じようにつくったもの。　⑩　にたり焼いたりしてつくった食べ物。

二　慣用句の完成

①「弱音を吐《は》く」は，意気地のないことを言うこと。　②「肩《かた》で息をする」は，肩を上下に動かして苦しそうに息をするようす。　③「耳にタコができる」は，同じことを何度も聞かされて聞きあきること。　④「舌の根も乾《かわ》かぬうちに」は，“言い終わるか終わらないかのうちに”という意味。　⑤「指折り数える」は，指を折り曲げて一つひとつ数えるようす。

三　**出典は吉田康弘《よしだやすひろ》の『バースデーカード』による。**脇役《わきやく》でいいという考えを持つ「私」(紀子《のりこ》)は，クイズ大会のクラス代表に選ばれたことに不安を感じるが，母の芳恵《よしえ》がはげましてくれる。

問１　高橋麗子《たかはしれいこ》に推薦《すいせん》された山崎《やまさき》と松本がすかさず高橋麗子を推薦すると発言し，同時に「教室中を見回」しながら拍手《はくしゅ》したことが「チーム高橋による見事な連係プレー」にあたる。このことによって，チーム高橋は「私」を推《お》した鶴先生の提案をかき消し，高橋麗子をクイズ大会の代表にする結果をつくり出そうとしたのだろうと考えられる。

問２　「胸騒《むなさわ》ぎ」は，悪いことが起きそうだといういやな予感で，胸がどきどきするようす。続く部分からわかるように，「お調子者の田中《たなか》」が高橋麗子を代表にするという流れを止め，目立たないようにしている自分を推薦するのではないかと「私」は予感したのである。

問３　「私」の社会の小テストの結果に田中が驚《おどろ》いたことを「記憶《きおく》していた」のは，ほかでもない自分自身なので，主語は「紀子」にあたる。

問４　「私」が，「主人公」ではなく「脇役《わきやく》」を望む「哲学《てつがく》」を持っていることをおさえる。今度のクイズ大会で，クラスの「代表」を自分が務めることになったが，それは「脇役」でいようとする「哲学」，いわば「処世術」に反することになるため，「私」は「不安で仕方なかった」のだろうと想像できる。

問５　「目の色を変える」は，おどろいたり怒《おこ》ったりして目つきを変えるようす。「脇役でいい」という「私」の考えを聞いた芳恵は，「のんちゃんの人生では，のんちゃんだけが主人公なんだよ」と説いている。つまり，芳恵は，「私」の「脇役でいい」という考えは間違《まちが》っているのだと言っている。

問６　**ア**　クイズ大会の代表には結局，高橋麗子ではなく「私」が選ばれたのだから，合わない。また，大会は「クラス対抗《たいこう》」であるため，「地域の方々」が代表になることはない。　**イ**　社会の小テストが全問正解だったことを理由に，「私」をクイズ大会の代表に推したのは田中俊介《しゅんすけ》なので，合わない。　**ウ**　本文の最初のほうで，先生は「互《たが》いにけん制して誰《だれ》も手を挙げない」女子たちのようすを見て，「私」をクラス代表に推薦している。また，ぼう線②の少し前に，代表になるのは「誰でもいい，自分以外の者であれば」と書かれているとおり，「私」は「脇役」でいることを望んでいるのだから，正しい。　**エ**　クイズ大会は「クラス対抗」なので，「私」が同じクラスの「チーム高橋」と戦うことはない。

四　**出典は稲垣栄洋《いながきひでひろ》の『植物はなぜ動かないのか―弱くて強い植物のはなし』による。**木から草へと植物が進化して短い命を選択《せんたく》したのは，死と再生をくり返して世代を進め，環境《かんきょう》や時代の変化に対応するためだと述べている。

問１　Ⅰ　巨大《きょだい》化する植物を食べるため，競《きそ》うように恐竜《きょうりゅう》も巨大化していったことに加えて「首まで長くしていった」という文脈なので，前のことがらに別のことをつけ加えるときに用いる「さらには」が入る。　Ⅱ　「植物は，木から草へと進化」していったが，かえって寿命《じゅみょう》が短くなってしまったことを筆者は疑問に思っているので，前のことがらを受けて，それに反する内容を述べるときに用いる「しかし」が合う。　Ⅲ　「生命」が「永遠であり続けるために，自らを壊《こわ》し，新しく作り直す」というのは，「生命」が「一定期間で死に，その代わりに新しい命を宿す」ことだといえるので，前に述べた内容を，“要するに”とまとめて言いかえるときに用いる「つまり」がよい。

問２　不安定な環境に適応するため，「木」は「草」へと姿を変えたが，「陸上の哺乳《ほにゅう》類が，再び海に戻《もど》ってクジラになった」のと同じように，「草から再び木に戻ったものもいる」というのである。

問３　五つ目の段落に，草が誕生した場所は「三角州《す》」だとあるが，三角州ができたのは気候が変動し，不安定になったからである。さらに，気候変動の原因は地殻《ちかく》変動だったのだから，そもそもの最初のできごとは，大陸がマントル対流によって分裂《ぶんれつ》し，移動を始めたことである。

問４　最初から二つ目，三つ目の段落からまとめる。恐竜が繁栄《はんえい》した時代は気温が高く，光合成に必要な二酸化炭素濃度も高かったこと，また，巨大化した恐竜に葉を食べられないようにしたことが，「木が大木になった」理由にあたる。

問５　続く三つの段落からまとめる。「長い距離《きょり》のマラソンレースを走り抜《ぬ》くことは大変」だが，「一〇〇メートルずつバトンリレーする」のならば全力で走ることができる。それと同じように，植物も「千年の寿命を生き抜く」よりも，「一年の寿命を生き抜く」ほうが，「天命を全うできる可能性が高い」。だから，「植物は，進化の結果，短い命を選択したのだろう」と述べられている。

問６　ア　恐竜が繁栄した時代の植物は巨大で，恐竜はそのような巨大な植物を食べていたのだから，合わない。　イ　陸上の哺乳類が再び海に戻ってクジラになったり，植物が草から再び木になったりしたことが述べられているので，正しくない。　ウ　木は何十年も何百年も，場合によってはそれ以上生きるが，草は一年以内か，長くてもせいぜい数年の寿命なのだから，正しい。　エ　「何千年も生き続ければ，その間にさまざまな故障もある」し，「時代の変化に合わせて，自らを変えていく必要もある」。だから，「生命は死と再生を繰《く》り返し，世代を進めることで命をリレーしていく仕組みを創りだした」と述べられているので，合う。

Dr.福井の

入試に勝つ！脳とからだのウルトラ科学

復習のタイミングに秘密あり！

算数の公式や漢字，歴史の年号や星座の名前……。勉強は覚えることだらけだが，脳は一発ですべてを記憶することができないので，一度がんばって覚えても，しばらく放っておくとすっかり忘れてしまう。したがって，覚えたことをしっかり頭の中に焼きつけるには，ときどき復習をしなければならない。

ここで問題なのは，復習をするタイミング。これは早すぎても遅すぎてもダメだ。たとえば，ほとんど忘れてしまってから復習しても，最初に勉強したときと同じくらい時間がかかってしまう。これはとっても時間のムダだ。かといって，よく覚えている時期に復習しても何の意味もない。

そもそも復習とは，忘れそうになっていることを見直し，記憶の定着をはかる作業であるから，忘れかかったころに復習するのがベストだ。そうすれば，復習にかかる時間が一番少なくてすむし，記憶の続く時間も最長になる。

では，どのタイミングがよいか？　さまざまな研究・発表を総合して考えると，1回目の復習は最初に覚えてから1週間後，2回目の復習は1か月後，3回目の復習は3か月後――これが医学的に正しい復習時期だ。復習をくり返すたびに知識が海馬《かいば》(脳の，知識をためる倉庫みたいな部分)にだんだん強くくっついていくので，復習する間かくものびていく。

この計画どおりに勉強するには，テキストに初めて勉強した日付と，その1週間後・1か月後・3か月後の日付を書いておくとよい。あるいは，復習用のスケジュール帳をつくってもよいだろう。もちろん，計画を立てたら，それをきちんと実行することが大切だ。

ちなみに，記憶量と時間の関係を初めて発表したのがドイツのエビングハウスという学者で，「エビングハウスの忘却《ぼうきゃく》曲線」として知られている。

えーと
1週間後
あ，そうだった！
1カ月後
あ，思い出した！
3カ月後
もう，覚えてるよ

Dr.福井(福井《ふくい》一成《かずしげ》)…医学博士。開成中・高から東大・文Ⅱに入学後，再受験して翌年東大・理Ⅲに合格。同大医学部卒。さまざまな勉強法や脳科学に関する著書多数。

Memo

Memo

出題ベスト10シリーズ

①国語読解ベスト10

②漢字合格の2790題

③計算合格の820題

④図形問題ベスト10

■過去の入試問題から出題例の多い問題を選んで編集・構成。受験関係者の間でも好評です！

有名中学入試問題集

●男子校編

●女子校編

■中学入試の全容をさぐる!!
■首都圏の中学を中心に、全国有名中学の最新入試問題を収録!!

※表紙は昨年度のものです。

算数の過去問25年分

■筑波大学附属駒場
■麻布
■開成

○名門３校に絶対合格したいという気持ちに応えるため過去問実績No.1の声の教育社が出した答えです。

都立中高一貫校 適性検査問題集

■都立一貫校と同じ検査形式で学べる！

●自己採点のしにくい作文には「採点ガイド」を掲載。
●保護者向けのページも充実。
●私立中学の適性検査型・思考力試験対策にもおすすめ！

スーパー過去問の 解説執筆・解答作成スタッフ（在宅）募集！

※募集要項の詳細は、10月に弊社ホームページ上に掲載します。

2025年度用
中学スーパー過去問

■編集人 声の教育社・編集部
■発行所 株式会社 声の教育社
〒162-0814 東京都新宿区新小川町8-15
☎03-5261-5061(代) FAX03-5261-5062
https://www.koenokyoikusha.co.jp

※本書の内容についての一切の責任は当社にあります。内容・解説・解答・その他は当社ホームページよりお問い合わせ下さい。

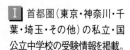

よくある解答用紙のご質問

01

実物のサイズにできない

拡大率にしたがってコピーすると，「解答欄」が実物大になります。配点などを含むため，用紙は実物よりも大きくなることがあります。

02

A3用紙に収まらない

拡大率164％以上の解答用紙は実物のサイズ（「出題傾向＆対策」をご覧ください）が大きいために，Ａ３に収まらない場合があります。

03

拡大率が書かれていない

複数ページにわたる解答用紙は，いずれかのページに拡大率を記載しています。どこにも表記がない場合は，正確な拡大率が不明です。

04

１ページに２つある

１ページに２つ解答用紙が掲載されている場合は，正確な拡大率が不明です。ほかの試験回の同じ教科をご参考になさってください。

明星学園中学校

つかいやすい書きこみ式

入試問題解答用紙編

禁無断転載

最近５年間収録

＊解答用紙は本体と一緒にとじてありますから、ていねいに抜きとってご使用ください。

■注意

●一部の科目の解答用紙は小社で作成しましたので、無断で転載することを禁じます。

●収録のつごうにより、一部縮小したものもあります。

●設問ごとの配点は、学校から公表されたものは〔学校配点〕、それ以外のものは〔推定配点〕と表記しています。

※ 実際の解答欄の大きさで練習するには、指定の倍率で拡大コピーしてください。なお、ページの上下に小社作成の見出しや配点を記載しているため、コピー後の用紙サイズが実物の解答用紙と異なる場合があります。

声の教育社

２０２４年度　明星学園中学校

算数解答用紙　A日程　No.１

番号		氏名		評点	／100

1　(1)＿＿＿＿　(2)＿＿＿＿　(3)＿＿＿＿

(4)＿＿＿＿　(5)＿＿＿＿　(6)＿＿＿＿

2　（計算）

答.約＿＿＿＿億＿＿＿＿万円

3　（計算）

答.約＿＿＿＿万＿＿＿＿千円

4

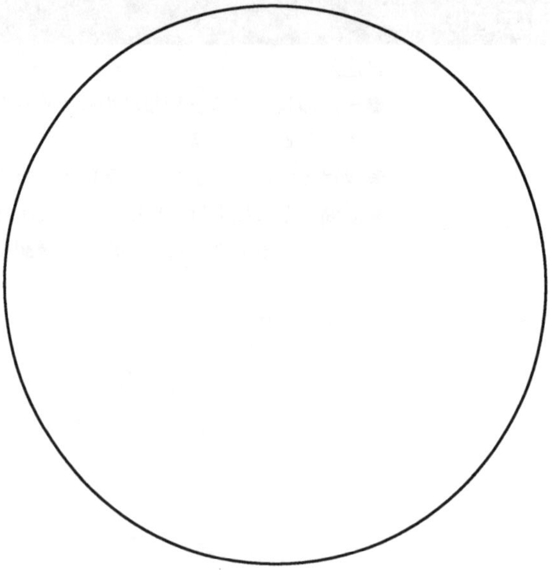

２０２４年度　　明星学園中学校

算数解答用紙　Ａ日程　No.２

5　(1)(計算)

答.　　　　　　㎡

(2)

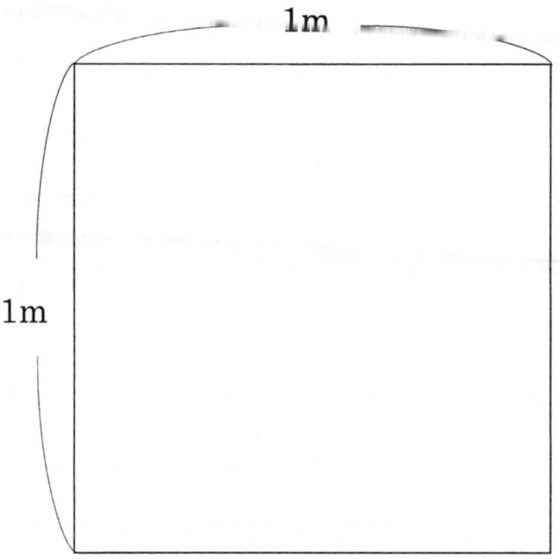

6　(1)

1	2	3	4	5	6	7	8	9	10
11	12	13	14	15	16	17	18	19	20
21	22	23	24	25	26	27	28	29	30
31	32	33	34	35	36	37	38	39	40
41	42	43	44	45	46	47	48	49	50
51	52	53	54	55	56	57	58	59	60
61	62	63	64	65	66	67	68	69	70
71	72	73	74	75	76	77	78	79	80
81	82	83	84	85	86	87	88	89	90
91	92	93	94	95	96	97	98	99	100

(2)① 17　　　　　② 19

(3)

（注）実際の試験では、問題用紙の中に設けられた解答欄に書く形式です。
この解答用紙は使いやすいように小社で作成いたしました。

〔算　数〕100点(推定配点)

1　各５点×６　2～5　各８点×５　6　(1)　８点　(2)　各７点×２　(3)　８点

2024年度　明星学園中学校

国語解答用紙　A日程

番号　　氏名　　評点　/100

一

(1) こきょう
(2) ほけつ
(3) へ　らす
(4) てんじ
(5) ま　く
(6) ごかい
(7) きずぐち
(8) かんばん
(9) こうこう
(10) のぞ　む

二

(1)
(2)
(3)
(4)
(5)

三

問一　A　B
問二　C　D
問三
問四
問五
問六
問七

四

問一
問二
問三　③　⑦
問四
問五
問六　⑥　⑧
問七

（注）この解答用紙は実物を縮小してあります。169%拡大コピーをすると、ほぼ実物大の解答欄になります。

〔国　語〕100点(推定配点)

一　各1点×10　二　各2点×5　三　問1，問2　各2点×4　問3　5点　問4，問5　各9点×2　問6　5点　問7　9点　四　問1　4点　問2　5点　問3　各2点×2　問4　5点　問5　9点　問6　各2点×2　問7　4点

２０２４年度　明星学園中学校

算数解答用紙　Ｂ日程　No.１

番号		氏名		評点	／100

1 (1)＿＿＿＿　(2)＿＿＿＿　(3)＿＿＿＿

(4)＿＿＿＿　(5)＿＿＿＿　(6)＿＿＿＿

2 (1)(計算)

答.　　　　円

(2)(計算)

答.　約　　　　倍

3 (計算)

答.　　　　リットル

4 (1)(計算)

答.　半径2cmの円周の長さは約　　　　cm、半径3cmの円周の長さは約　　　　cm

(2)

答.　　　　倍

(3)

答.　　　　倍

２０２４年度　　明星学園中学校

算数解答用紙　Ｂ日程　No.２

5 ① 37 × 52

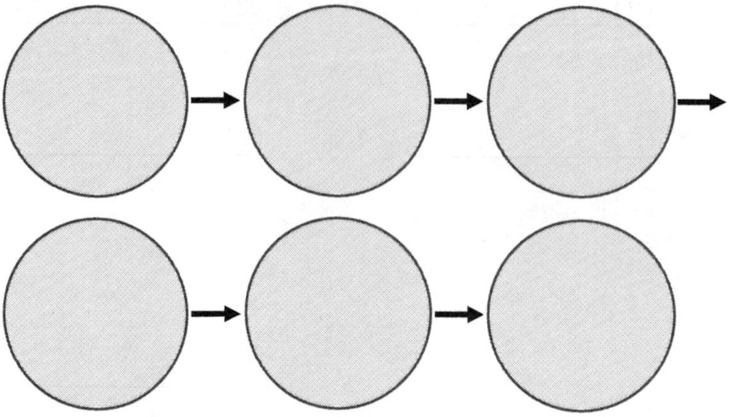

② 276 × 435

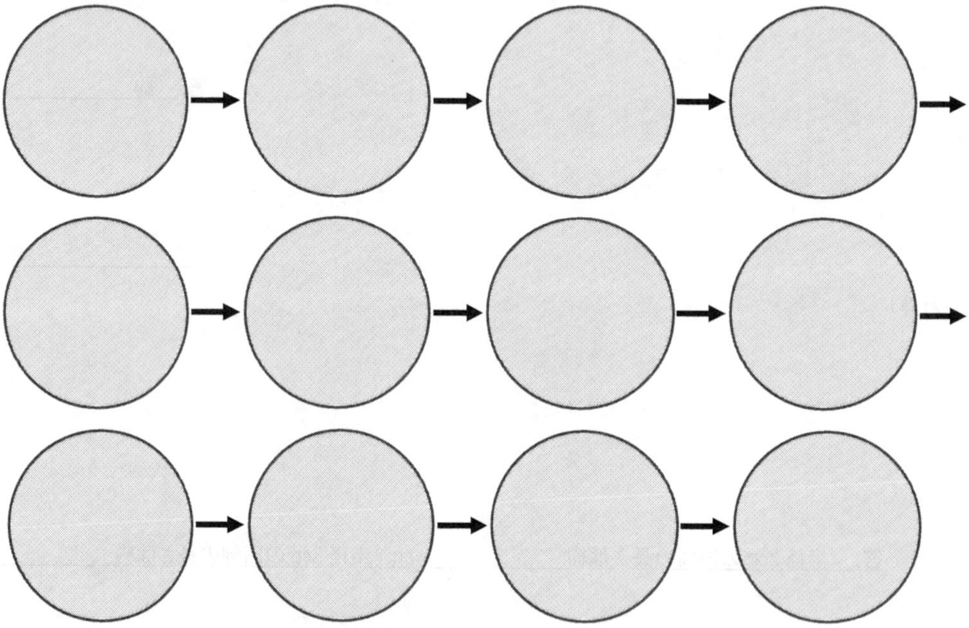

（注）実際の試験では、問題用紙の中に設けられた解答欄に書く形式です。
この解答用紙は使いやすいように小社で作成いたしました。

〔算　数〕100点(推定配点)

1 各５点×6　2, 3 各９点×3　4 (1) 各４点×2　(2), (3) 各９点×2　5 ① 8点　② 9点　≪4科受験については合計点を0.5倍し50点満点とする≫

2024年度　明星学園中学校

社会解答用紙　B日程

番号　　氏名　　評点　／50

1
問1
問2　番号:【　】
問3　A　B　C
問4
問5

2
問1　あ　い　う　え　お　か
問2
問3
問4
問5　(1)　(2)
問6

（注）この解答用紙は実物を縮小してあります。182%拡大コピーをすると、ほぼ実物大の解答欄になります。

〔社　会〕50点(推定配点)

1　問1　2点　問2　4点　問3～問5　各2点×5　2　問1　各2点×6　問2～問4　各4点×3　問5　(1)　2点　(2)　4点　問6　4点

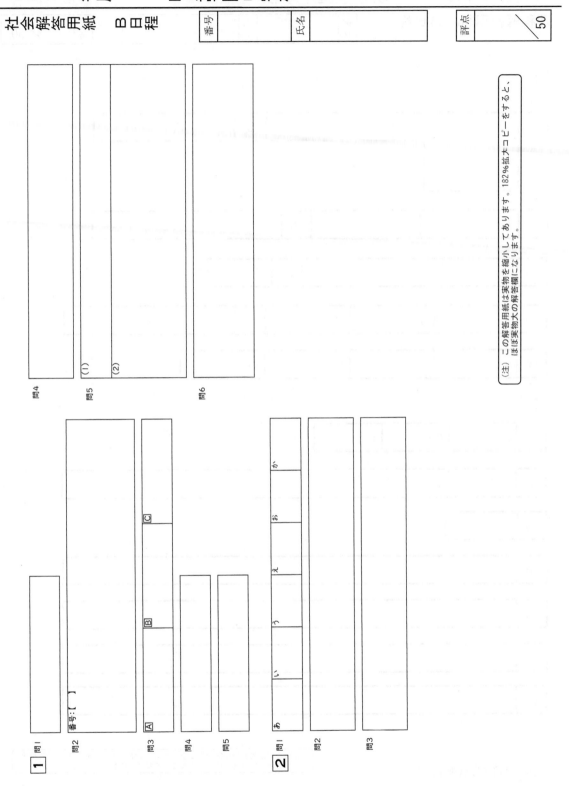

２０２４年度　明星学園中学校

理科解答用紙　Ｂ日程

番号		氏名		評点	／50

1

問１

(1)　(2)　(3)

問２

(1) A:　B:　(2)

(3)　(4)

問３

(1) (A):　(B):　(C):　(2)

(3) A:　B:　C:　D:

2

(1) A:　B:　C:

(2)

(3)

(4)

(5)

(6)

(7)

（注）この解答用紙は実物を縮小してあります。Ｂ５→Ａ３（163%）に拡大コピーすると、ほぼ実物大の解答欄になります。

〔理　科〕50点（推定配点）

1　問１　(1)，(2)　各３点×2＜(2)は完答＞　(3)　２点＜完答＞　問２　(1)　各１点×2　(2)～(4)　各２点×3　問３　(1)　各１点×3　(2)　２点　(3)　各１点×4　2　(1)　３点＜完答＞　(2)　４点　(3)　２点　(4)～(7)　各４点×4

２０２４年度　　明星学園中学校

国語解答用紙　B日程

番号　　氏名　　評点　／100

一
(1) たいさく
(2) しゃそう
(3) じんぎ
(4) よきん
(5) せいけつ
(6) しょとう
(7) [illegible]
(8) くまもと
(9) れいがい
(10) ひつ

二
(1)　(2)　(3)　(4)　(5)

三
問一
問二
問三　ⓐ　ⓑ
問四
問五
問六
問七　㋐　㋑

四
問一　A　B
問二
問三
問四
問五
問六
問七　a　b　c　d

（注）この解答用紙は実物を縮小してあります。169%拡大コピーをすると、ほぼ実物大の解答欄になります。

〔国　語〕100点(推定配点)

一　各１点×10　二　各２点×５　三　問１　８点　問２，問３　各２点×３　問４～問６　各８点×３　問７　各２点×２　四　問１～問３　各３点×３＜問１は完答＞　問４　９点　問５　３点　問６　９点　問７　各２点×４　≪４科受験については合計点を0.5倍し50点満点とする≫

２０２３年度　明星学園中学校

算数解答用紙　Ａ日程　No.１

番号		氏名		評点	／100

1

（１）＿＿＿＿　（２）＿＿＿＿　（３）＿＿＿＿

（４）＿＿＿＿　（５）＿＿＿＿　（６）＿＿＿＿

2　（計算）

答．約　　　　倍

3　（計算）

答．　　　　分間

4　(1)　（式と計算）

答．　　　　本分

(2)

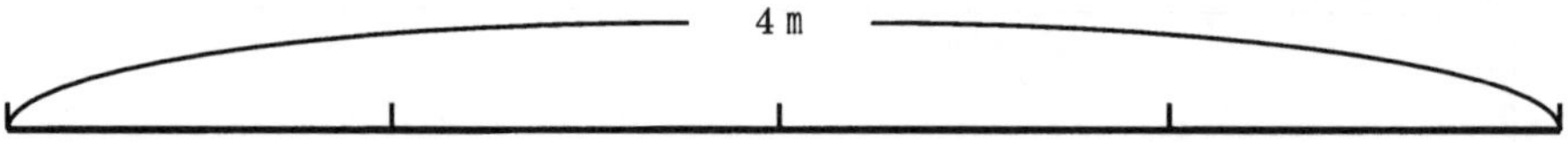

（説明）

２０２３年度　　　明星学園中学校

算数解答用紙　Ａ日程　No.２

5 (1)

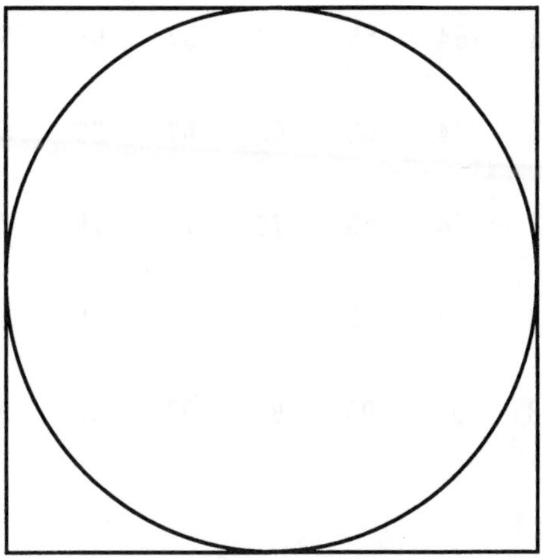

(2) (計算)

答. 約　　　　　　倍

２０２３年度　明星学園中学校

算数解答用紙　Ａ日程　No.３

6 (1)

21	22	23	24	25	26	27	28	29	30
31	32	33	34	35	36	37	38	39	40
41	42	43	44	45	46	47	48	49	50
51	52	53	54	55	56	57	58	59	60
61	62	63	64	65	66	67	68	69	70
71	72	73	74	75	76	77	78	79	80
81	82	83	84	85	86	87	88	89	90
91	92	93	94	95	96	97	98	99	100

(2) ①（計算）

答.

②（計算）

答.

③（計算）

答.

（注）実際の試験では、問題用紙の中に設けられた解答欄に書く形式です。
この解答用紙は使いやすいように小社で作成いたしました。

〔算　数〕100点(推定配点)

1　各５点×６　2～6　各７点×10＜6の(1)は完答＞

二〇二三年度　明星学園中学校

国語解答用紙　A日程

番号		氏名		評点	/100

一

(1) すいり	(2) きょうきゅう	(3) きてつ	(4) みっせつ	(5) こうこう
(6) しょ[illegible]し	(7) じこ	(8) かんしゅう	(9) こくもつ	(10) はんちょう

二

(1)		記号	
(2)		記号	
(3)		記号	
(4)		記号	
(5)		記号	

三

問一

問二

問三　A　B　C

問四　(a)　(b)

問五

問六

四

問一

問二　②　③

問三

問四

問五

問六　20　40

（注）この解答用紙は実物を縮小してあります。182％拡大コピーをすると、ほぼ実物大の解答欄になります。

〔国　語〕100点(推定配点)

一　各1点×10　二　各2点×5<各々完答>　三　問1　9点　問2　3点　問3　各2点×3　問4　(a)　4点　(b)　5点　問5　9点　問6　4点　四　問1　各4点×2　問2　各3点×2　問3　9点　問4，問5　各4点×2<問5は完答>　問6　9点

２０２３年度　明星学園中学校

算数解答用紙　Ｂ日程　No.１

番号		氏名		評点	／100

1 (1)＿＿＿＿　(2)＿＿＿＿　(3)＿＿＿＿

(4)＿＿＿＿　(5)＿＿＿＿　(6)＿＿＿＿

2 （計算）

答.＿＿＿＿＿＿円

3 （計算）

答. 約＿＿＿＿倍

4 (1)(2)

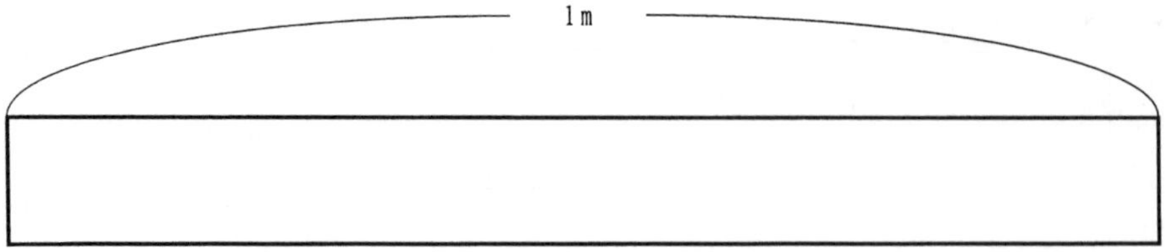

２０２３年度　　　明星学園中学校

算数解答用紙　Ｂ日程　No.２

5　（1）　（計算）

答. 　　　　　　cm

（2）　（計算）

答. 　　　　　　cm^2

6　①　（計算など）

答.

②　（計算など）

答.

③　（計算など）

答.

（注）実際の試験では、問題用紙の中に設けられた解答欄に書く形式です。
この解答用紙は使いやすいように小社で作成いたしました。

〔算　数〕100点(推定配点)

1　各５点×６　2，3　各７点×２　4～6　各８点×７<4の(2)は完答>　≪4 科受験については合計点を 0.5 倍し 50 点満点とする≫

２０２３年度　明星学園中学校

社会解答用紙　B日程

番号　　氏名　　評点　／50

1

問1

問2　(1)　(2)

問3　<ア>　<イ>

問4　(1)　(2)

2

問1　あ.　い.　う.　え.　お.　か.　き.

問2　(1)　(2)

問3

問4　(1)　(2)

問5　(1)　(2)

（注）この解答用紙は実物を縮小してあります。182%拡大コピーをすると、ほぼ実物大の解答欄になります。

〔社　会〕50点(推定配点)

1　問1　2点　問2　(1)　2点　(2)　3点　問3　各2点×2　問4　(1)　2点　(2)　4点　2　各2点×7　問2　各2点×2　問3，問4　各3点×3　問5　(1)　2点　(2)　4点

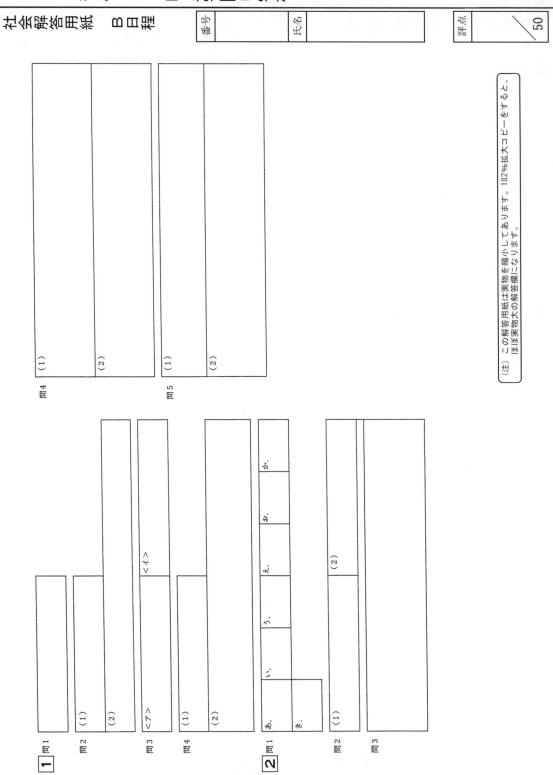

２０２３年度　明星学園中学校

理科解答用紙　Ｂ日程

番号		氏名		評点	／50

1

問１

(1)		(2)	g	(3)	g	(4)	g

問２

(1)		(2)	

(3)	のうでに、支点から　　cmはなれたところ

(4)	

問３

(1)

(a)		(b)	(ア):	(イ):	(ウ):

(2)	

(3)	

2

(1)	

(2)	

(3)	

(4)	度	(5)	度

(6)	

（注）この解答用紙は実物を縮小してあります。Ｂ５→Ａ３（163%）に拡大コピーすると、ほぼ実物大の解答欄になります。

〔理　科〕50点（推定配点）

1　問１　各２点×４　問２　(1)〜(3)　各２点×３　(4)　３点　問３　各２点×４＜(1)の(b)，(2)は完答＞　2　(1)　３点　(2)　５点　(3)　３点　(4)　４点　(5)，(6)　各５点×２

二〇二三年度　明星学園中学校

国語解答用紙　B日程

番号　　氏名　　評点 ／100

一
(1) おうふく
(2) ぎむ
(3) てかげん
(4) いわ　う
(5) けんこう
(6) おさ　める
(7) せいか
(8) はんじゅく
(9) やく　す
(10) げきだん

二
(1)
(2)
(3)
(4)
(5)

三
問一
問二
問三
問四
問五
問六

四
問一
問二
問三
問四
問五　A　B
問六

（注）この解答用紙は実物を縮小してあります。B５→A３（163％）に拡大コピーすると、ほぼ実物大の解答欄になります。

〔国　語〕100点(推定配点)

一　各１点×10　二　各２点×５　三　問１，問２　各９点×２　問３　５点　問４　９点　問５，問６　各５点×２　四　問１，問２　各６点×２　問３　９点　問４　５点　問５，問６　各６点×２　≪４科受験については合計点を０.５倍し50点満点とする≫

２０２２年度　明星学園中学校

算数解答用紙　Ａ日程　No. 1

番号		氏名		評点	／100

1　(1) ＿＿＿＿＿＿　(2) ＿＿＿＿＿＿　(3) ＿＿＿＿＿＿

(4) ＿＿＿＿＿＿　(5) ＿＿＿＿＿＿　(6) ＿＿＿＿＿＿

2　(計算)

答.　約　　　　倍で　　　　　トン

3　(計算)

答.　約　　　億　　　　万円相当

4　(1)

答.　　　　の方が　　　L 多い

(2)

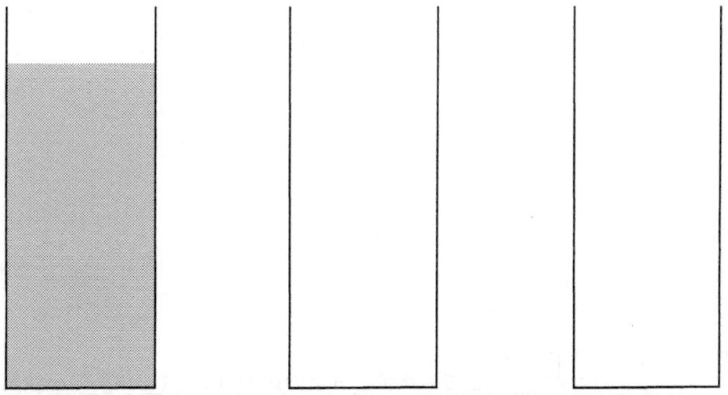

1L　　$\frac{1}{2}$L　　$\frac{2}{3}$L

２０２２年度　　明星学園中学校

算数解答用紙　Ａ日程　No.２

5

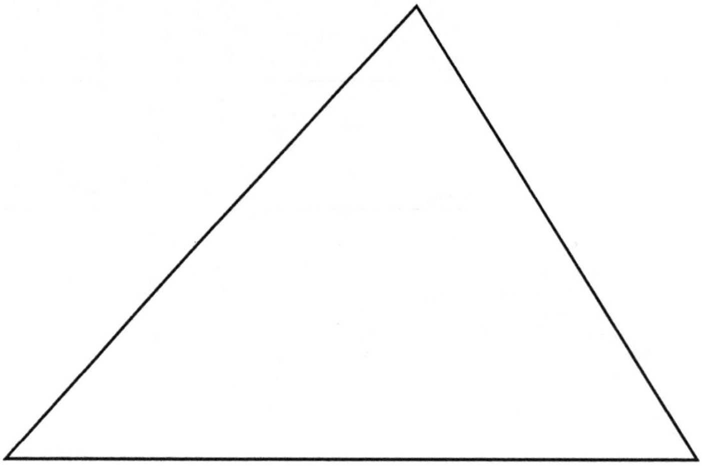

6 （１）

答．タテ「　　　」、ヨコ「　　　」で、タテとヨコの比の値は『1.618』の小数第　　　位まで同じになる

（２）

答．タテ「　　　」、ヨコ「　　　」で、タテとヨコの比の値は『1.618』の小数第　　　位まで同じになる

（注）実際の試験では、問題用紙の中に設けられた解答欄に書く形式です。
この解答用紙は使いやすいように小社で作成いたしました。

〔算　数〕100点(推定配点)

1　各５点×6　2～6　各10点×7＜2は完答，6は各々完答＞

二〇二三年度　　明星学園中学校

国語解答用紙　A日程

番号 ____ 氏名 ____ 評点 ／100

一

(1) せすじ
(2) ゆうびん
(3) てんじ
(4) しゅうのう
(5) じゅえき
(6) いなずま
(7) しょとく
(8) らんおう
(9) きゅうさい
(10) ちょうりつ

二

(1) A B
(2) A B
(3) A B
(4) A B
(5) A B

三

問一

問二

問三 A B C

問四

問五

四

問一 a る b c

問二

問三

問四

問五

問六

（注）この解答用紙は実物を縮小してあります。B５→A３(163%)に拡大コピーすると、ほぼ実物大の解答欄になります。

〔国　語〕100点(推定配点)

一 各1点×10　二 各2点×5　三 問1，問2　各9点×2　問3　各3点×3　問4　9点　問5　4点　四 問1　各3点×3　問2　7点　問3，問4　各5点×2　問5　9点　問6　5点

２０２２年度　明星学園中学校

算数解答用紙　Ｂ日程　No.１

番号		氏名		評点	／100

1 （１）＿＿＿＿　（２）＿＿＿＿　（３）＿＿＿＿

（４）＿＿＿＿　（５）＿＿＿＿　（６）＿＿＿＿

2 （１）（計算）

答．約　　　　時間

（２）（計算）

答．約　　　　年

3

答．　　　の方が　　　　だけ大きい

4 （１）（計算）

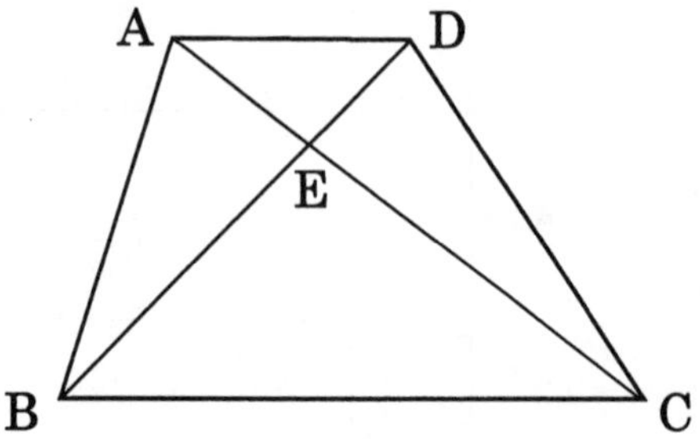

答．　　　　cm^2

算数解答用紙　Ｂ日程　No.２

（2）（説明）

5（1）（計算）

答.

（2）

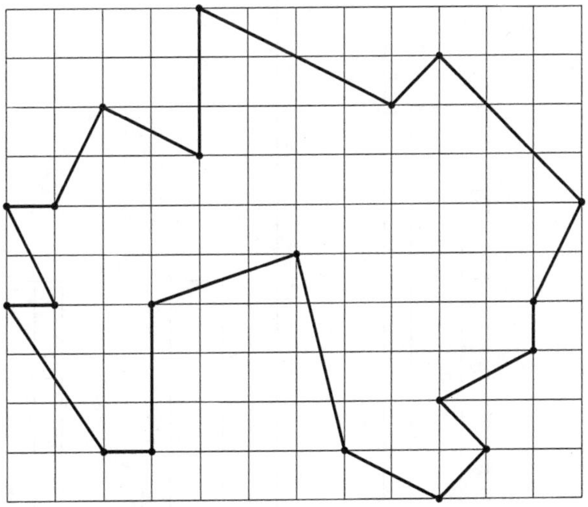

（注）実際の試験では、問題用紙の中に設けられた解答欄に書く形式です。
この解答用紙は使いやすいように小社で作成いたしました。

〔算　数〕100点(推定配点)

1　各５点×6　2～5　各10点×7　≪4科受験については合計点を0.5倍し50点満点とする≫

２０２２年度　明星学園中学校

社会解答用紙　B日程

番号		氏名		評点	／50

1

問１(１)

①	②	③

(２)

問２

(１)	(２)

2

問１

(１)	(２)

問２	問３	問４

問5

(1)

(2)

グラフ1	
グラフ2	

(3)

どちらかにマルをつけなさい。→　A：続けていくべき　　B：中止すべきだ

なぜそう考えたか？(理由)

(4)

(注) この解答用紙は実物を縮小してあります。175％拡大コピーをすると、ほぼ実物大の解答欄になります。

〔社　会〕50点(推定配点)

1　問１　(1)　各２点×３　(2)　５点　問２　各２点×２　2　問１～問４　各２点×５　問５　(1)　５点　(2)　各４点×２　(3)　６点　(4)　６点

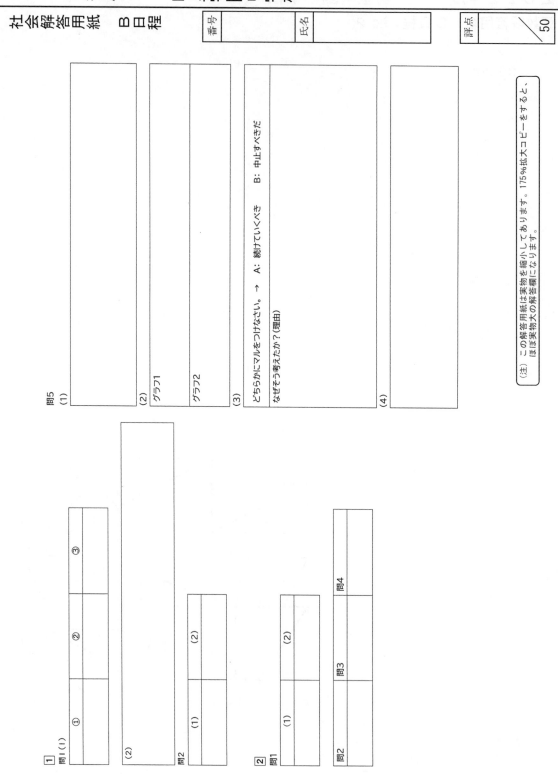

２０２２年度　　　明星学園中学校

理科解答用紙　Ｂ日程

番号		氏名	

評点	／50

1

問１　(1)　　(2)

(3)

1		2		3		4	

問２　(1)

1		2		3		4	

(2)

①		②	

問３　(1)

1		2		3		4		5	

(2)　　(3)

2

問１

1		2		3		4	
5		6					

問２

問３

(1)		(2)		(3)	
(4)		(5)			

問４

（注）この解答用紙は実物を縮小してあります。Ｂ５→Ａ３(163%)に拡大コピーすると、ほぼ実物大の解答欄になります。

〔理　科〕50点(推定配点)

1　問１　各２点×６　問２　(1)　各１点×４　(2)　各２点×２　問３　(1)　各１点×５　(2)，(3)　各２点×２　2　問１　各１点×６　問２　５点　問３　各１点×５　問４　５点

二〇二三年度　　明星学園中学校

国語解答用紙　B日程

番号		氏名		評点	/100

一

(1) きざむ	(2) かくだい	(3) こくもつ	(4) かいぜん	(5) しょち
(6) じょせつ	(7) すいちょく	(8) ちそう	(9) こきょう	(10) たんじゅん

二

(1)	(2)	(3)	(4)	(5)

三

問一

問二　A　　B

問三　ア　かった　　イ

問四

問五

問六

四

問一　（25）（30）として備わっている。

問二

問三

問四　ねこ

いぬ

問五

問六　C　　D

問七　マイナス面

プラス面

（注）この解答用紙は実物を縮小してあります。B5→A3（163%）に拡大コピーすると、ほぼ実物大の解答欄になります。

〔国　語〕100点（推定配点）

一　各1点×10　二　各2点×5　三　問1　8点　問2，問3　各3点×4　問4　6点　問5　9点　問6　5点　四　問1　4点　問2　3点　問3　4点　問4　各4点×2　問5，問6　各3点×3　問7　各6点×2　≪4科受験については合計点を0.5倍し50点満点とする≫

２０２１年度　明星学園中学校

算数解答用紙　Ａ日程　No.１

番号		氏名		評点	／100

1
(1) ______　(2) ______　(3) ______

(4) ______　(5) ______　(6) ______

2 (計算)

答. 約　　　　倍

3 (計算)

答. 約　　　　億km

4
(1)

$$\frac{2}{3}\ \mathrm{m}^2 = \frac{\square}{9}\ \mathrm{m}^2 = \frac{8}{\square}\ \mathrm{m}^2$$

(2)

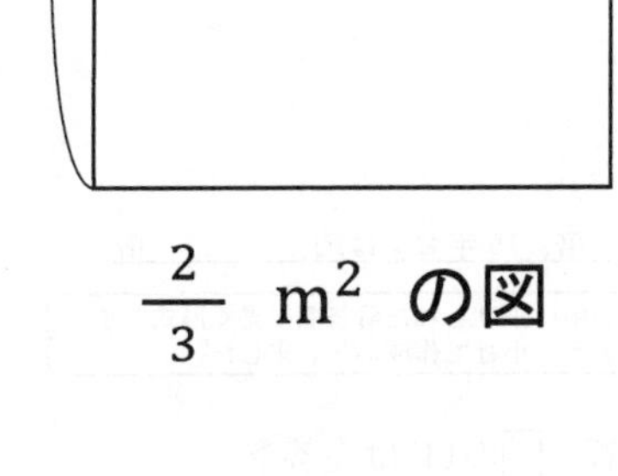

$\frac{2}{3}$ m^2 の図

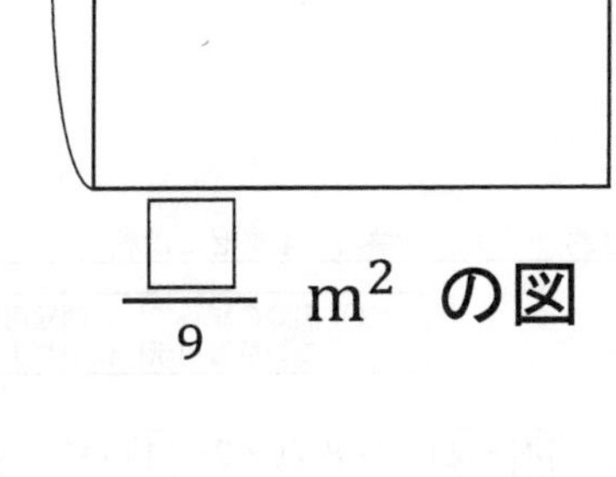

$\frac{\square}{9}$ m^2 の図

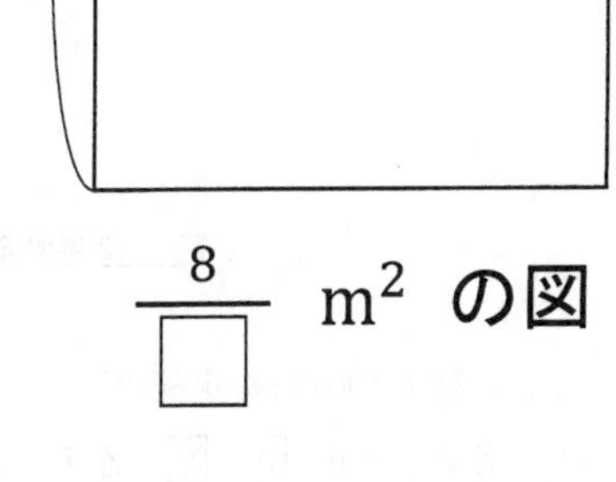

$\frac{8}{\square}$ m^2 の図

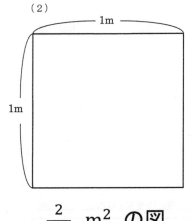

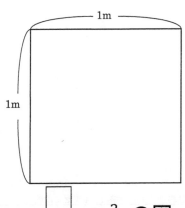

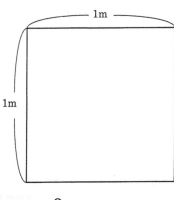

2021年度　　　明星学園中学校

算数解答用紙　A日程　No.2

5

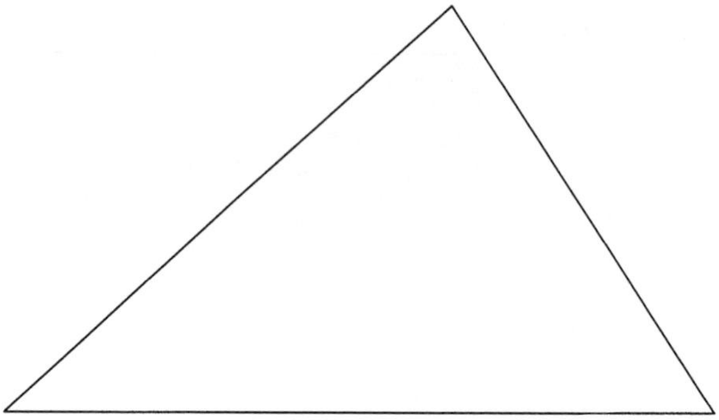

6 (1)

答.　　　　　年に一度

(2)

答.　　　　　年に一度

(3)

答.　　　　　年に一度

(4)

答.　12年ゼミは約　　　　倍、14年ゼミは約　　　　倍、15年ゼミは約　　　　倍

(注) 実際の試験では、問題用紙の中に設けられた解答欄に書く形式です。
この解答用紙は使いやすいように小社で作成いたしました。

〔算　数〕100点(推定配点)

1　各5点×6　2, 3　各7点×2　4～6　各8点×7＜4は各々完答, 6の(4)は完答＞

二〇二二年度　明星学園中学校

国語解答用紙　A日程

番号		氏名		評点	/100

一

(1) きゅうしょく	(2) ねがい　い	(3) じゅんび	(4) さんせい	(5) あそぶ　ぶ
(6) きゃくてん	(7) けんこう	(8) きけん	(9) はんだん	(10) かって

二

(1)

(2)

(3)

(4)

(5)

三

問一

問二

問三　A　く　B　んだ　C

問四

問五

問六

問七

四

問一

問二

問三　A　B　C　D

問四

問五

問六　E　F　問七

（注）この解答用紙は原本未入手のため、縮小率を掲載していません。

〔国　語〕100点(推定配点)

一　各1点×10　二　各2点×5　三　問1　6点　問2　5点　問3　各2点×3　問4～問6　各5点×3　問7　8点　四　問1　8点　問2　5点　問3　各2点×4　問4　5点　問5　6点　問6　3点<完答>　問7　5点

２０２１年度　明星学園中学校

算数解答用紙　Ｂ日程　No.１

番号		氏名		評点	／100

1

（1）＿＿＿＿　（2）＿＿＿＿　（3）＿＿＿＿

（4）＿＿＿＿　（5）＿＿＿＿　（6）＿＿＿＿

2　（計算）

答．約＿＿＿＿倍

3　（計算）

答．約＿＿＿＿倍

4　（1）（計算）

答．＿＿＿＿

（2）

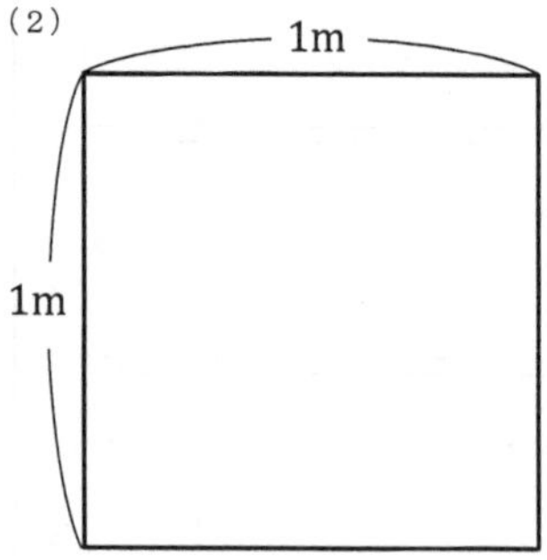

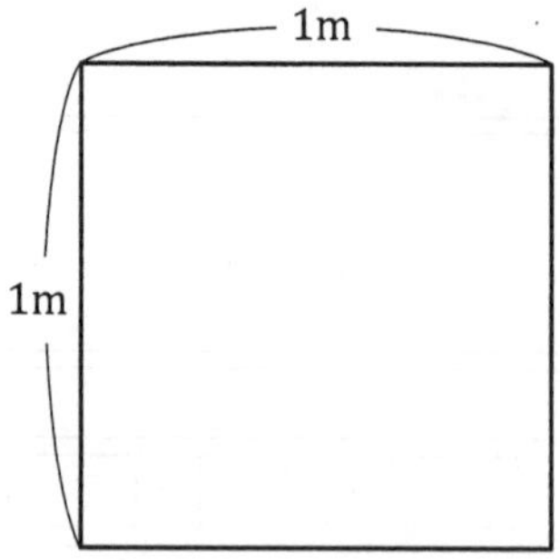

（説明）

（注）実際の試験では、問題用紙の中に設けられた解答欄に書く形式です。
この解答用紙は使いやすいように小社で作成いたしました。

２０２１年度　　明星学園中学校

算数解答用紙　Ｂ日程　No.２

5

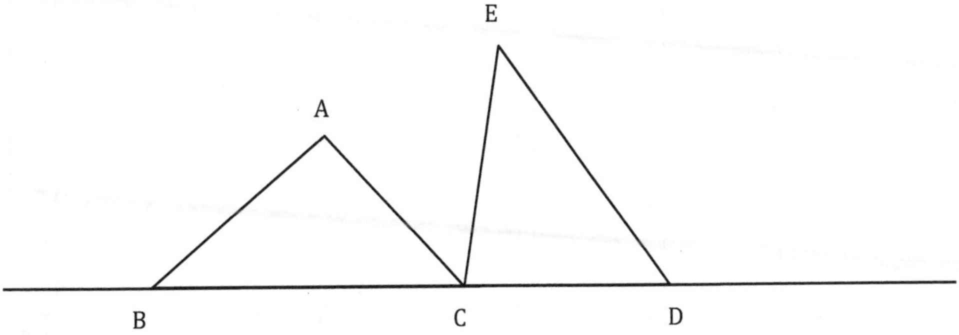

6 （1） 答. ア…　　　°、イ…　　　°、ウ…　　　°、エ…　　　°、オ…　　　°

（2）

（3）

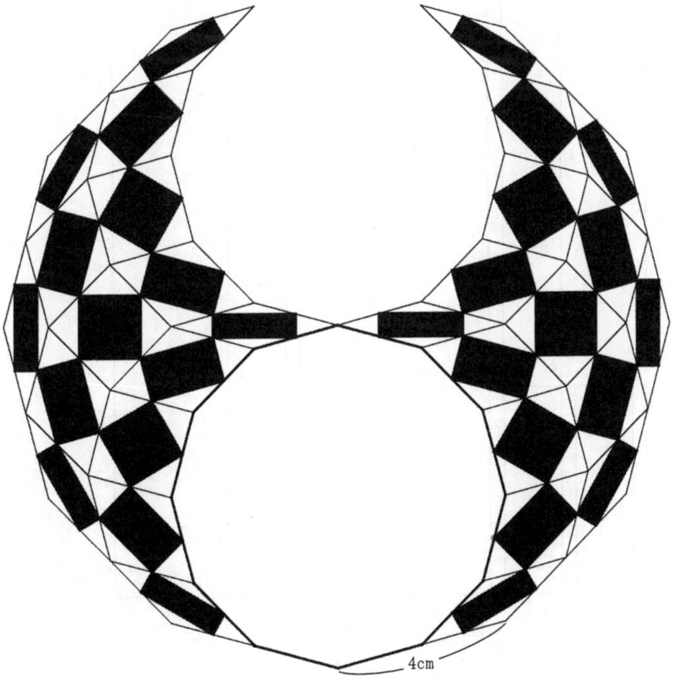

〔算　数〕100点(推定配点)

1　各５点×６　2, 3　各８点×２　4～6　各９点×６＜4の(2), 6の(1), (2)は完答＞　≪４科受験については合計点を0.5倍し50点満点とする≫

２０２１年度　明星学園中学校

社会解答用紙　Ｂ日程

番号		氏名		評点	／50

（注）この解答用紙は実物を縮小してあります。182%拡大コピーをすると、ほぼ実物大の解答欄になります。

1

問1　(1)　(2)

問2

問3　(1)　(2)

問4

2

問1　あ.　い.　う.　え.

問2　(1)　(2)

問3

問4

問5

問6

〔社　会〕50点(推定配点)

1　問1　各4点×2　問2，問3　各3点×3<問3の(2)は完答>　問4　4点　2　問1　各2点×4　問2　(1)　3点　(2)　4点　問3，問4　各3点×2　問5，問6　各4点×2

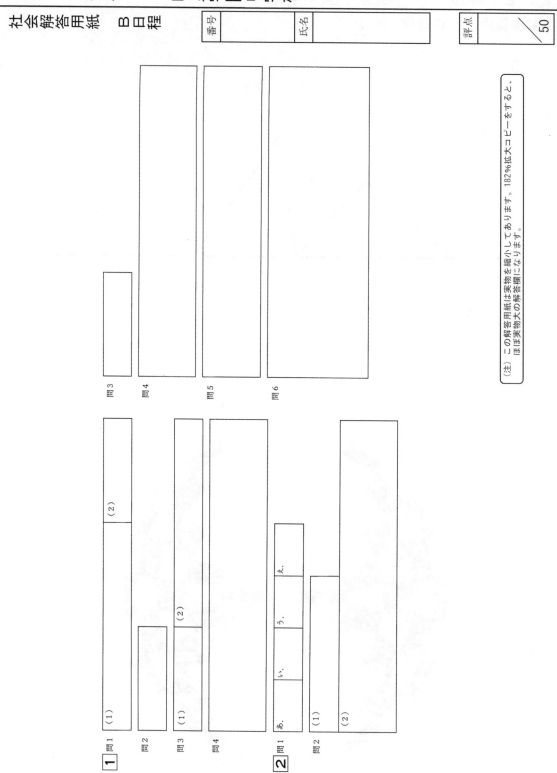

２０２１年度　明星学園中学校

理科解答用紙　Ｂ日程

番号		氏名		評点	／50

1

問１ (1)

ウ		エ		オ		キ	

(2)

1		2		3		4	

(3)

問２

①		②		③		④	

問３

(1)		(2)		(3)		(4)	

2

(1)

(2)

(a)

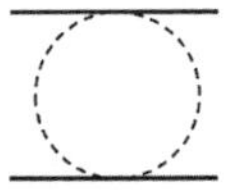

(b)

(3)

(4)

(a)

(b)

(5)

(a)

(b)

（注）この解答用紙は実物を縮小してあります。Ｂ５→Ａ３(163%)に拡大コピーすると、ほぼ実物大の解答欄になります。

〔理　科〕50点(推定配点)

1　問１　(1)　各１点×4　(2)，(3)　各３点×2＜(2)は完答＞　問２，問３　各２点×8　2　(1)　５点　(2)　各３点×2　(3)　５点　(4)，(5)　各２点×4

二〇二二年度　明星学園中学校

国語解答用紙　B日程

番号		氏名	

評点	/100

一

(1)	(2)	(3)	(4)	(5)
まぜ	しかい	しんしゃん	こうこう	せんとう
ぜ				

(6)	(7)	(8)	(9)	(10)
きぼ	いただき	かいせい	きく	かいそう
			く	

二

(1)		(2)		(3)		(4)		(5)	

三

問一　問二　問三

問四

かもしれない。

かもしれない。

かもしれない。

問五　問六

四

問一

問二

問三　A　B　C　D

問四

問五

問六

問七　20　40

〔国　語〕100点(推定配点)

一 各1点×10　二 各2点×5　三 問1　3点　問2　5点　問3　3点　問4　各6点×3　問5　5点　問6　3点　四 問1　6点　問2　5点　問3　各2点×4　問4　6点　問5，問6　各5点×2　問7　8点　≪4科受験については合計点を0.5倍し50点満点とする≫

２０２０年度　明星学園中学校

算数解答用紙　Ａ日程　No.１

番号		氏名		評点	／100

1

(1)　　(2)　　(3)

(4)　　(5)　　(6)

2　(計算)

答．秒速 約　　　　m

3　(計算)

答．　　　の方が　　　g 重い

4

(注) 実際の試験では、問題用紙の中に設けられた解答欄に書く形式です。
この解答用紙は使いやすいように小社で作成いたしました。

2020年度　明星学園中学校

算数解答用紙　A日程　No.2

5

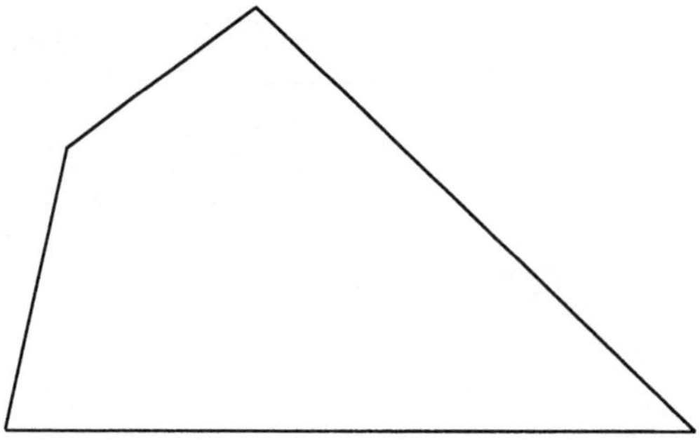

6　(1)

答.　　　　　　　　の値が大きい

(2)

答.　　　　　　　　の値が大きい

(3)

答.　　　　　　　　の値が大きい

〔算　数〕100点(推定配点)

1　各5点×6　2～6　各10点×7

二〇二〇年度　明星学園中学校

国語解答用紙　A日程

番号		氏名		評点	/100

一

①	しい	②		③	める	④		⑤	しい
⑥		⑦		⑧	ける	⑨		⑩	

二

①	A		B		②	A		B		③	A		B	
④	A		B		⑤	A		B						

三

問一

問二

問三

問四

問五

問六

四

問一	ア		イ	やす	ウ	

問二

問三　20　40　50

問四

問五

問六	A		B		C	
問七	ア		イ		ウ		エ	

（注）この解答用紙は実物を縮小してあります。A３用紙に167％拡大コピーすると、ほぼ実物大で使用できます。（タイトルと配点表は含みません）

〔国　語〕100点(推定配点)

一　各１点×10　二　各２点×５　三　問１，問２　各８点×２　問３　５点　問４，問５　各８点×２　問６　３点　四　問１　各２点×３　問２　３点　問３　９点　問４　３点　問５　５点　問６，問７　各２点×７

2020年度　　明星学園中学校

算数解答用紙　Ｂ日程　No.1

番号		氏名		評点	／100

1　(1) ＿＿＿＿＿　(2) ＿＿＿＿＿　(3) ＿＿＿＿＿

(4) ＿＿＿＿＿　(5) ＿＿＿＿＿　(6) ＿＿＿＿＿

2　(計算)

答．約　　　億　　　　万円

3　(計算)

答．分速 約　　　　　m

4　(1) (計算)

答．　　　　m^2の面積の方が　　　　m^2大きい

(2)

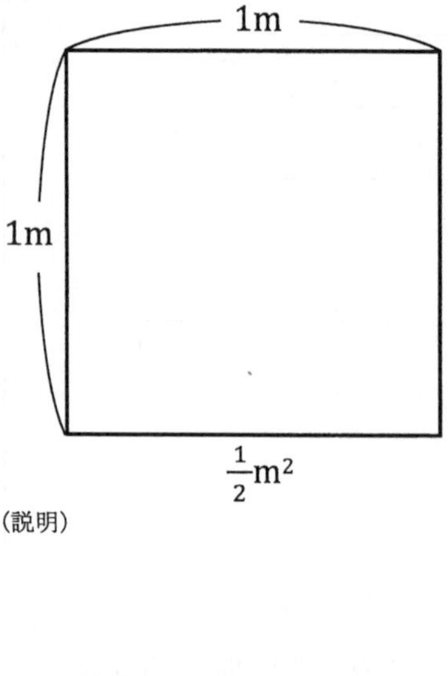

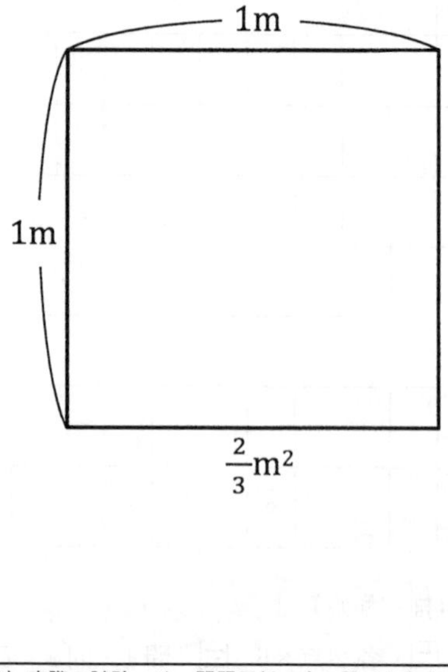

(説明)

(注) 実際の試験では、問題用紙の中に設けられた解答欄に書く形式です。
この解答用紙は使いやすいように小社で作成いたしました。

２０２０年度　　明星学園中学校

算数解答用紙　Ｂ日程　No.２

5　A

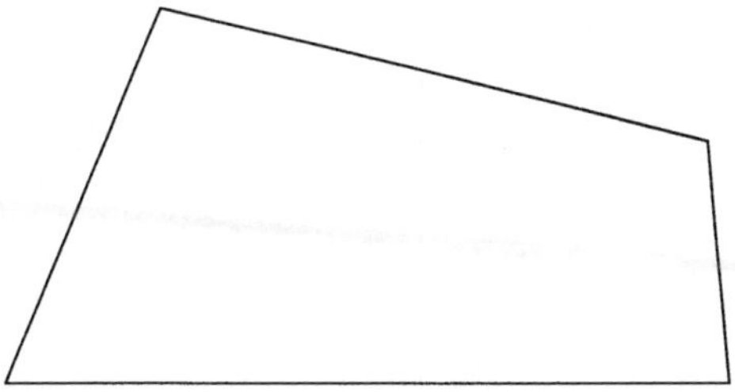

B

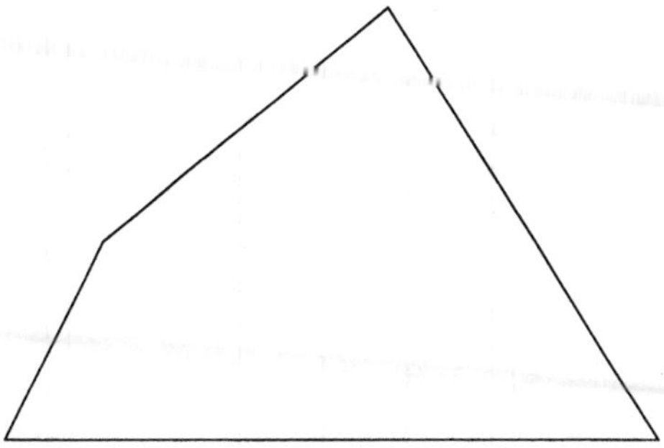

（説明）

6　(1)（計算）

答.

(2)（計算）

答.

(3)（計算）

答.

〔算　数〕100点(推定配点)

1　各６点×6　2〜4　各８点×4　5　どちらの方が大きいか…４点，説明…４点　6　各８点×3　≪４科受験については合計点を０.５倍し50点満点とする≫

２０２０年度　明星学園中学校

社会解答用紙　B日程

番号　　氏名　　評点　／50

（注）この解答用紙は実物を縮小してあります。A３用紙に154%拡大コピーすると、ほぼ実物大で使用できます。（タイトルと配点表は含みません）

1

問1

問2　①　②

問3

問4

2

問1　あ．　い．　う．　え．　お．　か．　き．　く．

問2　①　②

問3　①　議院　②

問4　①　②

問5

問6

〔社　会〕50点(推定配点)

1　問１　２点　問２　①　２点　②　４点　問３　２点　問４　４点　2　問１　各１点×８　問２　①　２点　②　４点　問３　各２点×２　問４　①　各２点×３　②　４点　問５　各２点×２　問６　４点

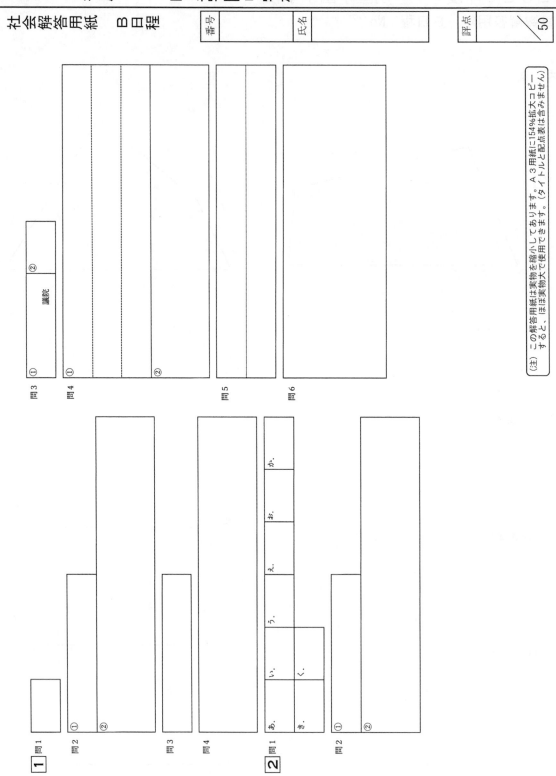

２０２０年度　明星学園中学校

理科解答用紙　Ｂ日程

番号		氏名		評点	／50

1

問１

(1)		(2)		(3)		(4)	

問２

(1)	①		②		③	
(2)	④		⑤		⑥	
(3)	⑦		⑧		⑨	

問３

(1)	

(2)	2		3		4		5	

(3)	

2

(1)

(2)

＜予想１＞・＜予想２＞

(3)

(4)

（注）この解答用紙は小社で作成いたしました。

〔理　科〕50点(推定配点)

1　問１　各２点×４　問２　各１点×９　問３　(1)　２点　(2)　各１点×４　(3)　２点　2　(1)　７点　(2)　２点　(3)，(4)　各８点×２

二〇二〇年度　明星学園中学校

国語解答用紙　B日程

番号　　氏名　　評点　／100

一　①　②　しい　③　④　⑤　⑥　⑦　⑧　⑨　⑩

二　①　②　③　④　⑤

三　問一　問二　問三　問四　問五　問六　ア　イ　ウ　エ

四　問一　Ⅰ　Ⅱ　Ⅲ　問二　問三　問四　・　・　問五　問六

（注）この解答用紙は実物を縮小してあります。172%拡大コピーすると、ほぼ実物大で使用できます。（タイトルと配点表は含みません）

〔国　語〕100点(推定配点)

一　各１点×10　二　各２点×５　三　問１　５点　問２　８点　問３　３点　問４，問５　各８点×２　問６　各２点×４　四　問１，問２　各２点×４　問３　８点　問４　各６点×２　問５　８点　問６　４点＜完答＞

≪４科受験については合計点を0.5倍し50点満点とする≫

Memo

Memo

中学スーパー過去問　抜群の解説・解答!!　声の教育社版

定価2,200円～2,970円（税込）

都立中高一貫校
適性検査問題集

定価1,320円（税込）

首都圏版
中学受験案内

定価2,310円（税込）

「今の説明、もう一回」を何度でも
web過去問
ストリーミング配信による入試問題の解説動画

もっと古いカコモンないの?
中学
カコ過去問
「さらにカコの」過去問をHPに掲載（DL）

①優秀な解説・解答スタッフが執筆!!　②くわしい出題傾向分析と対策　③解答用紙が別冊、自己採点ができる!!

●東京都
ア 23 青山学院中等部
2 麻布中学校
73 足立学園中学校
51 跡見学園中学校
54 郁文館中学校
65 穎明館中学校
113 江戸川女子中学校
8 桜蔭中学校
98 桜美林中学校
76 鷗友学園女子中学校
45 大妻中学校
122 大妻多摩中学校
131 大妻中野中学校
12 お茶の水女子大附属中学校
カ 19 海城中学校
3 開成中学校
150 開智日本橋学園中学校
94 かえつ有明中学校
38 学習院中等科
20 学習院女子中等科
61 吉祥女子中学校
149 共栄学園中学校
48 暁星中学校
44 共立女子中学校
130 共立女子第二中学校
5 慶應義塾中等部
55 京華中学校
56 京華女子中学校
77 恵泉女学園中学校
71 光塩女子学院中等科
136 工学院大附属中学校
34 攻玉社中学校
91 麴町学園女子中学校
69 佼成学園中学校
97 佼成学園女子中学校
31 香蘭女学校中等科
70 国学院大久我山中学校
118 国士舘中学校
121 駒込中学校
99 駒沢学園女子中学校
4 駒場東邦中学校
サ 135 桜丘中学校
126 サレジアン国際学園中学校
79 サレジアン国際学園世田谷中学校
139 実践学園中学校
24 実践女子学園中学校
35 品川女子学院中等部
27 芝中学校
87 芝浦工業大附属中学校
95 芝国際中学校
103 渋谷教育学園渋谷中学校
40 十文字中学校
86 淑徳中学校
93 淑徳巣鴨中学校
124 順天中学校
30 頌栄女子学院中学校
117 城西大附属城西中学校
85 城北中学校
25 昭和女子大附属昭和中学校
7 女子学院中学校
90 女子聖学院中学校
127 女子美術大付属中学校
49 白百合学園中学校
41 巣鴨中学校
89 聖学院中学校
60 成蹊中学校
21 成城中学校
75 成城学園中学校
132 青稜中学校
82 世田谷学園中学校
タ 105 高輪中学校
83 玉川学園（中）
106 玉川聖学院中等部
64 多摩大附属聖ケ丘中学校
134 多摩大目黒中学校
120 中央大附属中学校
108 千代田国際中学校
11 筑波大附属中学校
1 筑波大附属駒場中学校
88 帝京中学校
151 帝京大学中学校
78 田園調布学園中等部
14 東京学芸大世田谷中学校
13 東京学芸大竹早中学校
50 東京家政学院中学校
115 東京家政大附属女子中学校
26 東京女学館中学校
100 東京成徳大中学校
160 東京大学附属中等教育学校
112 東京電機大中学校
119 東京都市大等々力中学校
80 東京都市大付属中学校
145 東京農業大第一高校中等部
59 桐朋中学校
109 桐朋女子中学校
28 東洋英和女学院中学部
58 東洋大京北中学校
33 トキワ松学園中学校
110 豊島岡女子学園中学校
53 獨協中学校
153 ドルトン東京学園中等部
ナ 128 中村中学校
133 日本工業大駒場中学校
129 日本学園中学校
92 日本大第一中学校
68 日本大第二中学校
84 日本大第三中学校
52 日本大豊山中学校
116 日本大豊山女子中学校
ハ 147 八王子学園八王子中学校
144 広尾学園中学校
152 広尾学園小石川中学校
74 富士見中学校
63 藤村女子中学校
9 雙葉中学校
32 普連土学園中学校
146 文化学園大杉並中学校
57 文京学院大女子中学校
101 文教大付属中学校
62 法政大中学校
148 宝仙学園中学校理数インター
42 本郷中学校
マ 114 三田国際学園中学校
143 明星学園中学校
46 三輪田学園中学校
16 武蔵中学校
96 武蔵野大学中学校
104 明治学院中学校
72 明治大付属中野中学校
123 明治大付属八王子中学校
43 明治大付属明治中学校
66 明星中学校（府中）
125 目黒学院中学校
22 目白研心中学校
ヤ 140 八雲学園中学校
102 安田学園中学校
29 山脇学園中学校
ラ 37 立教池袋中学校
67 立教女学院中学校
36 立正大付属立正中学校
ワ 17 早稲田中学校
18 早稲田実業学校中等部
81 早稲田大高等学院中学部
47 和洋九段女子中学校
【東京都立・区立６年制中高一貫校】
161 九段中等教育学校
162 白鷗高校附属中学校
163 両国高校附属中学校
164 小石川中等教育学校
165 桜修館中等教育学校
166 武蔵高校附属中学校
167 立川国際中等教育学校
168 大泉高校附属中学校
169 三鷹中等教育学校
170 富士高校附属中学校
171 南多摩中等教育学校
●神奈川県
320 青山学院横浜英和中学校
304 浅野中学校
301 栄光学園中学校
332 神奈川学園中学校
343 県立相模原・平塚中等教育学校
316 神奈川大附属中学校
328 鎌倉学園中学校
322 鎌倉女学院中学校
331 カリタス女子中学校
344 市立川崎高校附属中学校
314 関東学院中学校
339 公文国際学園中等部
321 慶應義塾湘南藤沢中等部
6 慶應義塾普通部
311 サレジオ学院中学校
325 自修館中等教育学校
315 湘南学園中学校
336 湘南白百合学園中学校
327 逗子開成中学校
303 聖光学院中学校
323 聖セシリア女子中学校
337 清泉女学院中学校
310 洗足学園中学校
341 中央大附属横浜中学校
335 鶴見大附属中学校
302 桐蔭学園中等教育学校
318 東海大付属相模高校中等部
317 桐光学園中学校
330 藤嶺学園藤沢中学校
306 日本女子大附属中学校
309 日本大中学校（日吉）
340 日本大藤沢中学校
10 フェリス女学院中学校
308 法政大第二中学校
347 聖園女学院中学校
312 森村学園中等部
313 山手学院中学校
342 横須賀学院中学校
307 横浜共立学園中学校
305 横浜国立大横浜・鎌倉中学校
326 横浜女学院中学校
345 市立南中学校
346 市立横浜サイエンスフロンティア中学校
324 横浜翠陵中学校
333 横浜創英中学校
319 横浜富士見丘学園中学校
329 横浜雙葉中学校
●千葉県
352 市川中学校
361 光英VERITAS中学校
355 国府台女子学院中学部
360 芝浦工業大柏中学校
354 渋谷教育学園幕張中学校
369 秀明八千代中学校
365 昭和学院中学校
362 昭和学院秀英中学校
363 西武台千葉中学校
359 専修大松戸中学校
364 千葉県立千葉・東葛飾中学校
368 千葉市立稲毛国際中等教育学校
356 千葉日本大第一中学校
357 東海大付属浦安高校中等部
351 東邦大付属東邦中学校
358 麗澤中学校
353 和洋国府台女子中学校
●埼玉県
413 浦和明の星女子中学校
418 浦和実業学園中学校
415 大妻嵐山中学校
416 大宮開成中学校
406 開智中学校
425 開智未来中学校
414 春日部共栄中学校
428 川口市立高校附属中学校
424 埼玉県立伊奈学園中学校
412 埼玉栄中学校
419 さいたま市立浦和中学校
427 さいたま市立大宮国際中等教育学校
401 埼玉大附属中学校
407 埼玉平成中学校
404 栄東中学校（A・東大Ⅰ）
426 栄東中学校（B・東大Ⅱ）
417 淑徳与野中学校
402 城西川越中学校
422 昌平中学校
411 城北埼玉中学校
403 西武学園文理中学校
405 聖望学園中学校
421 東京農業大第三高校附属中学校
410 獨協埼玉中学校
409 星野学園中学校
420 本庄東高校附属中学校
408 立教新座中学校
●茨城県
452 茨城中学校
458 茨城キリスト教学園中学校
459 茨城県立中等教育学校・中学校
451 江戸川学園取手中学校
455 常総学院中学校
454 土浦日本大中等教育学校
456 水戸英宏中学校
453 茗溪学園中学校
●栃木県
503 国学院大栃木中学校
504 作新学院中等部
501 佐野日本大中等教育学校
502 白鷗大足利中学校
●兵庫・鹿児島県
601 灘中学校
602 ラ・サール中学校
●算数の過去問25年分
701 筑波大附属駒場中学校
702 麻布中学校
703 開成中学校

声の教育社　〒162-0814 東京都新宿区新小川町8-15
https://www.koenokyoikusha.co.jp
TEL 03（5261）5061㈹　FAX 03（5261）5062